アメリカの歴史と文化

遠藤泰生

まえがき

　1941年2月,雑誌『ライフ』に「アメリカの世紀」と題された記事が載った。記事を書いたのは5年前にその『ライフ』を創刊したヘンリー・ルースである。第一次世界大戦に参戦した時の苦い経験を忘れることができなかった合衆国国民は,1940年代の初頭,ヨーロッパに再び戦渦が広がりつつあることを知りながら,それに積極的にかかわることを避けていた。これに対し,「自由」と「平等」の護持のために合衆国の国民は立ち上がり,20世紀を「偉大なアメリカの世紀」とするために全力を尽くすべきだとルースは訴えたのである。その後41年12月の日本による真珠湾攻撃を契機に合衆国が第二次世界大戦へ参戦し,さらには冷戦の時代を経て,「アメリカの世紀」を実現させたことは広く知られる。政治,軍事,経済,文化,どの分野をとっても世界における合衆国の存在は,20世紀の後半,確かに圧倒的であった。1989年11月における「ベルリンの壁の崩壊」は,「アメリカの世紀」がその後も続くことを人々に予感させたはずである。

　ところが21世紀に入ったとたん,その合衆国の未来に暗雲がたれこめた。2001年9月11日の同時多発テロがそのきっかけのひとつであった。19世紀の初頭における米英戦争以来,大陸本土を外国に攻撃された経験を持たなかった合衆国国民は,ニューヨークのワールド・トレード・センター・ビルディングやワシントンの国防総省へのテロ攻撃に驚愕し,脅え,怒り,報復のための戦争へとひた走ったのである。まず2001年10月,アフガニスタンのアルカイダ勢力へ空爆を開始,続いて2002年9月,大量破壊兵器の保有をくわだてる国家及びテロ組織には先制攻撃を辞さないとする大統領声明を発し,03年3月にはイラクへの攻撃を開始したのであった。

　2001年9月11日のテロ事件を境に合衆国が見せたこの急激な変貌ぶりを,「アメリカの世紀」の終わりの始まりと見るか,あるいはそれとはまったく逆に「アメリカの世紀」の継続と見るか,見方はさまざまに分かれよう。しかし「アメリカの世紀」を支えた他国へ

の影響力を一時的にせよ合衆国が弱めたことは間違いない。「アメリカニゼーション」と同じ意味で用いられることが多い「グローバリゼーション」の流れに懐疑的な人々は、そうした流れをむしろ歓迎したふうにさえ見える。けれども世界の人々にとって今一番必要なのは、いたずらに情緒的になることなく、もう一度合衆国の歴史と文化を冷静に見つめ直すことではないであろうか。なぜか。第一には、そこに現在と未来における合衆国の行動を規制する歴史的経験を見出すことができるからである。第二に、世界に類を見ない速度で超大国への階段を駆け上がった合衆国の歴史には、異なる民族が共存共生を図る上で参考とすべき経験が数多く見られるからである。グローバリゼーションが進む世界の未来をそこに見出すことができるといっても過言ではない。世界との平和共存を目指す日本にとっても、合衆国の歴史と文化は真摯に学ぶ価値を有するはずである。

　さて本書は、放送大学2008（平成20）年度から2011（平成23）年度まで続けられる授業科目「アメリカの歴史と文化」の印刷教材である。作成にあたっては、本授業の前身にあたる「アメリカの歴史」で用いられた2冊の教科書、すなわち紀平英作編『アメリカの歴史』（2000）および油井大三郎編『新訂　アメリカの歴史』（2004）で使われた図表・地図などを一部参照、使用させていただいた。ただ、例えば前回の油井氏の授業「アメリカの歴史」が南北アメリカ全域の歴史を学習の対象としたのに対し、今回の「アメリカの歴史と文化」はアメリカ合衆国の歴史と文化だけを学習の対象としている。そのため、本書では、合衆国の歴史のうちでもとくに特徴的ないくつかの側面、なかでも先住民との接触の歴史（2章）、黒人奴隷の歴史（3章、7章）、女性の権利を求める歴史（5章、14章）、ハワイ他の「辺境」の歴史（8章）等に特別の焦点を当て、記述が十分に行き届くよう工夫した。それらの分野にくわしい白井洋子、中條献、小檜山ルイ、矢口祐人の各氏に協力を求めたのはそのためである。また、印刷教材においては、アメリカ合衆国を示す言葉として「アメリカ合衆国」「合衆国」と「アメリカ」の3つを併用している。その選択は各章の執筆者に任せてある。同じ

ように，アメリカ・インディアンを指す言葉としては，「アメリカ先住民」と「先住民」を各執筆者が文脈に合わせて用いている。

　一方，放送においては合衆国での取材映像をふんだんに用いることにした。各地の街の様子や史跡はもとより国民の日々の姿と声を臨場感豊かに紹介したいと考えたからである。主任講師である遠藤は，ボストン，ニューヨーク，フィラデルフィア，チャールストンの4つの都市とその周辺で取材を行った。その際，放送大学の故山之城竜彦氏と現地撮影スタッフ（コーディネーターのライオンズ佐々木智子，カメラマンの西久保徹，音声の川崎弘至の三氏）のきめ細かな支援を得ることができた。加えて印刷教材の編集には香原ちさと氏の協力を得た。それらの人々の支援がなければ教材のスムーズな制作はとても適わなかったであろう。記して深謝する次第である。

2008年1月
遠藤泰生

目 次

まえがき　　　　　　　　　　　　遠藤泰生——3

 アメリカ合衆国の発展……………………………10
 アメリカ合衆国歴代大統領年表　……………………12

1—なぜアメリカ合衆国の歴史を学ぶのか
 ：多元国家のゆくえ　　　　　　　遠藤泰生——13
 1．今なぜアメリカ合衆国の歴史を学ぶのか……13
 2．多様性，多元性の国，アメリカ合衆国……………17
 3．日本人の合衆国理解—抽象化と断片化……………27

2—「新世界」の異文化接触　　　　白井洋子——31
 1．「新世界」と呼ばれたアメリカ……………………31
 2．イギリス植民地の建設と先住アメリカ人………36
 3．異文化を見る目……………………………………41
 4．アメリカ文化とインディアン……………………45

3—「自由な社会」の光と影：南部奴隷制社会の成立
 　　　　　　　　　　　　　　　　中條　献——48
 1．「大西洋世界」と奴隷制度…………………………48
 2．「自由を目指す社会」と奴隷制度…………………52
 3．奴隷たちが創り上げた文化………………………56
 4．文化から考える「大西洋世界」と奴隷制度………62

4—独立戦争と建国の時代　　　　　遠藤泰生——64
 1．18世紀植民地社会の成熟…………………………64

2．印紙条例の危機と独立戦争………………………69
　　3．成文憲法の制定と共和主義の実験………………74
　　4．アメリカ史のなかの独立革命……………………78

5―民主主義を可能にする社会　　　　　　小檜山ルイ――80
　　1．大陸国家・産業革命・デモクラシー………………80
　　2．第二次大覚醒と「道徳の守護者」としての女性の
　　　　台頭………………………………………………83
　　3．改革運動から，奴隷制反対，女権拡張運動へ………88

6―大陸国家の形成：西への膨張と太平洋へのまなざし
　　　　　　　　　　　　　　　　　　　　遠藤泰生――94
　　1．西部領土の拡大とモンロー宣言……………………95
　　2．開拓者の利益保護と「明白なる運命」……………98
　　3．太平洋世界へのまなざし…………………………106
　　4．領土の西漸と「アメリカの進歩」…………………108

7―「アメリカ国民」の創造：南北戦争と再建の時代
　　　　　　　　　　　　　　　　　　　　中條　献――111
　　1．南北戦争と「国家の分裂」…………………………111
　　2．国家の統合と人種問題……………………………116
　　3．国民意識の醸成……………………………………121

8―帝国の縁：ハワイとアメリカ史における「周縁」
　　　　　　　　　　　　　　　　　　　　矢口祐人――128
　　1．ハワイ王国…………………………………………128
　　2．ハワイ王朝の崩壊…………………………………131
　　3．ハワイ共和国の併合………………………………135
　　4．まとめ………………………………………………138

9—産業社会の到来　　　　　　　　小檜山ルイ——141
1．都市と農村 …………………………………………141
2．革新主義の挑戦 ……………………………………146
3．禁酒法と女性の参政権 ……………………………151

10—ジャズ・エイジ：繁栄から恐慌へ　　遠藤泰生——156
1．ウッドロウ・ウィルソンと第一次世界大戦 ………156
2．正常への復帰—「アメリカのビジネスはビジネスである」 ……………………………………………158
3．モータリゼーションと"狂騒の20年代" …………160
4．反動の20年代 ………………………………………164
5．大恐慌とニューディール …………………………167
6．大戦間期の外交 ……………………………………170

11—第二次世界大戦と日本　　　　　矢口祐人——172
1．はじめに ……………………………………………172
2．よい戦争 ……………………………………………175
3．リベット打ちのロージー …………………………176
4．黒人 …………………………………………………178
5．日系アメリカ人 ……………………………………181
6．兵役拒否者 …………………………………………185
7．おわりに ……………………………………………186

12—シクスティーズ：社会抵抗運動と「新たな統合」の模索
　　　　　　　　　　　　　　　　　　中條　献——188
1．第二次大戦後の「豊かな社会」 …………………188
2．公民権運動の高揚と成果 …………………………193
3．「シクスティーズ」の歴史的意味 …………………199

13―ベトナム戦争とアメリカ社会　　白井洋子――203
1．最長の戦争，そして海外で初めて負けた戦争 ………203
2．国論を二分した戦争―「60年代」アメリカ社会と
　　対抗文化 ……………………………………………206
3．反戦運動の高揚 ……………………………………209
4．看護兵としての女性―女性軍人の増加と顕在化 ……211
5．戦後社会とベトナム帰還兵 …………………………213
6．ベトナム戦没者記念碑の建設と記憶の継承 …………214

14―女性の20世紀　　小檜山ルイ――220
1．参政権獲得後の女性 …………………………………220
2．第二派フェミニズムの登場 …………………………223
3．第二派フェミニズムの重要案件と成果 ………………226
4．バックラッシュ／ポスト・フェミニズムと今後の展開
　　………………………………………………………230

15―「9.11」以後のアメリカ合衆国と世界
　　　　　　　　　　　　　　　遠藤泰生――236
1．合衆国の「正義」の失墜 ……………………………236
2．新保守主義の台頭と冷戦の終結 ……………………240
3．グローバリゼーションと地域主義 …………………244
4．アメリカ合衆国のゆくえ：グラウンドゼロの心象風景
　　………………………………………………………249

年　表 ……………………………………………………253

索引（事項・人名） ………………………………………260

写真提供社 ………………………………………………272

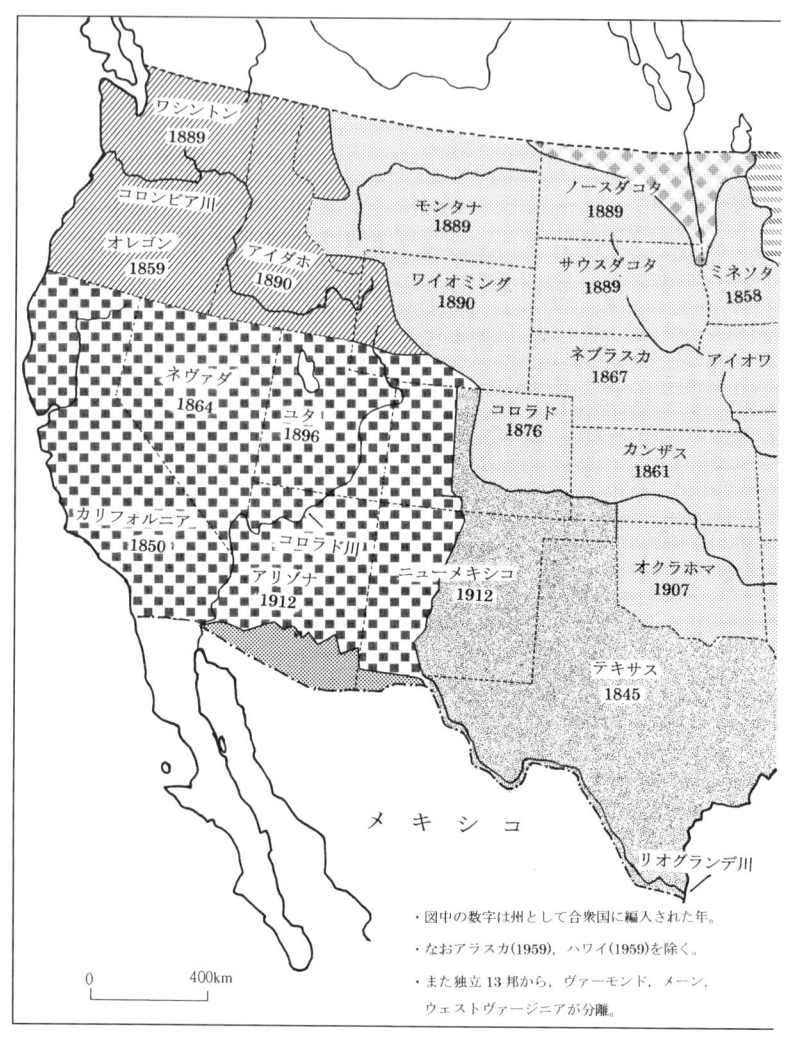

アメリカ合衆国の発展

11　アメリカ合衆国の発展

アメリカ合衆国歴代大統領年表

代	就任		
1	1789	ワシントン　George Washington	フェデラリスト
2	1797	アダムズ　John Adams	フェデラリスト
3	1801	ジェファソン　Thomas Jefferson	リパブリカン
4	1809	マディソン　James Madison	リパブリカン
5	1817	モンロー　James Monroe	リパブリカン
6	1825	アダムズ　John Quincy Adams	リパブリカン
7	1829	ジャクソン　Andrew Jackson	民主
8	1837	ヴァンビューレン　Martin Van Buren	民主
9	1841	ハリソン　William Henry Harrison	ホイッグ
10	1841	タイラー　John Tyler	ホイッグ
11	1845	ポーク　James K. Polk	民主
12	1849	テイラー　Zachary Taylor	ホイッグ
13	1850	フィルモア　Millard Fillmore	ホイッグ
14	1853	ピアス　Franklin Pierce	民主
15	1857	ブキャナン　James Buchanan	民主
16	1861	リンカン　Abraham Lincoln	共和
17	1865	ジョンソン　Andrew Johnson	民主
18	1869	グラント　Ulysses S. Grant	共和
19	1877	ヘイズ　Rutherford B. Hayes	共和
20	1881	ガーフィールド　James A. Garfield	共和
21	1881	アーサー　Chester A. Arthur	共和
22	1885	クリーヴランド　Grover Cleveland	民主
23	1889	ハリソン　Benjamin Harrison	共和
24	1893	クリーヴランド　Grover Cleveland	民主
25	1897	マッキンリー　William McKinley	共和
26	1901	ローズヴェルト　Theodore Roosevelt	共和
27	1909	タフト　William H. Taft	共和
28	1913	ウィルソン　Woodrow Wilson	民主
29	1921	ハーディング　Warren G. Harding	共和
30	1923	クーリッジ　Calvin Coolidge	共和
31	1929	フーヴァー　Herbert C. Hoover	共和
32	1933	ローズヴェルト　Franklin D. Roosevelt	民主
33	1945	トルーマン　Harry S. Truman	民主
34	1953	アイゼンハワー　Dwight D. Eisenhower	共和
35	1961	ケネディ　John F. Kennedy	民主
36	1963	ジョンソン　Lyndon B. Johnson	民主
37	1969	ニクソン　Richard M. Nixon	共和
38	1974	フォード　Gerald R. Ford	共和
39	1977	カーター　Jimmy Carter	民主
40	1981	レーガン　Ronald Reagan	共和
41	1989	ブッシュ　George Bush	共和
42	1993	クリントン　William J. Clinton	民主
43	2001	ブッシュ　George W. Bush	共和
44	2004	ジョージ・W・ブッシュ　大統領に再選される	共和

1

なぜアメリカ合衆国の歴史を学ぶのか：
多元国家のゆくえ

遠藤泰生

〈**本章の学習のポイント**〉　アメリカ合衆国は植民地開闢（かいびゃく）以来すでに400年を超す歴史を有する。世界の超大国として政治・経済・文化の各分野に圧倒的な力を持つにいたった合衆国の歴史と文化を学ぶ意義を本章では考える。日本人の合衆国理解に見られがちな弱点にも反省を加えつつ，今後の学習の出発点として，国土と自然，国民と民族に絞ってその特徴を概観する。
〈**キーワード**〉　北アメリカ大陸，自然の大国，多民族社会，日米関係，「拝米」と「排米」

1．今なぜアメリカ合衆国の歴史を学ぶのか

　今なぜアメリカ合衆国の歴史と文化を学ぶのか。何となくおもしろそうな国だから学ぶ，あるいは世界の大国だから学ぶというのも，漠然としてはいるがひとつの立派な理由であろう。しかし，何かひとつ現在の我々とかかわる視点を立てて，そこからアメリカの歴史と文化を学ぶ理由を考えてみることも大切である。例えば国際関係という視点を立ててみるとしよう。すると次のように考えてみることができる。
　国際関係はさまざまの要素から成り立っている。政治や経済がその重要な要素であることは改めて指摘するまでもない。けれども，歴史や文化がそれに劣らず重要な要素であることを我々はもっと認識すべきであろう。いや，今日の日米関係のように多くの分野においてきわめて緊密

な関係を有する国際関係においては，歴史や文化への理解こそが，政治や経済の問題に優先するといっても過言ではない。相手国の国民が感じる喜びや悲しみへの豊かな共感，あるいはその価値観や行動様式への深い理解がなければ，その国を取り囲む国際関係への正確な理解など生まれ得ようはずがないからである。そう考えてみた場合，日本にとって最も重要な外国のひとつである合衆国の歴史と文化について，我々はどれほどの理解を持ち得ているといえるであろうか。反省すべき点は多い。

▶ 9・11事件

2001年9月11日に起きた同時多発テロ事件以降の合衆国の情況を例に取ってみよう。その日，ニューヨークのワールド・トレードセンター・ビルディングへ飛行機が飛び込む姿をテレビの画面で目の当たりにした時の驚きを，多くの人々が今なお鮮明に覚えているに違いない。その後，銀色に輝く2棟の超高層ビルディングが轟音とともに焼け落ちるさまを見つめながら，得体の知れない不安に襲われた人々も多かったはずである。いうまでもなく，その不安の少なからぬ部分はテロ後に続く世界情勢の展開に向けられたものであった。残念ながら合衆国を取り囲むその後の世界情勢はその不安を裏書きするものと

なった。すなわち，「9.11」から1ヶ月も経ない10月8日，アフガニスタンへの空爆を合衆国は開始し，同月26日に施行された愛国法と合わせて，国内外における戦時体制を整えていったのである。続いて合衆国の大統領は2002年1月に「悪の枢軸国」という表現を用いた演説を行い，同年9月には「ならず者国家」と同国が見なす国への先制攻撃を辞さないことを言明，2003年3月イラク攻撃へ踏み切ったのである。しかし，イラク戦争開戦にいたるまでの合衆国の動きは，国際社会の支持を十分に得たものではなかった。テロ直後には合衆国民への弔意と同情に満ちていた国際世論も，合衆国政府の情勢認識にしだいに疑義を呈するようになり，イスラーム諸国の間では逆に激しい反米意識が高揚したのであった。

　以上に書き留めた「9.11」直後の合衆国の動きをどのように解釈すべきか，意見は分かれよう。ただ，戦争の開始と続行に慎重な国際世論に十分に耳を貸さない合衆国の態度に，単独行動主義（ユニラテラリズム）の危うさを指摘する声が高まったことは周知のとおりである。イデオロギー色を全面に押し出した世界認識，軍事力を重視した自国中心主義，国連を軽視した単独行動主義等を合衆国の政治の本質と見なす論評を，テレビや新聞紙上で目にしない日はなかったといってよい。けれどもそれらの批判に耳を傾けつつ今改めて冷静に問わねばならないのは，それではそうした合衆国への批判がすべて的を射ているかという問いかもしれない。別のいい方をすれば，単独行動主義，自国中心主義，軍事力重視だけが合衆国の本質であり，その国が造られて以来構造化された変わりようのない特質なのかという問いである。

　合衆国が単独行動主義，自国中心主義，軍事力重視の性格を時に強める国のひとつであることは否定できない。だが，それが建国以来の変わりようのない同国の本質であると断じるには，その歴史はそれとは異な

る光と影に溢れすぎている。2001年にいたるまでの10年程の期間を取り上げてみるだけでもよい。1989年の「ベルリンの壁の崩壊」に象徴された冷戦の終焉後,外交の新たな目標を合衆国は明らかに定めかねていた。しかしその後同国が模索した対外政策の基本はむしろ多国間協調主義とでも呼ぶべきものであり,国連重視の態度であった。ジョージ・ブッシュ（父）の政権が唱えた「新国際秩序」構想においては国連を利用した対外問題への多角的アプローチが尊重されたし,クリントン政権が唱道した「デモクラティック・ピース」論の議論においても,合衆国がマルティラテラルな外交を標榜することが当然視されていた。2001年3月の京都議定書からの撤退や2002年5月における国際刑事裁判所条約からの離脱などを事例に,21世紀に入ってからの合衆国が単独行動主義を強めたと指摘することはできる。しかしそれが合衆国の歴史の本質であり構造であると断定するのはやや合理性を欠く。今述べたブッシュ（父）やクリントンの時代を思い出すだけでそれは十分に了解されよう。

▶ニューヨーク、イラク戦争反対デモ

「9.11」以降合衆国が世界に果たした役割を,合衆国の国民全員が支持してきたわけでもない。戦争反対の声をあげ続けた人々も数

多くいるのである。だとすれば、我々の限られた視野に入る合衆国の姿とそれ以前の同国の歴史とを照らし合わせ、そこに共通するもの、共通しないものを改めて冷静に探るべきではないであろうか。求められているのは、なぜ合衆国が現在の合衆国であり得るのかを、その歴史的経験にさかのぼって検討し、理解することであり、目に映る現状から合衆国のすべてを推断することではない。

　アメリカ合衆国の歴史と文化を今なぜ学ぶのか。国際関係を文脈にとってみただけでも以上のような考えをめぐらせることができる。本書では、そうした大きな問題関心を常に意識しながら学習を進めていくことにしたい。

2．多様性，多元性の国，アメリカ合衆国

　合衆国は歴史の浅い国だとよくいわれる。果たして本当であろうか。歴史が短いというのならば、ある意味、それはいい当たるかも知れない。古びた建物が少ないのも事実である。だがユーラシア大陸から北米大陸へ先住民の祖先が移り住んだ太古の歴史は暫くおくにせよ、ヨーロッパからの入植者が北米大陸大西洋岸に植民地を築いた時から数えてもすでに400年以上の月日がたつ。この間、ヨーロッパの辺境として出発した植民地はやがて英国からの独立を果たし、その後わずか200年あまりの間に世界の超大国へと変貌してしまった。その急激な変化を思えば合衆国の歴史は短くこそあれ、浅いとはいい切れないのではないであろうか。合衆国の歴史と文化は我々が想像する以上に陰影に富む。そしてその陰影を生み出す最大の力は合衆国の多様性、あるいは多元性にある。ここで、人が生きる空間としての国土と自然、及び、そこに住まう者としての国民と民族に限って、合衆国の多様性、多元性に触れておきたい。どちらもその歴史と文化を学ぶ上で非常に重要なポイントとなる。

(1) 国土と自然

　合衆国は広大な国土を有する。大陸本土の48州にアラスカとハワイを加えた全50州の総面積は963万平方キロメートルに達する。それは日本の国土の約26倍にあたる。カリフォルニア州ひとつだけでも日本の国土より広いこの大国は、さまざまの気候風土を抱える自然の大国でもある。

　試みに大西洋岸から西に向かって大陸を歩んでみたとしよう（図1-1）。まず大西洋岸からメキシコ湾沿いには南北に海岸平野が続く。かつての海底が大陸の隆起によって姿を現したこの平野は肥沃な土壌に恵まれ、のちに独立13州と呼ばれるにいたった17世紀以来の英領植民地もここを中心に広がっていた。その海岸平野を西進するとやがて瀑布線と呼ばれる地帯に行きつく。西のアパラチア山脈へと大地が傾斜を強めるこの一帯は、植民地時代以来、海岸平野を貫く河川とアパラチアに分け入る街道とが交錯する交通の要衝として発展した。ヴァージニア州のリッチモンドやノースカロライナ州のローリー、アラバマ州のモントゴメリーなど、古くからの南部の内陸都市はその多くがこの一帯に位置する。瀑布線の諸都市を通り過ぎアパラチア山脈に登り始める地域はピエドモント高原と呼ばれる。ここからさらにアパラチア山脈を越えるまでの一帯は、平均約500メートルの高さに幅約400キロにわたって幾重もの谷が続く。独立建国の時代以来、アパラチアの山々を越えるか否かが西部に踏み入るか否かのひとつの目安となっていたこともうなずける。アパラチアの山々を越えると大地はミシシッピ川へと緩やかに下降を始める。オハイオ川やテネシー川のようにミシシッピ川に東西に流れ込む川に挟まれる形でケンタッキー盆地やテネシー盆地が開け、ミシシッピ川とそれらの盆地がぶつかるあたりから北の五大湖周辺に向かっては世界でも有数の農業地帯が続く。北部のコーンベルト、南部のコットンベルトなどがここに位置する。セントルイスやメンフィスなどがその中心地

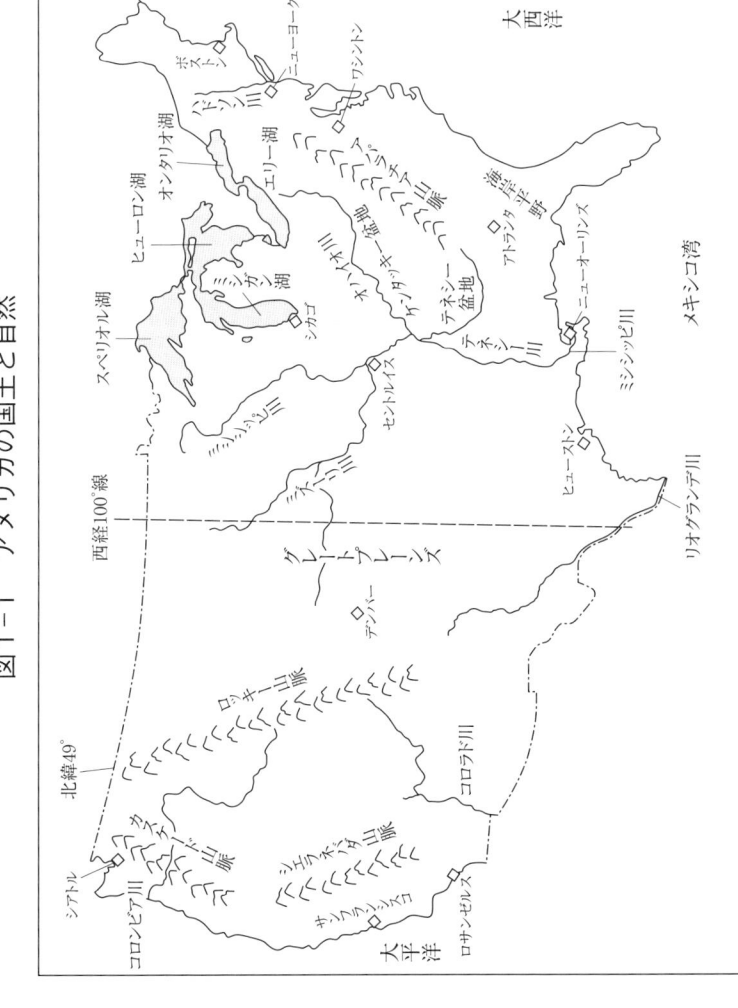

図1−1　アメリカの国土と自然

で，19世紀後半に大陸鉄道網が整備されるまでは，ミシシッピの河川交通を基軸にこれらの地域は発展した。

　ミシシッピの大河を越えるとしばらくは肥沃な沖積平野が続く。しかしやがて西経100度のあたりから年間平均降雨量が500ミリを割る乾燥地域が姿を現す。ここからロッキー山脈山裾までのグレートプレーンズと呼ばれる大平原は，灌漑をほどこさないと農業には適さない。かつて野生のバッファローが数万の群をなして移動したのはこの一帯である。ロッキー山脈には標高3000メートルを超す峰が南北に連なり，昔から人々の東西の移動をはばんだ。17世紀，太平洋岸をメキシコ側から北上したスペイン人入植者や西部ミシシッピ川沿いを五大湖地方から南下したフランス人入植者は，このロッキー山脈が南北に形作る大陸の基本形に並行していずれも大陸を移動したことになる。ロッキー山脈を越えるとカスケードとシエラネバダの両山脈にいたるまでの1000キロから1500キロの間に，盆地や砂漠が点在する乾燥地帯が続く。その両山脈を越えてようやく肥沃な緑地の広がる太平洋岸へと我々は到達することができるのである。太平洋岸のカリフォルニアには地中海性気候を擁するサンフランシスコなどが発展し，乾燥温暖の穏やかな居住地域を形成している。

　東から西に向かってばかりではない。北から南に向かっても合衆国は多様な自然の姿を見せる。まず北東部ニューイングランドやニューヨーク，ペンシルヴェニアには比較的湿潤な気候が広がり，四季おりおりの自然の美しさを誇る。なかでも秋の紅葉の美しさは格別といえよう。一方南部大西洋岸の地域は湿潤温暖で，それがタバコや米のプランテーション農業をその一帯にかつて発達させる力となった。現在ではカリブ海周辺で発達するスーパー・ハリケーンの襲来に毎秋苦しめられる地域でもある。そうかと思えば，オハイオ川とミシシッピ川が交わるおよそ

北緯40度以北の西部一帯は冬の寒さが厳しく、ミネソタやダコタでは1日中気温が零下に留まる日も少なくない。これらの地域で生活すれば大陸気候の厳しさを学ぶことになる。南西部メキシコに接する地域も自然の景観においては際立った特色を持つ。乾燥地帯が続くこれらの地域にはグランドキャニオンのような壮大な峡谷が点在し、メサと呼ばれる台形状の山が砂漠に屹立するエキゾチックな風景が広がる。20世紀を代表する女流画家ジョージア・オキーフの画が描き出す独特の彩りがこれらの地を支配する。

　これから合衆国の歴史と文化を学ぶ者は、人々の暮らしと密接な関係を持つこれらの自然環境にも十分な知識を持つことが必要であろう。

（2）国民と民族

　合衆国は多民族国家である。もちろん、世界のどこにも厳密な意味での単一民族国家など存在しないことが明らかとなった現在、多民族国家であることだけに合衆国の特徴を集約するのは正しくない。けれども植民地開闢（かいびゃく）以来、世界のほとんどすべての地域から合衆国には大量の移民が入り続けた。今なおその流れは途絶えることがない。その歴史的趨勢（すうせい）を把握しておくことは、同国の歴史と文化を理解する上できわめて大切である。

　15世紀の末にクリストファー・コロンブスをはじめとするヨーロッパの探検家が南北大陸に到達した頃、北米大陸には200万人とも800万人とも推定される先住民が居住していた。17世紀の初頭に英国の入植者が大西洋沿岸に植民地を切り開いたとき、厳しい冬を生き抜くのに必要な自然の知恵を彼らに授けたのもそれらの先住民であった。しかしやがて両者は敵対し、殺し合うようになる。それだけではない。入植者の持ち込んだ病原菌は先住民の命を部族単位で奪っていった。19, 20世紀とその

数を激減させた先住民の子孫は，アラスカのアリュートらを含めて現在約200万人しか残っていない。2000年の国勢調査によれば合衆国の総人口は約2億8000万人であるから，国民に占めるその割合は約0.8％にすぎなくなった。
　先住民を排除して北米大陸に勢力を拡張したのはヨーロッパからの入植者であった。17世紀には約16万5000人が大西洋を渡ったとされる。このなかには現在のニューヨークを開いたオランダ人や，ケベックから五大湖地方に入ったフランス人も含まれたが，英領植民地に限れば移民全体の9割以上が現在の英国にあたる地域の出身者であった。とくにイングランドとウェールズからの移住者が多く，その数は総計約15万人にのぼった。この時代アフリカから奴隷として強制的に連れて来られた人々も北米大陸に入り始めている。しかしその数はまだ少なかった。17世紀植民地時代に限っていえば，入植者のほとんどが英国から渡ったアングロサクソン系の人々であったといってよい。
　18世紀に入ると植民地人口の民族構成に変化が生まれた。イギリス出身者の中でも主流であったイングランドからの移民が急激に減り，代わって，いったんアイルランドに移住したのちアメリカに移り住んだスコッチ・アイリッシュと呼ばれた人々や，ドイツ系の移民が急増したのである。スコットランドから直接渡ってくる者も増えた。他にフランス系や北欧系，それに，イベリア半島を追われたのちカリブ海諸島を移動したセファラディムと呼ばれるユダヤ系移民らが北米大陸に入った。多民族社会とのちにいわれるようになる合衆国社会の原型は，18世紀に生まれたと理解してよい。アメリカ文明論の古典のひとつにフランス人クレブクールが記した書簡形式の報告文学，『アメリカ農夫の手紙』(1782)がある。そのなかでクレブクールは，ヨーロッパ人かヨーロッパ人の子孫であり，それでいて他のどこの国にも見ることのできない混血を「ア

表1-1 アメリカの人口（単位 1,000人）

調査年	人口	調査年	人口
＊1650	50	1860	31,443
＊1700	250	1880	50,189
＊1750	1,170	1900	76,212
＊1770	2,150	1920	106,022
1790	3,929	1940	132,165
1800	5,308	1960	179,323
1820	9,638	1980	226,542
1840	17,069	2000	281,422

［出典］有賀貞『ヒストリカル・ガイド，アメリカ』(2004，山川出版社），p.54
＊植民地時代は推定。国勢調査は1790年に始まった。

メリカ人」と定義した。多民族国家が誕生しつつあることが，まさにそこに書き留められていた。ただそれと同時に，アフリカ系の奴隷や先住民を排除した「白人の国」として合衆国がスタートしつつあったこともクレブクールの言葉は伝えていた。18世紀末に人口が約80万人に達していた黒人たちは，南北戦争が終わるまでそのほとんどが奴隷の身分に留めおかれたのである。

　18世紀の間，広大な土地を開拓する安価な労働力として移民は歓迎された。先住民に対抗し辺境の秩序を維持する上でもかれらの存在は必要であった。しかし19世紀に入ると，安価な労働力と見なすだけではすまない移民が増える。母国の政情不安や経済危機，食料飢饉などに押し出されて合衆国に流入する人々が激増するのである。なかでも目立ったのが，1840年代から50年代のジャガイモ飢饉の時代に祖国を離れたアイルランド系移民の存在であった。未熟練労働者として北東部の都市に集住したかれらは，カトリック教徒であったことも手伝い，移民のなかでも

特異な地位を長らく占めた。一方、南北戦争開戦時に約390万人を数えた黒人奴隷が、終戦後数回の憲法修正を経て自由市民の地位を獲得したことも特筆に価する。清末の中国や明治維新後の日本から移民が入り始めたのも19世紀の後半であった。かれらはやがて厳しい人種差別を受けることになる。合衆国社会の多民族性はいよいよ複雑さを増していったのである。

　ところで、19世紀の間に合衆国に流入した移民の総数は2000万人弱といわれる。一方、1800年から1900年にかけて合衆国の総人口は約500万人から約7600万人に拡大した。19世紀においては国民の少なからぬ部分を、移民の第一、第二世代が占めたことがここから推測される。と同時にそれはまた、国民の平均年齢が19世紀の間比較的低かったことをも示す。現在でも合衆国民の年齢別人口比は、20歳以下と、20歳から45歳までと、45歳以上とが、およそ3分の1ずつを占める。移民の流入は合衆国を常に若い力で満たしてきたのである。

　20世紀の転換期は合衆国の歴史のなかでも移民の流入が激しかった時代として知られる。1880年から1920年の間だけで約2300万人もの移民があった。先述したとおり1900年の国民総人口が約7600万人であったことを考えると、その規模の大きさが察せられよう。しかも、東欧、南欧からの「新移民」と呼ばれる人々がその大部分を占めた。その結果、ポーランド人やイタリア人はもとより、リトアニア人、チェコ人、スロバキア人、ウクライナ人、ルーマニア人などのコミュニティが続々と生まれることになったのである。彼らの母語で書かれた新聞がそうしたコミュニティでは数多く発行された。東欧からの移民のなかに主にロシア帝国から離れたアシュケナジムと呼ばれる約250万人ものユダヤ人が含まれたことも記憶しておきたい。

　20世紀中葉以降の潮流としては、中南米諸国からの移民の激増を指摘

図1-2　エスニック人口分布図
州ごとの民族別人口割合（2005年）

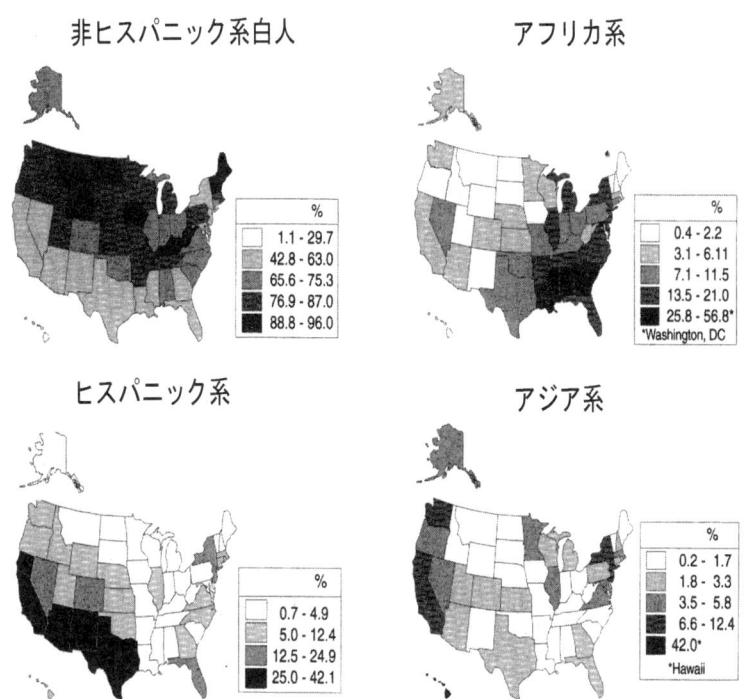

The World Almanac and Book of Facts, 2007（World Almanac Education Group, 2007）p.605より作成

することができる。1924年に制定された包括的移民法でもかれらの流入には規制が設けられなかったし、第二次大戦後は契約移民としてカリフォルニアやテキサスに多くのメキシコ系移民が移り住んだ。ニューヨークのスパニッシュハーレムと呼ばれる街区には、プエルトリコからの移民も多い。今やアフリカ系に代わって合衆国における最大の少数派集団にかれらは成長した。スペイン語を母語とするこれらの移民はかつての宗主国であったスペインにちなんでヒスパニックとかラティーノと総称され、政治、文化の両面で大きな影響力を持ち始めている。「不法移民」と呼ばれる一時滞在労働者の待遇改善を求め、2006年春、ロサンゼルスやニューヨークでかれらは大規模な街頭デモを行った。メディアで報じられたその姿は記憶に新しい。20世紀の最後の四半世紀には韓国系や中国系、それにベトナム系やアラブ系の移民も増えた。冷戦やベトナム戦争による政治難民がそこには含まれる。

　合衆国国民の民族構成は今後ますますその複雑さを増すであろう。それにしたがって異なる民族間の緊張が高まる可能性はもちろんある。もちろん上にあげてきた民族のそれぞれが、全米のどこでも同じ比率で居住しているわけではない。アフリカ系、ヒスパニック系、アジア系など、きわめて特徴ある人口分布を有する集団もいる（図1-2）。例えば東海岸のボストンと西海岸のロサンゼルスでは、これが同じ国の国民かと思われるほど街を歩く人々の顔つきが異なっている。しかし、家庭で話す言葉も違えば信仰する宗教も異なる人々が、袖擦り合ってひとつの街に暮らすのが合衆国である。多少の緊張がそこに生まれるのはむしろ自然といえよう。加えていえば、そうした緊張の一方で、通婚による異なる民族間の混血融合もゆっくりとではあるが確実に進んでいる。合衆国の歴史とはそれらの人々が積み重ねてきた衝突と融和の歴史の総体を指すのであり、そのなかから生まれた新しい文化と世界中から流れ込ん

だ旧来からの文化とが，いってみれば壮大な交響曲を奏でているのが合衆国の文化なのである。あるいはそれは少しやかましいかもしれない。しかしその複雑で豊かな調べを聞き落としてはならない。あるいは，その多様性にもかかわらず，合衆国がひとつの国家として統合を維持し得ている点をこそ真剣に学ばねばならないのかもしれない。のちの章でこの点については再び触れることになろう。「合衆国は歴史が浅い」と断ずるのはそうした歴史のさまざまの側面を学んだあとでも遅くはない。

3．日本人の合衆国理解—抽象化と断片化

　多様性の国，多元性の国としてのアメリカ合衆国の歴史を日本人は必ずしも正しく理解してきたとはいえない。むしろ合衆国を抽象化し，断片化し，それを性急に称賛あるいは批判するのが日本人の常であった。拝米と排米の間を日本人の合衆国理解は揺れ動いてきたと指摘する研究者は多い。

　日本人の合衆国史への理解は，自由の国という形で最初に現れた。幕末明治維新期のことである。当時の日本は，アジアの国々を侵略する欧米列強に抗して自国の独立を護持することを最大の政治課題としていた。そこで，英国からの独立を戦いによって勝ち取った合衆国の歴史に注目が集まったのである。その独立を支えた文明原理として日本の知識人が真っ先に注目したのが自由の原理であった。日本人にとっての合衆国の理解はその自由の原

理を具体的に把握することから始まったといってもよい。福沢諭吉の『西洋事情』（初編1866，外編1868）や『世界国尽』(1869) に記された合衆国の記述を読むとその自由の理解に当時の知識人がいかに苦心していたかが分かる。明治期に入っても合衆国の歴史に興味を抱く者は，その近代文明を支える原理の理解に最大の力を注いだ。独立不羈（ふき）の精神を象徴する存在としてベンジャミン・フランクリンが人気を博したのも自然なことであった。しかし，天皇を中心とする立憲君主国として日本を運営することが明治政府の基本方針となったため，明治中期以降は知識人の関心がドイツや英国の政治文化に移り，望ましからざる平等主義の国として合衆国は逆に批判されるようになった。在野の自由民権思想家や社会主義者たちだけが合衆国が象徴する自由や平等に憧れを抱き続けたのである。フィラデルフィアに客死した民権家の馬場辰猪や社会主義を唱道した堺利彦などをその例にあげることができる。

　20世紀に入ると日本人の合衆国理解に大きな変化が起きた。まず，1898年米西戦争に勝利を収めた合衆国と1904年日露戦争に勝利を収めた日本とが太平洋をはさんだ競争相手として互いを意識し始めたのである。その結果，互いを仮想敵国と見なす時事評論が人気を集め，人種や宗教に起因する日米の歴史や文化の違いを強調する文化論がもてはやされた。浅薄な機械文明の国，俗化した拝金主義の国，弱肉強食の個人主義の国といった合衆国批判，あるいは合衆国への軽蔑がこの時代の知識人の間で大いに高まったのである。この風潮は第二次世界大戦が終わるまで日本では支配的であった。ただしその一方では，生活に浸透するアメリカ文化への積極的な関心がとくに庶民の間に広がった。1920年代に世界を席巻したアメリカニゼーションの波は東京や大阪にも押し寄せ，ジャズや映画が象徴する合衆国文化の影響が顕著となった。テーブルに着座するとアイスウォーターが出てくるアメリカ的サービスが日本のレ

ストランで始まったのもこの頃といわれる。1928（昭和3）年にレコードが発売された流行歌『私の青空』（原曲 My Blue Heaven，ウォルター・ドナルドソン作曲，堀内敬三訳詞）は，新興のサラリーマンが帰宅時に抱く家庭団欒への思いをジャズのメロディーにのせて歌い人気を博した。

第二次世界大戦中は，「鬼畜米英」が叫ばれ，反米意識が燃えさかったことは記すまでもない。しかし，敗戦後の日本人は占領軍の言論統制を受けたとはいえ，手の平を返したように親米に転じ，再び，ジャズやハリウッド映画に親しみ，女子教育などを前進させたのである。その後も，日米安全保障条約の締結やベトナム戦争の時代に激しく反米，排米の気持ちを高ぶらせる一方，ディズニーランドやマクドナルドが代表するアメリカ大衆文化を日本人は大いに楽しんできた。グローバリゼーションが進み経済の自由化が進んだといわれる昨今は，富む者と富まざる者，あるいは経済的勝者と敗者の格差が広がる理由を合衆国が象徴する自由主義原理に求め，アメリカ文化，さらには世界史に占める合衆国の意味を批判する風潮が再び強くなっている。その変動の幅は驚嘆に値する。

以上に概観してみた日本人の合衆国理解には2つの特色がある。ひとつは，自由や平等，あるいは機械文明や拝金主義といった抽象概念で合衆国を理解する傾向がいつの時代にも強いことであり，もうひとつは，その特色と部分的にはつながるが，好き，あるいは嫌いな部分だけを取り上げて，合衆国の総体を断じる傾向が強いことである。本章の最初に

振り返った「9.11」以後の合衆国への日本人の態度にも同じ傾向が指摘できるであろう。しかし合衆国は，あまりに広く，多様であり，多元である。目の前に見える現状だけからそのような国の総体を推断することほど危険なことはない。それを続ける限り我々の合衆国理解は，「さすがにアメリカだ」と「これでもアメリカか」の極端な2つの理解の間を往き来するばかりで，いつまでもその生きた全体の把握には到達しない。あらゆる外国の歴史，文化についておそらくは同じことがいい当たるのかもしれない。しかし，合衆国の場合，日本との関係があらゆる面で緊密であり，期待も失望も大きいため，どうしても我々の合衆国理解は断片的，抽象的になりがちなのである。その弱点を確認した上で，次章以降，合衆国の歴史と文化の基本的な趨勢を学習していきたいと思う。

■参考文献
* 有賀貞・大下尚一・志邨晃佑・平野孝編『アメリカ史Ⅰ・Ⅱ』山川出版社，1993-94
* 斎藤眞『平凡社ライブラリー89・アメリカとは何か』平凡社，1995
* 亀井俊介『アメリカ文化と日本—「拝米」と「排米」を超えて』岩波書店，2000
* 有賀夏紀・油井大三郎編『アメリカの歴史：テーマで読む多元社会の夢と現実』有斐閣，2003
* 古矢旬・遠藤泰生編『新版アメリカ学入門』南雲堂，2004

2

「新世界」の異文化接触

白井洋子

〈本章の学習のポイント〉 ヨーロッパ植民者と北米先住民（アメリカ・インディアン）は，異なる価値観や生活スタイルといった文化の接触と対立を経験した。両者の関係がアメリカ文化の形成にその後どのように作用したのかを考える。
〈キーワード〉 北米先住民，植民者，インディアン戦争，野蛮と文明

1．「新世界」と呼ばれたアメリカ

　今日では，アメリカ史の始まりが，ポカホンタス伝説で知られるジェームズタウン（のちのヴァージニア植民地の出発点となった砦）が建設された1607年や，1620年にメイフラワー号で大西洋を渡ったピルグリムズの話から語られることはほとんどなくなった。このことはアメリカの歴史が，ヨーロッパ人によるアメリカ大陸への移民の歴史であったかのように教えられてきたヨーロッパ中心主義の視点の反省の上に立ち，ヨーロッパ人到来以前の先住民の歴史と文化をも包摂した，より広い視野からのアメリカ史像が求められるようになったことの表れであろう。「新世界」という呼称は，西方に向かったヨーロッパ人からの一方的なとらえ方にほかならないが，先住民の位置から逆に東に向けて眺めて見ることも，歴史の全体像に近づくためには必要ではないだろうか。
　最初のアメリカ人と考えられているのは，氷河期が終わるまでの約1万4000年前までに，アジア大陸の東北シベリアから陸橋ベーリンジアを

渡り，アラスカに進出した狩猟民を先祖とする，考古学上，パレオ（古）インディアンと呼ばれる人々である。約1万2000年前の気候の温暖化とともに現在の北アメリカ中央部の大平原あたりまで南下していたことが，その周辺で発見された旧石器時代の遺跡から明らかにされている。およそ5500年前には，今日のメキシコ中央部に住んでいた集団が，トウモロコシや豆類，スクォッシュ（カボチャの一種：先住民社会ではこの3つを〈三姉妹〉と呼び，食の中心とした）などの食用作物を栽培するようになり，農耕技術の普及は人々の定住を促した。パレオ・インディアンは，現在のアメリカ先住民の祖先にあたる人々である。何世紀もの間に，北米大陸の各地の変化に富んだ気候と地理的条件に順応しながら，農耕と狩猟，採集，漁撈をさまざまに組み合わせながら，それぞれの地域に特有の生活様式を築き上げ，ヨーロッパ人が到来した頃には多様な部族文化を形成していた。

　コロンブスのアメリカ航海以後，16世紀から17，18世紀にかけて，さまざまなヨーロッパ人が時を前後してアメリカ先住民の住む土地に侵入してきた。最初はスペイン人がカリブ海からメキシコ，そして現在のカリフォルニア地方に，フランス人は北方のセントローレンス湾から川伝いに五大湖とミシシッピ川を経由して現在のニューオーリンズへ，オランダ人は現在のニューヨーク州マンハッタン島から内陸部へ，スウェーデン人は現在のデラウェア州にあたる土地に，そしてこれらの国々に少しおくれてイギリス人が，北はハドソン湾地域へ，そして大西洋岸一帯へとやって来た。中でも現在のヴァージニア州を中心にした南部一帯，ニューイングランドと呼ばれるようになった北部地域，さらにその両地域に挟まれた現在のニューヨーク州やペンシルヴェニア州を含む中部地域は，イギリス人の恒久的な定住型植民地として出発したため，大西洋沿岸から西へ西へと開拓地を広げていくことで，先住民部族との間に絶

図2−1 「北米大陸へのヨーロッパ人の侵入(16〜18世紀)と先住民部族」

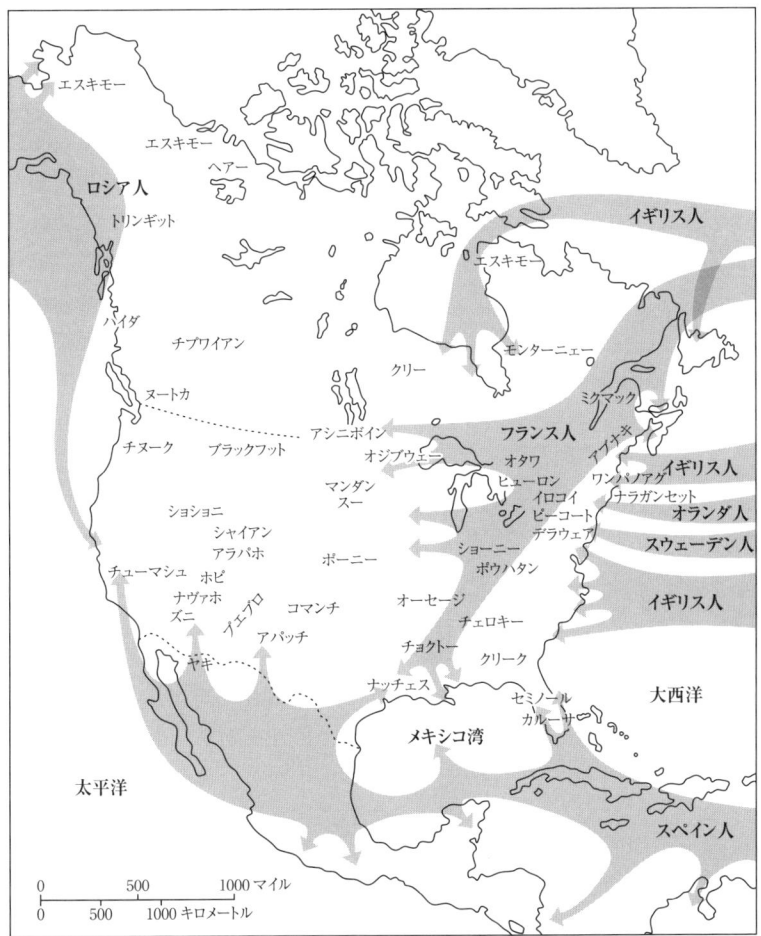

Colin G. Calloway, *First Peoples : A Documentary Survey of American Indian History* (Boston : Bedford/St. Martin's, 1999) p.69 ; Carl Waldman, Atlas of the North American Indian (New York : Facts On File Publications, 1985) p.79 をもとに作成

え間ない争い，戦争の歴史が繰り広げられることになる。この点が，とりわけ北アメリカにおいては，水系に沿って大陸内部に進出し，毛皮取り引きを中心とする交易活動を展開したフランス型植民地との大きな違いである。

　ヨーロッパ人が北アメリカに到来する以前の先住民人口推定値については，いくつかの説がある。1960年代頃までは，コロンブス航海当時の北米人口は100万人程度といわれてきた。1960年代後半以後，この分野での研究が進み，とりわけヨーロッパ人到来がもたらした天然痘や麻疹を主とした病原菌の影響で，免疫を持たなかったアメリカ大陸の住民たちに伝染病が蔓延し，これが先住民人口の減少につながったことが指摘された。1616年から1619年にかけて，「見えない弾丸」と呼ばれたこれらの病原菌は，当時，多部族が密集する居住地域だった現在のマサチューセッツ州南部とロードアイランド州にあたるニューイングランド南部を襲い，10人のうち9人を死に追いやったとされる。この伝染病の影響に加え，住民の生活と生存を支えていた食糧供給などの自然環境要因を考慮することにより，ヨーロッパ人到来前のメキシコ以北の先住民人口は200万人から800万人と推定されるようになり，およそ600万人弱という説が今日では一般的に受け入れられている。

　北米大陸に先住していたインディアンと呼ばれた人々と，その土地にヨーロッパでは実現できない生活や夢を求めてあとからやって来た人々との，最初の出会いや接触はどのようなものだったのだろうか。東から西方向にやって来たヨーロッパ人にとってアメリカ大陸はまさに未知の「新世界」だったのであり，そこに住んでいる人々は文明とは無縁の，未開人，野蛮人と呼ばれた。イギリス人が使うようになる「インディアン」という呼称にも，そこには野蛮人のイメージが重ね合わされていた。いい換えるならば，ヨーロッパ人の中にあった，荒野の地に文明の

光をもたらすという優越意識が「新世界」の征服を正当化していたのである。

　それでは東方から新来の人々を迎え入れた側の先住民の目に，ヨーロッパ人はどのように映ったのだろうか。それを知る手がかりは，先住民が語り継いできた伝説にある。のちにケベックとなるカナダのセントローレンス川流域に住む狩猟民モンターニェー族の若い男は，キリスト教宣教師に祖母から聴いたという話を語ってくれた。初めてフランスの船がその地にやって来たときには，人々は船を動く島かと思った。そしてその上に人間がいるのを見てもっと驚いたという。男たちがカヌーで「島」に近づき，上陸するように呼びかけても，言葉は通じなかった。その人々は骨や木を食べ，血を飲んでいた。あとから分かったことだが，骨や木に見えたのは堅パンやビスケットで，飲んでいたのはぶどう酒だった。ビスケットをもらって口に入れたところ，味がなく，そのまま捨ててしまったという。セントローレンス湾岸に住んでいたミクマック族の若い女は，ある日，小さな島が沖合に浮かんでいる夢を見た。2日後，その島が本当に沖合に浮かんでいた。男たちがカヌーで近づくと，白いローブを着た男が熱心に話しかけてきたという。同様の話は，スペリオル湖周辺のオジブウェー族や，のちにイギリス領とされたニュージャージーの大西洋沿岸で最初のオランダ船を迎えたデラウェア族からも語られた。

　北米大陸へのヨーロッパ人の到来はまた，ヨーロッパからの織物，酒類，金属製品，武器などの交易品の持ち込みにより，従来の部族関係に新たな対立と競争を生み出すことにもなった。そして伝染病による人口の激減は，いくつもの村落を無人の地と化したために，わずかに生き残った部族の人々が互いに寄り集まることで生存のための最小限度の共同体を構成し，あるいは近隣の部族に吸収されるなどして，居住範囲や

部族間の境界を超えた先住民社会の再編成を余儀なくさせたのである。つまり，「新世界」とは，ヨーロッパ人にとってばかりでなく，ヨーロッパ人の到来によってもたらされた生活環境の一大変化と危機に直面したアメリカ先住民にとっても，挑戦し，乗り越えるべき新しい世界，「新世界」を意味していたことになる。

2．イギリス植民地の建設と先住アメリカ人

　北米大陸に建設された初期のイギリス植民地は，地理的，そして植民の目的から，大きく南部，北部，中部の3つの地域に分けることができる。先住民と植民者との接触と対立も，それぞれの地域や植民地の特徴と深く関連していた。

1）南部ヴァージニア：ポカホンタス神話とインディアン戦争

　1607年のジェームズタウンの建設は，イギリス人による最初の恒久的な植民地の出発点となった。イギリス国王ジェームズⅠ世の特許状を携え，ヴァージニア会社（開拓目的の拓殖会社）の船でやって来た一行の指導者キャプテン・ジョン・スミスは，この地域一帯を支配していたポウハタン族と出会う。スミスが部族民に捕えられ，今にも石斧で頭を割られようというときに首長の娘ポカホンタスがその身を挺して助けたという話は，スミスがイギリスに帰国して17年後に自ら本に書いたことだった。またポカホンタスが別のイギリス人男性ジョン・ロルフと結婚してロンドンに渡り，社交界の花形として話題をさらったとの話にしても，アメリカにはその歴史の始まりからして異人種間のロマンスがあったかのように語られるが，ロルフとの結婚も，白人開拓地の西方への拡大に反発を強める先住民への対策としてポカホンタスを誘拐し，人質にとったあとの話である。1622年，ポカホンタスがイギリスからの帰国直

▲ジェームズタウンにあるポカホンタス像　　▲キャプテン・ジョン・スミス

前に病気で急死した5年後、弟のオペチャンカヌーの率いた一斉蜂起により開拓民347人が殺害されたのは、ジェームズタウン建設からわずか15年後のことだった。その後は植民地軍による報復戦争としての凄惨な反撃が繰り返され、1646年、南部の有力部族ポウハタンの抵抗もついに力尽きた。ヴァージニアは、ポカホンタスがその品種改良に携わったとされるタバコ栽培に成功を収め、黒人奴隷制度の導入と大農園制度の採用により、北米でも有数の植民地としての発展を遂げた。

2）北部ニューイングランド：2つの先住民征服戦争
　ジェームズタウン建設に少しおくれる1620年、信仰の自由を求めてメ

イフラワー号でやって来たピルグリムズ（巡礼者）と呼ばれるピューリタン（清教徒）の一派を中心に，現在のマサチューセッツ州に建設されたのがプリマス植民地だった。この地域一帯は，その前年まで猛威をふるった伝染病により，住民の多くが犠牲となっていた。厳しい冬の寒さと飢えは，到着したばかりの人々の半数の命を奪った。それでもあとの半数の50名ほどが生き延びることができたのは，伝染病の流行を何とか乗り切った地元のワンパノアグ族の人々が食糧を提供してくれたことによる。ワンパノアグ族としても，近隣部族との対立関係からの防衛手段として，イギリスからの新来者と同盟を結ぶことに活路を見出そうとしていた。ニューイングランド地域ではすでにオランダ商人とピーコート族との毛皮交易が活発に行われていた。そこにイギリス人が侵入してきたために，ヨーロッパ諸国間の利害の対立が，それぞれの側と同盟や交易の関係にあった先住民部族間の対立を引き起こし，さらにそこに伝染病の影響が加わったことで，先住民諸部族にとっても「新世界」での生き残りをかけた戦いが避けられないものとなっていた。

　1620年代末には，イギリスからもうひとつのピューリタンの一団が，ニューイングランドへの大々的な植民計画に乗りだした。この人々はマサチューセッツ湾会社を設立し，1630年代を「大移住」の時代と呼ぶほどに，2万5000人もの植民者をこの地に運び，家族経営規模の耕作中心のマサチューセッツ湾植民地を建設した。1691年にはプリマス植民地を吸収合併し，その中心地ボストンはやがてニューイングランド最大の都市へと発展した。大量の植民者の流入は，当然のことながらより広い開拓地を必要とした。そのため植民地時代初期のニューイングランドでは，先住民征服戦争と呼ばれた2つの大きな戦争を経験することになる。ひとつはピーコート戦争（1636—37）で，マサチューセッツ湾植民地軍にナラガンセットをはじめとする数部族の加勢を得た連合軍が，オ

ランダとの毛皮交易に従事していたピーコート族の村を襲撃した。このときピーコートの村は戦士不在で，植民地側は300人から700人いたと推測される女性と子ども，老人を焼き殺し，生き残った者は奴隷として西インド諸島に売り飛ばした。ピーコート攻撃に加わったナラガンセット族の若い戦士たちは，植民地軍のあまりの残虐さに衝撃を受け，その場から逃げ出したほどだった。

　もうひとつはフィリップ王戦争，メタカムの蜂起と呼ばれた戦争である。フィリップとはメタカムの英語名で，ピルグリムズが最初に上陸したときに援助の手を差し伸べたワンパノアグ族の指導者マサソイトの息子だった。この戦いは，マサチューセッツ湾植民地をはじめとするイギリス植民地連合軍に対するワンパノアグ，ナラガンセットなどの諸部族連合軍との，ニューイングランドの命運を決するほどの大戦争となった。メタカムは植民地側についた仲間のひとりに撃たれ，部族連合軍は敗北した。これを率いたメタカムは体を四つ裂きにされ，その首はプリマスで25年間さらされ，妻子は生き残った人々とともに西インド諸島に奴隷として売られた。以上の2つの戦争はイギリス植民者がこの地の先住民を完全に征服したことを意味した。

　南部と北部の2つの例からも明らかなように，イギリス植民地の発展の歴史は，土地をめぐる先住民との争い，つまりヨーロッパ人の侵入，侵略に対する先住民の抵抗，防衛戦争の歴史でもあった。そしてこのような戦争は歴史の上ではインディアン戦争と呼ばれた。インディアン（中南米では，インディオ）という呼称は，歴史的には野蛮人というヨーロッパ側からの偏見を含んでいたため，近年ではネイティブ・アメリカンという呼び方がより一般的である。しかし先住民の側からすると，初めは自分たちがなぜインディアンと一括して呼ばれるのか分からなかったが，そこに野蛮人という意味合いが込められていることを知っ

たのちにも，むしろ，元々この土地に昔から住み着いていた先住民と，あとからやって来た侵入者とを区別するために，部族間の違いを超えて，あえて積極的に自らを「インディアン」と呼んだともいわれている。今日では，ネイティブ・アメリカン，アメリカ・インディアン（国勢調査では後者を用いる）と両方使われているが，私たちのように外からアメリカ史や北米先住民の歴史・文化を学ぶ者にとって，このインディアンという呼称の歴史的な意味合いを理解しておくことは不可欠である。カナダでは先住民族の原義どおりに「ファースト・ネーション」を採用している。

3）中部ペンシルヴェニア：友好政策の実験

▲先住民と条約を交わすウィリアム・ペン，1682年

インディアン戦争の歴史を主軸とした南部と北部の場合とは異なり，イギリス植民地の中にも先住民との共存を探った例としてあげられるのが，中部植民地のひとつ，ペンシルヴェニアである。ペンシルヴェニア植民地は，ヴァージニアやマサチューセッツの植民地が民間の拓殖会社によって建設されたのとは異なり，領主植民地として出発した。イギリスの王政復古後，国王チャールズⅡ世は，海軍提督ペンに借金の代償として北米の土地の権利を与え，それを息子のウィリアム・ペンが受け継いだことによる。ペンはこの植民地を開設するにあたり，いくつかの新しい試みに挑戦した。そのひとつが先住民との間に友好関係を築くことだった。平和主義を信条とするクエーカー教徒のペンはア

メリカに渡る前から,地元部族に宛てて手紙を書き,争いを避け,隣人として友人として,愛と平和の中で暮らしたいとの考えを述べている。植民地の中心地フィラデルフィアはギリシャ語で「友愛の町」を意味する。実際彼は,開拓民が勝手に先住民の土地に侵入するのを禁止し,また先住民社会を破滅に追いやるような酒類の販売を厳しく規制するなど,平和的友好的な関係を築くために尽力した。また自ら先住民の言葉を学び,その生活習慣の理解に努めた。そのためヨーロッパからの移住者にとって,先住民から「ペンのような人」と呼ばれることは,その人物への最高の褒め言葉だったのである。ペンの試みは「神聖な実験」と呼ばれ,事実,ペンシルヴェニア植民地は例外的に,18世紀半ばに北米大陸支配をめぐり英仏間で戦われた大戦争,フレンチ・アンド・インディアン戦争(仏軍とインディアンの連合軍に対してのイギリス人の戦い)まで,インディアン戦争を起こさなかった。ペンは,先住民との平和共存こそが,植民地の発展と自己の経済的利益にもつながる唯一の道であることを,他の植民地の苦い経験から熟知していた。

しかし先住民との友好関係も,フレンチ・アンド・インディアン戦争が全植民地規模で戦われたことで幕を閉じた。その後はこれまでの友好関係を裏返したかのように,ペンシルヴェニア西部一帯はその戦いの主戦場と化した。宗教上の寛容と平等主義を旨とするクエーカー主義は,必然的に多くのヨーロッパ移民の到来を招き,開拓地の拡大は南部や北部のイギリス植民地の例に漏れず,先住民の土地への侵入となり,この地をもインディアン戦争の舞台に変えていったのである。

3. 異文化を見る目

1) ヨーロッパ人のインディアン観

ヨーロッパ人の目には,「新世界」の先住民は何よりも文明の恩恵と

は無縁の未開人，野蛮人と映った。16世紀から17,18世紀にかけてアメリカ大陸に渡ってきたヨーロッパ人の精神世界において，キリスト教徒以外はすべて異教徒と見なされた。その歴史的背景としては，ヨーロッパ世界に根強くあった反イスラーム感情や反ユダヤ教意識が，キリスト教以外の宗教を信仰する人々への激しい敵対感情として働いていたことがあげられる。17世紀初期の北米大陸で初めて先住民と接触したオランダ人は，「かれらには神を信仰するという宗教観念がまったく見られない」と嘆いた。北米先住民の宗教は迷信信仰や悪魔崇拝として蔑視された。ヨーロッパ人植民者の増大にともなう開拓地の拡大への先住民の抵抗は，それ故に西洋文明，キリスト教文明に敵対するものととらえられ，キリスト教を受け入れない人々はしだいに排除の対象とされていった。

　ヨーロッパ人植民者は，宣教師などの一部の例外を除いて，先住民の言葉を学ぶことを通してその文化や生活習慣，価値観を学ぼうとはしなかった。そして皆一様に，先住民の男たちを怠惰と見なした。現在のニューヨーク州にあたる五大湖付近にやって来たあるオランダ人宣教師は，モホーク族の村を訪れたときのことを次のように記している。「女は土地を耕し，刈り込みや植え付けを任され，すべての仕事をこなすが，男は猟に行くか釣りをするか，敵と戦をする以外には何もしない。」また先住民の男は「自由気儘すぎて働かせるのは不可能だ」とも書かれている。ヨーロッパでは狩猟は裕福な男たちの娯楽だった。「怠惰な男」「奴隷のように働かされる女」というのが，ヨーロッパ人の目に映ったインディアン観の大枠を形作っていた。しかしこのようなステレオタイプのイメージはそのほとんどが，狩猟，耕作，採集，漁撈を複合的に採り入れた生活様式を営んでいた北米東部を生活圏とする部族の生活を外から眺めて作られたものだった。しかもヨーロッパ人が訪れた

のは夏の，農作業と採集を中心とする女たちの労働が目立つときでもあった。男たちの狩猟の最盛期は厳冬期に限られる。逆にヨーロッパでは農耕は男の領域とされ，女は家事労働を主とした。先住民の目には，女の仕事と考えられている農作業に男が従事しているヨーロッパ人の男こそ，「女々しい」としか映らなかった。

　アメリカ合衆国の歴史を特徴づけている「フロンティア」という用語とともによく使われるのは「ヴァージンランド」である。「ヴァージンランド」とは，そのセクシュアルな意味合いどおり，誰の手も加えられていない未開拓の土地，無人の地を指す。しかしヨーロッパ人にとって未開拓の無人の地と見えた西方に広がる土地は，決して無人の地ではなかった。土地の利用方法も，ヨーロッパの定住型農耕様式と異なるだけで，耕されていないわけではなかった。無人と思わせた理由のひとつに，新種の伝染病の流行で先住民人口が激減したこともあげられる。それにしても「ヴァージンランド」には，その土地に住んでいる人々の存在，その歴史と文化を無視する姿勢と，女性の征服と支配を当然と考える男性中心的なものの見方が，先住民と植民者の関係にそのまま投影されたものだった。

2）先住民の見た「ヨーロッパ」

　それでは逆に，先住民の目にヨーロッパ人，白人植民者はどのように映ったのだろうか。先住民は自らの文字で書き残すという文化を持たなかった。かれらの価値観や知的精神世界をたどる上で，先住民がヨーロッパ人につけたニックネーム，語り継がれてきた伝説や小話が重要な手がかりとなる。

　ヨーロッパ人はその肌の色から「ペールフェイス」（白よりは青白い顔と思われた），「ロングナイフ」（長いナイフを持つ人），「ブラック

ローブ」（黒の長裾を着たカトリック宣教師）などと呼ばれた。次にあげるのは，「青白い肌」の人たちがいかにして我々から土地を奪い取ったか，18世紀半ばに，現ニューヨーク植民地南部のレニ・ルナピ族が宣教師に語った話である。「オランダ人が次々にマンハッタンにやって来た。長老格の男が，スープに入れる青菜のために，ほんの少し，［壁にかけられた牛の皮を指し］牛皮1枚分の広さの土地が欲しいと頼んできた。ここで奴らのたくらみを見破るべきだった。奴らはその牛の皮を細く切り裂いて1本の長い長い紐にしたのさ。それで信じられないほどの広い土地をぐるりと囲んだというわけだ…奴らはそこに青菜を植えるどころか巨大な砲を立て…われわれを根こそぎ追い出したのさ。」多分に誇張されたこの話のオチは，「だから，長いナイフの奴らを信用してはいけないよ」にある。独立戦争時のアメリカ大陸軍総司令官で合衆国初代大統領になったジョージ・ワシントンがイロコイ族の人々から「タウン・デストロイヤー」（タウン＝居住村落の破壊者）と呼ばれていたことは，先住民にとって独立戦争が何を意味したのか，かれらが身をもって体験したことを代弁していた。

　ニューイングランドにやって来た宣教師ロジャー・ウィリアムズは，ナラガンセット族の人々から「イギリス人はなぜこの土地にやって来たのか」と何度も尋ねられたという。何と答えたかについては書き残されていないが，インディアンはこう解釈した。「きっと薪にする木がなくなったからだろう，森を燃やしつくし，［次の］森を探して，それで新しい土地にやって来たのさ。」彼らの生活からすれば想像に絶するほどの薪を燃料や暖房に消費するイギリス人にあきれ果てたにちがいない。1616年，夫のジョン・ロルフとともにイギリスに渡ったポカホンタスは，下船してのちロンドンへと向かう旅の途中，木々が生い茂り豊かに穀物が実る光景に驚嘆した。というのもポウハタン族の人々は，イギリ

ス人がアメリカにやって来たのは，食べ物や薪に欠乏したためと思い込んでいたからである。一家族のためにどうしてあのように大きな家を建てるのか，なぜ安息日に畑を耕してはいけないのか，先住民には理解できないことばかりだった。それでも新しくやって来た人々が自分たちの生活を脅かすことがない限り，共存を拒むことはなかった。

4．アメリカ文化とインディアン

　ヨーロッパからの植民者の中には，先住民社会に直接触れる経験を持った人々もいた。毛皮交易に従事し，開拓地より「奥地」の村落に通い，かれらの日常生活に接した人々，先住民にキリストの教えを広めた宣教師たち，そして繰り返されるインディアン戦争で捕虜とされ，一時期，あるいは生涯を通してかれらと生活をともにした人々がそうだった。とりわけインディアンの捕虜となった人々が書き残し，語り継いできたインディアン捕虜体験記は，文字文化を持たずヨーロッパ系植民者から野蛮人と見なされていた先住民に代わって，かれらの生活や文化を自らの体験をとおして白人植民者に紹介する役割を果たしてきた貴重な記録でもある。フィリップ王戦争当時，ボストンから30マイルほど西のタウン，ランカスターがナラガンセット族に襲撃され，そのとき捕虜にされた牧師の妻メアリー・ローラ

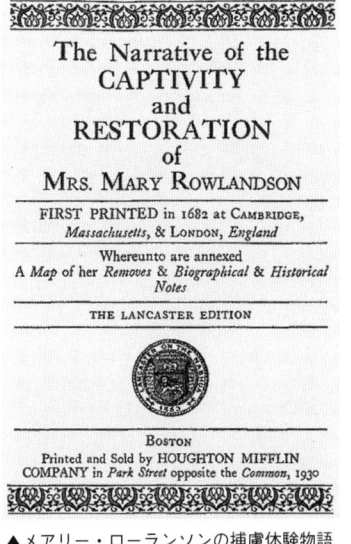

▲メアリー・ローランソンの捕虜体験物語

ンソンが救出されたのちに綴った体験記は，その代表的なものである。白人の「文明社会」に戻ったローランソンとは対照的に，独立戦争の20年ほど前に，15歳でセネカ族の捕虜にとられ，セネカ族の養女となったメアリー・ジェミソンは，捕虜交換によって白人社会に戻る機会があったにもかかわらず，「白いインディアン」としてその生涯をセネカ族の一員として終えた。これらの捕虜体験記から読者は，先住民社会の生活習慣のみならず，それぞれの時代のヨーロッパ系植民者と「文明社会」が持つ先住民イメージや価値観をも知ることができる。またキリスト教宣教師の残した記録からは，新しい宗教を受け入れることで飢えや伝染病による死の恐怖から逃れようとしていた人々の苦悩や葛藤が読み取れる。いずれも異文化を背負った人々の人間同士の交流から生まれた貴重な歴史史料である。

　アメリカ史は，その始まりからインディアン戦争の歴史だったといえるが，その歴史には異文化の接触や交流が対立や争いとともにさまざまに織り込まれている。その意味では，初期の先住民とヨーロッパ人との接触と対立のあり方は，のちに奴隷労働力として「新世界」に導入されることになるアフリカ人をも交えての，複雑で多様な新しい社会の歴史と文化を創り上げていく出発点となったのである。

■参考文献
* 加藤恭子『大酋長フィリップ王―消されたアメリカ・インディアン』春秋社, 1991
* 清水知久『米国先住民の歴史』明石書店, 1986
* 富田虎男『アメリカ・インディアンの歴史』第三版, 雄山閣, 1997
* 藤永茂『アメリカ・インディアン悲史』朝日新聞社, 1972
* メアリー・B・ノートン他（本田創造監訳）『アメリカの歴史1　新世界への挑戦』三省堂, 1996
* 歴史学研究会編『南北アメリカの500年(1)「他者」との遭遇』青木書店, 1992
* ローランソン／シーヴァー（白井訳）『インディアンに囚われた白人女性の物語』刀水書房, 1996

3

「自由な社会」の光と影：南部奴隷制社会の成立

中條　献

> 〈本章の学習のポイント〉　植民地時代から南北戦争まで続いた黒人奴隷制度は、アメリカ社会の拡大と発展に大きな影響を与えた。政治・社会・文化の幅広い側面からその歴史をふり返り、あわせて、現代のアメリカの「人種」問題を考える手がかりを探る。
> 〈キーワード〉　「大西洋世界」、南部植民地、プランテーション奴隷制度、黒人奴隷制度、人種主義、奴隷たちの文化

1．「大西洋世界」と奴隷制度

1）「大西洋世界」とは何か

　1492年にコロンブスがアメリカ大陸に到達して以来、南北アメリカ大陸ではヨーロッパによる征服と植民が始まった。「植民」とは「民を植えること」、つまり、ある人々が別の地域に永続的に移り住み、そこで経済的活動を展開することである。その場合、植民者の出身国である「本国」が、植民者の移り住んだ地域を「植民地」として、政治的にも経済的にも支配する。「コロンブス」以降の状況を、もう少し具体的に説明してみよう。ヨーロッパからの植民者がアメリカ大陸に到来し、以前からそこに住んでいた人々（＝先住民）を排除あるいは征服し、現地の気候と風土に適した作物の栽培や、鉱物資源の採掘を始めた。その目的は、アメリカ大陸で生産される原料品を、ヨーロッパ本国に持ち込むことであった。このとき、広大な大陸で展開される原料品の生産には、

大量の労働力を必要とした。当初，先住民やヨーロッパからの植民者がその労働を担ったが，やがて安価で大量に調達できるという理由で，アフリカ大陸から強制的に連行された奴隷たちが用いられるようになったのである。

　こうして16世紀以後，大西洋を挟んで，人，モノ，金が行き交うひとつのネットワークが形成されていった。南北アメリカ大陸の植民地において，ヨーロッパからの植民者が，アフリカ大陸から連行された奴隷を用いて，砂糖，コーヒー，タバコ，綿花などを生産し，ヨーロッパに輸出する。ヨーロッパ本国は，これらを加工，売却することで莫大な利潤

図3-1　「大西洋世界」と交易ネットワーク

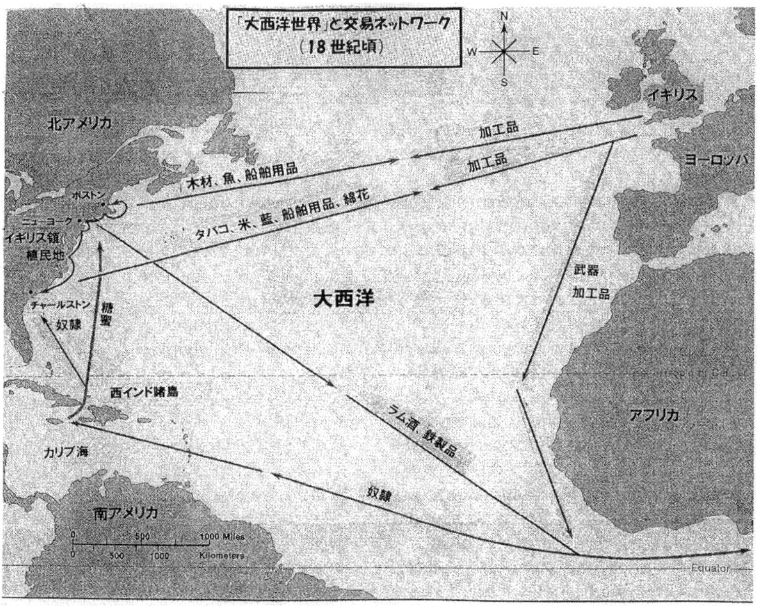

を上げる。このような巨大な社会経済的ネットワークが存在したのが，「大西洋世界」であった。奴隷制度は，この大西洋世界を支える重要な柱だったのである。ヨーロッパ，アメリカ，アフリカという三大陸にまたがるネットワークは，ヨーロッパに巨大な利益をもたらしたが，それと同時に，アメリカ大陸の先住民やアフリカ大陸から奴隷として連行された人々に対しては，筆舌に尽くしがたい犠牲を強いるものであった。のちにアメリカ合衆国となる，北米大陸のイギリス領植民地も，まさにこの大西洋世界の一部をなす地域だったことを覚えておきたい。

2）イギリス領南部植民地と奴隷制度

　前章でも述べられているように，北米大陸におけるイギリスの恒久的な植民地は，1607年のジェームズタウン建設に始まった。やがて植民者たちはタバコという作物の存在を先住民から学び，その栽培に成功した結果，この地域はイギリス本国にとって重要なタバコの生産地となり，ヴァージニア植民地として拡大を遂げていった。その後，北米大陸南部のイギリス領植民地では，麻，藍（染料の原料となる植物），米，砂糖など，商品となる作物の栽培が試みられた。そのなかでも，ヨーロッパにおける需要の高さ，品種の改良，加工技術の進歩などの要因もあって，18世紀末頃から南部地域で急速に生産高の増加した作物が，ほかならぬ綿花である。アメリカ合衆国の独立以後，19世紀をとおして，綿花は南部地域の社会と経済を根幹から支える生産物であった。

　ヴァージニア植民地に加えて，メリーランド，ノースカロライナ，サウスカロライナ，ジョージアの南部植民地において，綿花，タバコ，米，砂糖を生産するための労働を担わされたのは，やはりアフリカから連行された奴隷たちであった。作物の生産が行われる農園は「プランテーション」と呼ばれ，ごく少数の奴隷を用いる小規模なものから，数百人

の奴隷を抱える大きなものまで、さまざまであった。こうして南部植民地では、商品となる主要な作物を奴隷労働で栽培する「プランテーション奴隷制度」が定着していった。

　ここで、17世紀の南部植民地社会を象徴するひとつの事例をあげておこう。1676年、ヴァージニア植民地の内陸部に住む植民者たちが起こした、植民地政府の権力者に対する反乱である。この反乱は、その指導者ナサニエル・ベーコンの名前をとって「ベーコンの反乱」と呼ばれている。反乱の背景には、先住民の排除を要求する内陸の辺境地域に住む植民者たちと、先住民との毛皮交易などを理由にかれらに対して融和的な政策をとる沿岸部の権力者の間の対立があった。そして、まさにアメリカ合衆

図3-2　独立革命期の13植民地

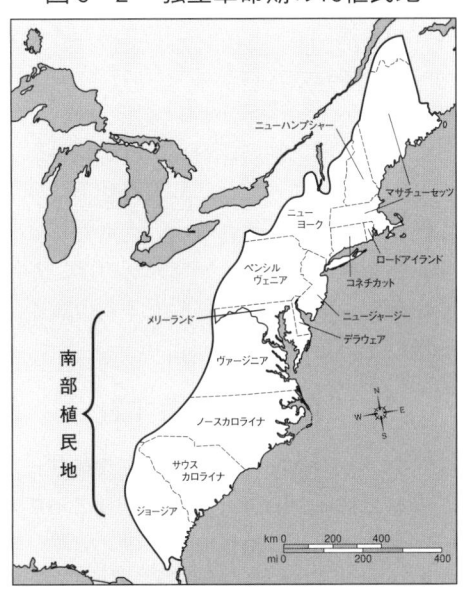

▲綿花から繊維を分離する綿繰り機

国の独立宣言からさかのぼること100年前，反乱の最中にベーコンが発した「人民の宣言」には，植民者に不公正な税を課しながらも，「野蛮な敵」である先住民の攻撃を防ごうとしない植民地総督を糾弾する言葉が並んでいる。つまり，反乱に参加した植民者たちが要求した「公正さ」とは，植民地の総督や政府が税金を用いて先住民を撃退することであり，それによって，かれら自身が従事する奴隷労働力を用いたタバコ生産が支障なく行われるという事実を意味したのである。政府に社会的公正さを要求する反乱が望んだのは，先住民の排斥と奴隷労働による農業生産。このような重層的な差別の構造は，大西洋世界全体のひとつの特徴だといえるであろう。

2．「自由を目指す社会」と奴隷制度

1）アメリカ合衆国の独立と奴隷制度

　大西洋世界における奴隷制度の存在を踏まえた上で，次は，アメリカ合衆国の歴史と奴隷制度について簡単に触れておこう。北米大陸の大西洋沿岸部から拡大していった複数のイギリス領植民地は，それぞれの社会が発展するにつれて本国イギリスとの政治経済的あつれきを起こすようになり，18世紀の後半には団結してイギリスに対する武力闘争を展開し，ついにはひとつの国家として政治的独立を果たす。こうしたなかで，「すべての人間は平等に造られている」という文言を含む独立宣言も発せられたように，当時のアメリカ合衆国では，「自由」の大義を掲げて本国の圧政と戦った事実や，北部地域では気候や風土のせいで奴隷労働を用いた農業生産が拡大しなかったこともあり，奴隷制度を法律で廃止する州が続出した。

　しかし，同じ合衆国でも南部の状況は異なっていた。すでに述べたように，綿花生産に活路を見出した人々が，プランテーション奴隷制度

に基づく社会を，この地域に築き上げていったのである。このことは，独立したばかりのアメリカ合衆国という政治共同体にとって，その内部に２つの異なる社会を作り出すことになった。肉体的な強制による奴隷労働の南部と，土地を所有する自営の農民や，賃金を受け取る労働者が存在する自由労働の北部である。この違いについては次節で触れるが，まずはひとつの重要な事例をあげておく。それは，アメリカ合衆国憲法における奴隷制度の扱いである。

　憲法とは，いうまでもなく国家の法律である。植民地から独立したアメリカ合衆国も，1787年には憲法を制定した。結論からいえば，合衆国憲法は奴隷制度の存続を容認した。確かに，憲法の条文には，奴隷制度の存在を認めるとは書かれていないし，「奴隷（制度）」という言葉すら出てこない。しかし，合衆国各州の人口を算定する方法を説明した部分には，以下のような，不可解な文章がある。「各州の人口とは，…自由

◀アメリカ合衆国憲法

人の総数をとり，課税されないインディアンを除外し，その他すべての人々の5分の3を加えたものである。」つまり，奴隷でない自由人はそのまま人口として数え，インディアンを基本的に人口から除外し，その上で，「その他すべての人々」については，ひとりを「5分の3（人）」と数えるのである。この「その他すべて」と表現された人々こそが，奴隷であった。奴隷の人口は南部諸州に極端に集中していたため，この計算方法で数えると，北部諸州と南部諸州の人口は，比較的バランスのとれた数になる。憲法では，合衆国下院議会に各州から送り込まれる代議員の数は，それぞれの州の人口に比例して定めることになっていたため，このような「人口」の数え方によって，結果として，南北両地域からの議員をほぼ同数に設定できたのである。こうした政治的な背景はともかくとして，インディアンを人口から除外し，奴隷をひとりにつき5分の3人と数えることを規定したこの憲法の条文は，新しく誕生した国家が奴隷制度の存在だけでなく，インディアンの排斥を認めたことを意味していた。

2）南部奴隷制社会の特質

　すでに述べたように，アメリカ合衆国独立後の南部諸州では，奴隷労働に依拠する綿花生産が唯一といってよい経済的な支えになりつつあった。産業革命後のイギリスへの綿花輸出は，価格の変動こそあったものの増大の一歩をたどり，西部ではインディアンの排斥と領土の拡大が進んでいて，奴隷の供給にも特に不足はなかったため，「綿花王国」としての南部奴隷制社会は，ますます確固たるものとなっていった。しかし，その一方で，奴隷労働への依存や内陸部における広大な土地の存在は，農業の機械化や合理化への道を妨げ，南部社会全体の工業化と産業化の度合を見ても，綿花輸出の見返りとしてのイギリス製の加工品輸入に頼

るのみで，北部に比べてあまり進まなかった。言葉を換えれば，南部奴隷制社会は，アメリカ合衆国が国家として政治的に独立したのちも，大西洋世界におけるヨーロッパ本国とアメリカ植民地の従属的な関係を経済面において色濃く残していたのだ。

　この南部奴隷制社会の特徴をあげるならば，広大な土地に人々が分散して住む農業地域だということであろう。そこでは，都市化や産業化が進みつつあった北部とは異なり，社会的な制度や組織の整備が未熟であった。例えば，交通網，通信手段，学校，さまざまな公共施設，教会の不足や未発達である。その結果，人々の生活は地位や階層によって大きく異なり，不特定多数の人々が社会的に接触できる場所や機会もあまりなく，階層間の人々の移動もそれほど容易ではなかった。南部奴隷制社会について考えるとき，日本でよく知られているのは，映画『風と共に去りぬ』(1939) のイメージではないだろうか。奴隷を所有する富裕な人々の貴族的で優雅な生活，華やかな舞踏会に代表される社交界，名誉と誇りを重んじる男性，淑女であることを求められる女性，などなど。しかし，このような生活を実際に送っていた人はごく少数であった。そもそも南部諸州で奴隷を所有していた世帯は全体の3分の1以下であ

◀奴隷所有者の家族

▶奴隷たちの居住区

り，そのなかでも大規模な奴隷所有者（例えば奴隷を50人以上所有していた人）は，割合でいうとわずか3％未満に過ぎなかった。奴隷所有者の70％強については，所有する奴隷の数が10人未満であった。そして，社会全体の最底辺に位置づけられていたのは，もちろん，南北戦争直前の段階で，南部奴隷州の全人口の約32％を占める400万人弱の奴隷たちであった。

3．奴隷たちが創り上げた文化

1）奴隷制度の過酷な現実

　大西洋世界において奴隷とされた人々の悲劇は，故郷アフリカから始まった。西アフリカの広大な地域に住み，言語，習慣，文化も異なる人々が，ある日突然のように捕えられ，まとめて鎖でつながれる。かれらはアフリカの港を出港する奴隷船に積み込まれ，アメリカ大陸へと向けて，悪名高い大西洋上の「中間航路」の船旅に出た。船内には奴隷たちが隙間なく詰められ，横になるスペースもないほどであった。1日に1回の粗末な食事と甲板での「休憩」。船室は汚物でまみれ，病気になる

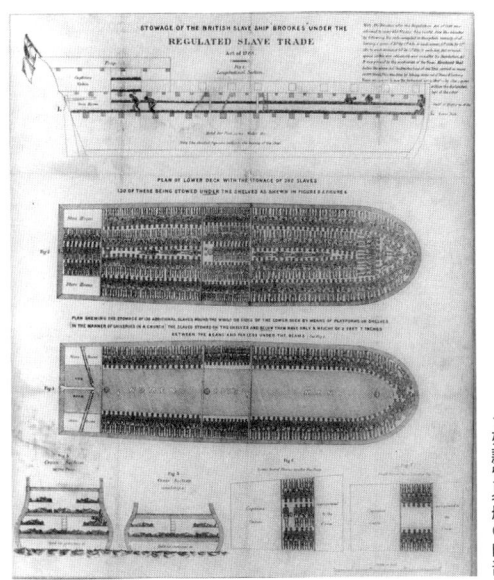

者も続出した。そのような場合，船長は，他の奴隷に病気が感染することを恐れ，まだ生きている病人を海に捨てた。奴隷船が出航すると，常に鮫がそのあとを追ったという話もある。1ヶ月から数ヶ月かかったといわれる，この中間航路を生き抜いた人々の多くは，まずカリブ海域の島々で降ろされ，そこでアメリカ大陸の気候に慣らされた。これを「シーズニング」という。その後，アメリカ合衆国へと運ばれた奴隷たちは，サウスカロライナ州のチャールストンや，ルイジアナ州のニューオーリンズといった港町まで船で運ばれ，そこから南部の綿花農園やタバコ農園へと売却されたのである。

　農園での暮らしは，まさに「夜明けから日没まで」の強制労働であった。むちを持って追い立てる監督の指示にしたがって行う農作業。かれらの休日は，クリスマスから新年にかけてのわずかの期間であった。奴隷たちは，窓もないような小屋に複数の家族が詰め込まれ，食事も粗末で，服や靴は支給されても年に1回程度である。男女を問わず，幼い子どもたちも，さまざまな労働に従事させられた。また女性の奴隷は，奴隷主たちの性的な欲望の犠牲になることも頻繁にあった。さらに奴隷た

ちの家族には，売却や譲渡などによって離散させられる危険と可能性が常につきまとっていた。

　このように非人間的で残酷な制度のなかを，奴隷たちはいかに生き抜いていったのだろうか。従来の研究では，奴隷たちは制度の厳しさに耐えられず，奴隷主に屈服して従順な性格になったと解釈されていた。しかし近年では，奴隷たちは限られた状況のなかであっても，あらゆる手段を用いて奴隷主に抵抗し，生存をかけての多様な闘いを繰り広げていたことが分かってきた。農園からの逃亡，労働作業の意図的なペースダウン，仮病，奴隷主の物品をこっそりと流用する，禁止された読み書きを学んで情報の収集を図るなどの行為は，奴隷にとっては当然の抵抗手段であった。また，仲間とともに歌い踊り，物語を伝え合い，神を信じて宗教的な儀式を執り行うといった，一見すると日常生活のなかの通常の行動が，かれらにとっては，精神的かつ肉体的な健常さを保つ意味で重要であった。無論，反乱を起こすという，奴隷主に対する最終的な抵抗手段もあったが，失敗した場合の重大な結果を考慮すると，頻繁に実行できるものではなかった。いずれにしても，こうした奴隷たちの抵抗の試みは，かれらが奴隷制度に屈服して無為になったわけではなかったことの証しであり，過酷な現実にあっても共同生活の支え合いによって生き延び，かれら自身の文化を創り出したことを意味していた。

２）奴隷たちの音楽

　近年におけるラップ・ミュージックの世界的な流行にともない，アメリカ合衆国の「黒人音楽」の存在は，若い世代を中心に，日本でもよく知られている。この黒人音楽の背景には，合衆国南部の奴隷たちが創り上げた文化がある。メロディよりもリズムを重視して，巧みな表現と言葉使いで韻を踏みながら「歌い」上げるラップ・ミュージックは，奴隷

解放後の黒人たちの間で実践されてきたダズンズやトーストといった，一種の言葉遊びから出てきた。読み書きを禁止された奴隷たちにとって，口頭によるオーラル・コミュニケーションは重要であった。かれらの間では，仲間同士や世代を超えた知識，情報，知恵の伝達も，書かれた文字ではなく，口承によって受け継がれていった。そのような伝統のなかから創られたのが，例えばダズンズで，洒落て気の利いた表現を用いながらも相手を痛烈な皮肉や揶揄で「しゃべり倒す」ことを競うのである。ラップ・ミュージックの歴史文化的背景が，ここにはある。

　もちろん，メロディのついた歌も，奴隷たちにとっては重要であった。例えば仕事の合間に歌う労働歌，つかの間の休息に歌う楽しみの歌，宗教的な集まりにおける魂の歌，奴隷主にさとられないように仲間同士で意志を通じ合うための歌，などである。ここでは，奴隷たちが，主人に秘密で行う夜の集会があることを仲間に知らせるときに歌った歌をあげてみたい。この歌それ自体が，彼らの抵抗の一部だったのである。

　　　「Steal Away（こっそり抜けだそう）」
　　Steal away, steal away, steal away to Jesus
　　こっそり，神のもとに抜け出そう
　　Steal away, steal away home,
　　こっそり，ここを抜け出そう
　　I ain't got long to stay here
　　ここにいるのも長くはない
　　My Lord, He calls me,
　　神が，わたしを呼んでいる
　　He calls me by the thunder
　　ああ！　神が，わたしを呼んでいる

The trumpet sounds within my soul,
心のなかで鳴るトランペット
I ain't got long to stay here.
ここにいるのも長くはない

　歌詞に出てくる Jesus は，無論，キリスト教の神イエスのことである。奴隷たちの多くは，合衆国での奴隷としての生活のなかで，奴隷主の影響を受けて，キリスト教を信じるようになった。とはいえ，その「キリスト教」は，奴隷ではない通常のアメリカ合衆国市民が抱くものとは異なっていた。「神」，「救い」，「天国」といった言葉は同じでも，それらは奴隷にとって特別に意味するものがあった。彼らは，抑圧された日常世界を生き延びながら，利用できるものを用いて，精神的な支えとして彼ら独自の「キリスト教」を創り出していったのだ。さらにいえば，アフリカ生まれの奴隷たちの無視できない部分は，故郷ですでにイスラーム教に帰依していた。このような奴隷の存在は，20世紀に入ってアメリカ合衆国の黒人たちの間にイスラーム教が広まっていく背景となったともいえる。

　こうして奴隷たちが生み出し，のちの世代に伝えていった宗教や歌から生まれたのが，労働歌に通じるブルースと，宗教歌の一種であるニグロ・スピリチュアルで，そのほかにも，ラグタイム，ゴスペル，ジャズ，ファンク，リズム＆ブルース，ソウルといった，アメリカ合衆国のみならず広く世界に影響を与える音楽の数々が誕生していったのである。

3）「黒人英語」の誕生

　アメリカ合衆国に住む黒人たちの多くは，発音，語彙，文法などにおいて，いわゆる「標準の英語」とは異なる言葉を話す。かれらが話す英

語は，1960年代頃から「黒人英語」と呼ばれるようになり，現在では「エボニックス（ebonics：語源となる ebony は，[黒檀＝黒]の意）」という名もつけられている。それでは，かれらの英語が異なるのはなぜか。ここでも奴隷制度の歴史がかかわってくる。アフリカ西部の各地で奴隷として捕えられた人々は，元来，互いに異なる多様な言語を話していた。かれらは港に連行されて大西洋を渡る奴隷船に乗せられたのであるが，この時点で，奴隷たちの間では互いのコミュニケーションをとるために，英語，スペイン語，ポルトガル語，フランス語といった，奴隷商人たちの話す言語が少しではあるが用いられていたという。

　その後，アメリカ合衆国南部のプランテーションへと売られた奴隷たちは，日々の生活のなかで奴隷所有者の言語である英語を身につけていった。かれらの話す独特の英語は，周囲からは嘲笑の的となったが，実は，奴隷たちと身近に接する機会のあった白人の子どもたちや女性を通じて，南部社会全体で話される言葉に影響を与えていった。現代においても，一般に「南部なまり」と呼ばれる合衆国英語の発音の特徴があるが，これが聞かれるのは，奴隷制度が定着していた南部諸州であり，その背景には奴隷たちの話していた英語があった。黒人英語が独特なのは発音だけでなく，「運ぶ（tote）」や「オーケー（OK）」といった，現在では広くアメリカ合衆国全体で使われる日常的な表現も，元をたどれば，奴隷たちを通じて持ち込まれたアフリカを起源とする言葉であった。

　1960年代以前は，一般的に，黒人英語は単なる「くずれた英語」だと見なされて，その歴史が考察されることもなかった。また，その英語を話す黒人たち自身の間にも，黒人英語を話すことについて，さまざまな意見があった。しかし，現在では黒人英語の歴史的起源や，それが合衆国社会に与えた影響について少しずつ論じられるようになり，黒人英語をひとつの確立した言語として，その認知を社会に要求する動きも出て

きている。前述のエボニックスという言葉も、そのような主張を展開する人々が用いる呼び方である。ここには、奴隷たちが創り上げた文化としての「黒人英語」を伝えていこうとする現代の黒人たちの闘いを見ることができる。

4．文化から考える「大西洋世界」と奴隷制度

　黒人奴隷の文化について考えることによって、いくつかのことが見えてくる。まずは、アメリカ合衆国の歴史を概観したとき、奴隷たちが創り出した文化が南部社会のみならず、アメリカ合衆国全体に大きな影響を及ぼしてきたという事実である。言語や音楽といった、まさに日常生活の重要な側面において、「アメリカ合衆国の文化」は、黒人奴隷とその子孫たちが創り上げてきたものを、その重要な要素として含んでいる。しかし、それだけではない。奴隷たちの文化をアメリカ合衆国という一国の枠組みのなかだけで語ることもまた、一面的である。アフリカから強制的に連行された人々は、広く南北アメリカ大陸に散らばり、そこで奴隷という境遇におかれた。このような「アフリカン・ディアスポラ（奴隷貿易の結果として生じた、西半球へのアフリカの人々の離散）」は、南北アメリカ大陸でさまざまな文化の混淆を生み出した。したがって、このディアスポラの文化を大きな枠組みのなかで歴史的に検討することも重要である。

　現在の視点から見ると、ブルース、ジャズ、ファンク、ソウル、ラップは、「アメリカ合衆国の黒人音楽」に見える（あるいは、聞こえる）かもしれない。しかし、それらの音楽は、大西洋世界のなかで、強制的なディアスポラ（離散）を経験させられた人々が、さまざまな「出会い」や苦しみと喜びを通じて創り出し、のちの世代へと伝えていった文化の一部である。ヨーロッパ、アメリカ、アフリカを包み込んだ大西洋

世界は，そのネットワークのなかに文化の移動と交流をも含んでいたのだ。「文化」とは，このような出会いと混淆のプロセスのなかで，常に変化するとともに，受け継がれていくものなのだろう。それは，差別や抑圧に対する抵抗や闘いと表裏一体でもあるのだ。

■参考文献
＊池本幸三，他『近代世界と奴隷制―大西洋システムの中で』人文書院，1995
＊エリック・ウィリアムズ（山本伸監訳）『資本主義と奴隷制―経済史から見た黒人奴隷制の発生と崩壊』明石書店，2004
＊トマス・ウェッバー（西川進監訳）『奴隷文化の誕生―もうひとつのアメリカ社会史』新評論，1988
＊ジョージ・P・ローウィック（西川進訳）『日没から夜明けまで―アメリカ黒人奴隷制の社会史』刀水書房，1986
＊トマス・カーチマン（石川准訳）『即興の文化―アメリカ黒人の鼓動が聞こえる』新評論，1994
＊ロバート・マクラム他著，岩崎春雄他訳『英語物語』文藝春秋，1989

4 独立戦争と建国の時代

遠藤泰生

〈**本章の学習のポイント**〉 18世紀の前半,現在のメイン州からジョージア州へと続く北米大陸大西洋沿岸には,13の英領植民地が南北に連なっていた。設立の時期や目的,入植者の民族構成を異とするこれらの植民地が,やがて英国から独立して連邦国家を形成することなど,当時はまだ誰も予想していなかった。しかし「多からなる一」という合衆国のモットーを象徴する国家創生の物語として,13植民地の独立と建国の歴史は今なお国民の間で重要な意味を持っている。近代史上初の共和主義革命として世界史上にも大きな足跡を残した合衆国独立の経緯を本章では検討する。

〈キーワード〉 フレンチ・アンド・インディアン戦争,共和主義,独立宣言,合衆国憲法,啓蒙思想

1. 18世紀植民地社会の成熟

最初に復習の意味も込めて,18世紀に入ったばかりの13植民地の概況を確認しておきたい。便宜上,3つの地域に大別してその特徴を記しておく(図4-1)。

もっとも早くに植民が始まったのは南部チェサピーク湾岸地域であった。ヴァージニアやメリーランド,それに低南部と呼ばれたサウスカロライナなどでは,黒人奴隷を用いた大規模農業が発達した。タバコ,米,インディゴなどの輸出で大きな富を得た農園主たちは,豪奢な邸宅

図4-1 13植民地図

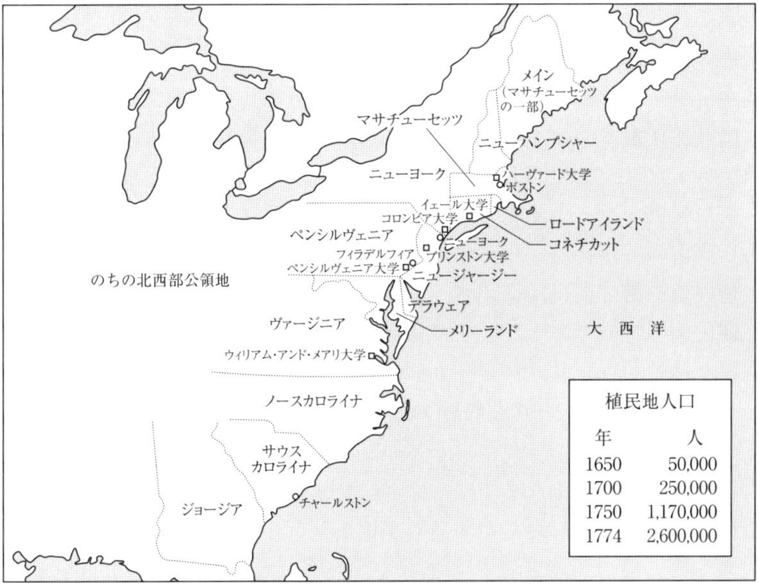

植民地人口	
年	人
1650	50,000
1700	250,000
1750	1,170,000
1774	2,600,000

に住まい，貴族的な文化を楽しんだのである。もっとも，これらの植民地では，奴隷を多数所有する農園主と奴隷をまったく所有しない白人農民とが，差別的人種主義を絆に連帯する陰惨な奴隷制度社会が形成された。その詳細は第3章で学んだとおりである。

　一方，信仰の自由を求めたピューリタンが数多く入植した北部ニューイングランド植民地，マサチューセッツやコネティカットなどでは，家族全員が耕地で働く小規模独立自営農業が発達した。それは，南部の農園社会に比べればずっと質素ではあるが，貧富の差の少ない，平等で穏やかな社会であった。黒人奴隷の人口が少なく，人種間の緊張が少なかったこともニューイングランド植民地の特徴であった。ただし一方で

は，ピューリタニズムの信仰を絆とする均質で閉鎖的な社会がそこには形成されたともいえる。例えば1692年，マサチューセッツ植民地のセイラムで魔女裁判が起きた。他人の信仰生活を監視せずにいられないピューリタン社会の一面をそこに見ることができる。

　南部植民地とニューイングランド植民地に挟まれた大西洋岸中部植民地，ニューヨークやペンシルヴェニアでは，肥沃な土地を利用した混合農業が発達した。小麦やトウモロコシなどの穀物の栽培や家畜の飼育を含む農業の多角化がこれらの地では進んだのである。ニューイングランド植民地や南部植民地に比べ，より多くの異なる民族が入植したのも中部植民地の特徴であった。その結果，入植者の間に信仰の違いに対する寛容な精神が育まれ，クエーカー教や改革オランダ派，カトリックはもとより，ユダヤ教や黒人奴隷の信奉するアフリカの土俗宗教までがニューヨークやフィラデルフィアの街には栄えたのである。

　18世紀に入るとそれまでばらばらに発達を遂げていた各植民地に，ある種のまとまりをもたらす共通の変化が見られるようになる。

　第一に人口の急増とその多様化を植民地は共有するようになった。1650年，英領植民地の総人口はまだ約5万人にすぎなかったが，1700年には約25万人，1750年には約117万人，そして1770年には約215万人に成長した。四半世紀ごとに約2倍の速度で増加したことになる。しかも，それが単純な数の拡大にとどまらず，構成員の多様化をともなった点に特徴があった。民族的出自の異なる移民が続々と流入したためである。意外なことに，18世紀の間に北米英領植民地に入植した移民のうち，イングランド系の比率は既に10％にも満たなくなっていた。その1世紀の間にもっとも数多く植民地に入植したのは，スコットランドからいったん北アイルランドに渡ったのち北米に移住したスコッチ・アイリッシュ系の移民であり，移民全体の36％を占めた。続いてほぼ全員が奴隷とし

て強制的に搬入されたアフリカ系が33％，さらにはドイツ系が15％，スコットランドから直接北米に渡ったスコットランド系が10％と続いた。このほかにフランス系，ユダヤ系の移民も数多く入った。こうした多種多様な移民の流入の結果，多少の異同は含むものの，のちの多民族社会の原型が多くの植民地で見られるようになったのである。

続いて経済においては，ヨーロッパ，西アフリカ，北米，それに西インド諸島を含んだ大西洋経済圏を背景に植民地全体が急成長を遂げていた点に注目しなければならない。そもそも18世紀は，造船と操船の技術の発達により，長いこと英本国と植民地を隔てる障壁でしかなかった大西洋が，両者をつなぐ交通路の性格を強めた時代であった。英本国と植民地を往き来する貿易船の数を調べてみても，1670年代の延べ約500隻から1720年代の延べ約1500隻へと，18世紀の初頭を境に大西洋を横断する船の数が急増したことが分かる。歴史家が三角貿易と総称する多角的貿易網が英帝国内に張りめぐらされる時代が到来したのであった。

例えば北米植民地から西インド諸島には小麦や米他の食料が，西インド諸島からヨーロッパには砂糖が，そしてヨーロッパから北米植民地には工業製品が，盛んに輸出された。実際の交易網はこれに西アフリカや南ヨーロッパを含んだずっと複雑なものであり，だからこそ大西洋を行き交う船の急増にもつながったのであろう。物流に加え，18世紀の間，植民地人口は年率３％を超える勢いで成長を続けた。先にも見たこの人口の急増は植民地の経済規模の拡大につながり，例えば1700年において英本国の約３％に過ぎなかった植民地の総生産力は，1770年にはその約40％に成長した。英本国の製品を消費する力も自然と高まり，1700年には英国で生産される製品の約10％しか消費しなかった北米植民地が，1770年にはその約37％を消費するまでになった。これらの変化を背景に，18世紀の後半，本国にとって欠くことのできない交易相手へと13植

民地は変貌したのである。この経験を共有したことが植民地にある種の一体感を生んだことは疑いない。

　政治の分野においても植民地は共通の経験を積み重ねた。17世紀に各植民地が開かれた時，そこには自治領植民地，領主植民地，王領植民地の異なる3種類の植民地が存在した。そしていずれの植民地も，現地の事情に合わせたかなり自由な経営を行っていた。ニューイングランド，中部，南部のそれぞれに個性豊かな植民地社会が育っていたことはすでに学んだとおりである。ただ興味深いことに，統治組織においては，各植民地に共通するものが多かった。とくに18世紀の半ばまでには，3つの政治勢力，すなわち，国王が任命する植民地総督とその総督が選んだ者が構成する参議会，それに植民地人の声を代弁する植民地代表議会の三者が，大半の植民地で政治を動かすようになっていた。政治統治組織におけるこの類似が各植民地に共通の政治的伝統を育んだと，研究者は考えている。

　人口の多様性や経済，政治での体験を共有しても，ものの考え方や見方を共有できなければ植民地間の絆は深まらない。しかしこの面においても，植民地は相互の絆を強めていた。何より高等教育機関の整備がそれを助けた。例えばのちのハーヴァード大学やイェール大学，プリンストン大学などで教育を受けた植民地生まれのエリートたちが，各植民地で発行される新聞に載った記事や論評を読み，内外の政治問題への理解を共有するようになっていた。加えて植民地社会は，同時代のヨーロッパ社会に比べ格段に識字率が高かった。18

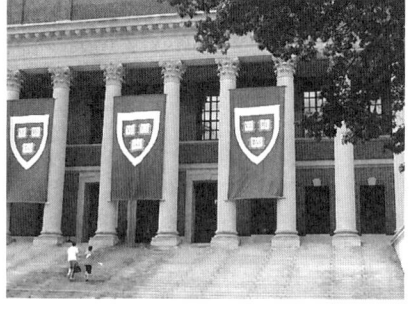

◀卒業式を迎えたハーヴァード大学図書館（2007）

世紀の半ばにはすでに植民地全体で白人男子の識字率が60％から70％，白人女子の場合でも40％から45％に達していたという。一般の市民もパンフレットや新聞を読み，政治家や法律家の発言を理解する力を十分に有していたのである。この政治風土が植民地全体をひとつに結びつける大きな力となったことはいうまでもない。

2．印紙条例の危機と独立戦争

　18世紀の半ばまで英本国と植民地との関係は比較的良好であった。植民地経済の発展を望む本国が，細かな点には目をつぶり，各植民地の自治に寛容な態度を示し続けたからである。それは「有益なる怠惰」と呼ばれた。けれども，各植民地の社会が成熟しその経済的実力が明らかになるにつれ，本国は旧来の態度を改め，植民地自治への干渉を強めた。とくに1755年から63年にかけて戦われたフレンチ・アンド・インディアン戦争（ヨーロッパでは七年戦争）で英国がフランスに勝利をおさめてからは，その傾向が強まった。新たにフランスから奪い取った領土には親仏的な先住民部族がまだ多数居住していた。その先住民の武力鎮圧を含めた植民地経営の責任を植民地が積極的に分担するよう，本国は求めたのである。具体的には植民地人への新たな課税が始まった。

　しかし本国の植民地政策の変換を植民地人は必ずしも快く思わなかった。18世紀，その経済規模が拡大していたにもかかわらず，北米植民地の住民が帝国の臣民として支払う税の総額は，本国の住民が支払う税の総額の4分の1にも満たなかったという。先に述べた「有益なる怠惰」のこれがひとつの所産であったのかもしれない。植民地におけるこの生活の利便を本国の政策変換が具体的に損なう恐れがあったことは間違いない。しかしより深刻な問題は，そうした税の増額よりも，本国と植民地との関係をめぐる両者の法的理解が食い違いを見せ始めたことであっ

た。とくに，1765年英国議会が制定した印紙条例の理解をめぐり両者は鋭く対立し始めた。この条例は，各種契約書や新聞はもとより大学の卒業証書からトランプにいたるまで，植民地内で刊行されるあらゆる印刷物にロンドンで発行される印紙の貼付を義務づけていた。本国の議会が植民地の経済活動に税を課した例はそれまでにもあった。例えば17世紀以来の航海条例がそのひとつである。しかしそれは帝国全体に対して適応される貿易関税ともいうべき外税であり，印紙条例のように北米植民地だけを対象とした局地的な内税ではなかった。加えて同時代の英国では，国民に課税をする権利は国民の主権を代弁する議会下院だけに認められた最重要権利のひとつであった。この政治的伝統に親しんでいた植民地人は，自分たちが代表を送り込んでいない本国議会が印紙条例のような内税を自分たちに課すことは法理論上許されないと考え始めたのである。印紙条例に反対する「代表無くして，課税無し」という有名なスローガンにその思いが凝縮されていた。

　1766年，植民地人の激しい抗議を受け，本国議会は印紙条例を撤廃する。けれども，印紙条例の危機であらわになった問題，すなわち植民地人の主権を代弁する権限を本国議会が有するか否かという問題に，植民地と本国は最後まで合意を形成できなかった。そのため，両者の関係は急速に悪化していったのである。植民地に駐屯する英国軍の世話を植民地人に強要する宿営法や，鉛，硝子他への輸入税を盛り込んだタウンゼンド諸法を制定することで，植民地に対する主権を自らが有することを本国議会は主張し続けた。これに対し各植民地は「自由の息子たち」他の政治結社を組織して英国製品の不買運動を展開，女性たちまでもが「自由の娘たち」と呼ばれる組織を結成してこれらの運動に加わったのである。一部植民地では陪審員による裁判の評決を英本国が邪魔する例も現れた。70年3月，対英抗議運動を続けるボストン市民を英国の正規

軍が射殺するボストン虐殺事件が起きると両者の緊張はいっきに高まり，73年茶税法の制定を機にボストン茶会事件が起きると，両者の関係は修復が難しい状況に陥ったのである。

ただここで，本国が実施する政策の意味を植民地の政治指導者が特定の思想的フィルターをとおして理解していた可能性を指摘しておかねばならない。18世紀の英国には政治権力を批判する抗議思想の系譜がいくつかあった。17世紀の市民革命以来受け継がれていた英国立憲主義の流れやジョン・ロックの自由主義思想の系譜がまずある。また，ウォルポール政権に対抗する在野の知識人が抱いた急進的共和主義の系譜もあった。新聞その他で内外の政治問題に知識を深めていた植民地のエリートが，そうした抗議思想の系譜へ周到な理解を持っていたことが今までの研究で明らかになっている。そこで問題となるのは，これらの系譜に傾倒していた植民地人の目には，本国が繰り出す政策がどれも陰謀に満ちたものにしか見えなかったことである。例えば正規軍の市民への暴力を市民的自由への最大の脅威と見なす急進的共和主義の教えに照らしてみた場合，ボストン虐殺事件の意味は，国王による植民地人の政治的自由の簒奪以外にあり得なかった。国王のほかの行動も同様の思想的フィルターをとおしてその意味が解釈されていったと理解してよい。

1775年4月，マサチューセッツ植民地ボストンに駐屯していた英国軍と植民地民兵との間でレキシントン・コンコードの戦いが起きたのは，両者の間にそうした相互不信が醸成されていたさなかであった。独立戦争の幕がついに切って落とされたのである。だがその知らせを受けて75年5月にフィラデルフィアで開かれた第二回大陸会議においても，各植民地の代表は独立の意志を明示しなかった。植民地は最後まで本国との関係の修復を望んだのである。しかしその動きを無視した英国王ジョージⅢ世が植民地が反乱状態にあることを宣言すると，両者の間に和解が

◀コンコードの戦い

▶トマス・ジェファソン

成立する可能性は消滅した。1776年1月トマス・ペインが『コモンセンス』を発刊すると，それを読んだ植民地人の多くが王制への決別を不可避と考えるようになり，同年7月4日，フィラデルフィアで開かれていた大陸会議において独立宣言を発するにいたるのである。

　トマス・ジェファソンが中心となって起草した合衆国の独立宣言には，植民地に独立を決心させた国王ジョージⅢ世の悪政が延々と列挙されていた。しかしこの宣言が歴史上不滅の命を得たのは，その前文に以下の文言が記されていたからにほかならない。「我々は以下のことを自明のことと考える。すなわち，すべての人間は平等に造られている。人はすべてその創造主によって，誰に

も譲ることのできない一定の権利を与えられており，その権利のなかには，生命，自由，幸福の追求が含まれている。」西欧啓蒙思想の精髄がここには込められていた。合衆国史上もっとも重要な文書としてだけでなく，世界の人権思想の古典のひとつにこの宣言が数えられる理由もそこにある。18世紀のフランス革命や19世紀に入ってからの中南米諸国の独立運動にもその思想的影響は及んだ。19世紀半ば日本の福沢諭吉もその思想を学んだといわれるし，日本の植民地支配を1945年に脱したベトナムの独立宣言にも合衆国独立宣言への言及が見られた。ホー・チ・ミンがその文言を記したといわれる。

　独立宣言発布後も本国との戦いは続いた。当時世界最強を誇った英国軍との戦いは植民地軍にとってきわめて厳しいものであった。大陸会議の指揮下に入った植民地軍は75年以降その名を大陸軍と改めたが，最高司令官に就任したジョージ・ワシントンも，軍事訓練を受けたことのない市民兵の集まりを「烏合の衆」と見なさざるを得ない状況に幾度も追い込まれたという。だが，忍耐力と人望に秀でたこの司令官の下，大陸軍は善戦を続けた。独立宣言の思想に共鳴したフランスのラファイエット公爵やポーランドのコシューシコ，ドイツのシュトイベンらが義勇軍に加わるようにもなった。さらに77年10月サラトガの戦いに大陸軍が勝利すると，英国への対抗上からフランス，スペイン，さらにはオランダまでもが植民地側に加勢を始め，革命戦争は国際戦争へと発展したのである。戦争の帰すうを決したのは，フランス海軍が植民地側に加勢を始

▲ジョージ・ワシントン

めたことであった。81年3月のヨークタウンの戦いで米仏連合に破れた英国は，1783年のパリ条約で13植民地の独立を正式に認めるにいたるのである。国王の存在を否定する共和主義に支えられた近代国家が史上初めて誕生した。それは西洋の歴史においても画期的な出来事であった。英国からの合衆国の独立をあえて独立革命と呼びならわすのはそのためである。

3．成文憲法の制定と共和主義の実験

　合衆国独立革命の最大の意義は，革命の思想を社会に実現する手続きや制度を生み出した点にあるといわれる。その成果を明確に表すのが成文憲法の制定であった。現在でこそ成文憲法の制定はどこの国でも行われることと考えられがちだが，その理念は，本国議会の権限を制限するために北米植民地人が考案したものといわれる。確かに北米の13植民地のうち，自治領植民地であったロードアイランドとコネティカットを除く11の植民地が，独立宣言が準備されるのと同時に州憲法の制定に入っている。英本国の統治を否定し植民地のひとつひとつが独立国になるというのがその基本の考え方であった。具体的には，印紙税法の危機以来幾度も問題となった各植民地の主権や市民の人権を擁護することにどの州憲法も力を入れた。例えば76年6月に採択されたヴァージニア州憲法は，周到な権利章典を備え，後年，連邦憲法が制定された時にその模範にされたという。同年9月に採択されたペンシルヴェニア州憲法は，住民の主権を直接議会に反映させるため，一院制の立法府が行政，司法の両権に優越する統治組織を創設した。新たに制定された州憲法のなかでもそれは異彩を放った。一方，77年に制定されたニューヨーク州憲法や80年に制定されたマサチューセッツ州憲法は，立法府を二院制とし，主権在民の徹底に一定の歯止めをかけていた。

新たに制定した州憲法の下で13の州議会が個別に主権を行使するという政治形態は，ある意味，主権在民という革命の理想をもっとも忠実に体現していたともいえよう。しかし，それでは不都合なことも多かった。大陸会議が採択した連合規約によって生み出された新国家は，13の独立国家からなる国家連合に近く，ひとつの国として持つべき権限を十分に備えていなかったからである。実際，大陸会議から改称した連合会議は，宣戦布告などの軍事外交に関する権限を有するものの，国民への課税権を有していなかった。かつての英本国議会の代わりを果たしかねない強力な中央議会の誕生にはどの州も強い警戒心を抱いていたからである。

　しかし独立後の合衆国を襲った経済不況の波が，連合会議の限界をただちにあぶり出すことになる。革命戦争中の植民地の経済は戦時公債の濫発で疲弊が著しかった。それを立て直すことが連合会議の最初の仕事であった。しかしそれを遂行するだけの公信用を独立直後の新政府はまだ確立しておらず，財務総監職に就任したロバート・モリスの才覚で何とか国の財政を維持したにすぎなかった。そこでモリスは，戦時中の公債を償還するための財源を確保するために，連合会議に関税徴収権を授与することを提案し，各州にしぶしぶ認めさせたのである。しかし，そうしている間にも景気は刻々と移り変わった。英国の庇護を失ったため西インド諸島との貿易が途絶えたことが何より響いた。合衆国の国際収支は大幅な入超に転じ，正貨の海外流出，国内のインフレが進んだのである。この状況下，マサチューセッツ州西部で債務に苦しむ農民が反乱を起こした。実質価値の下がった紙幣を債務の履行に使用することを認めるよう州政府に求めたのである。86年8月に勃発したこのシェイズの反乱は，革命以来の政治指導者の多くを震かんさせた。農民を主とした市民の声が州政治の現場に届くという意味では，シェイズの反乱は主権

在民の理想を体現する政治運動であったといえる。だが革命の指導者たちが理想としたのは，権力の腐敗を監視する徳ある市民の穏やかな政治参加であり，反乱の形をとる過激な異議申し立ての頻発ではなかった。そのような活動は，必要以上に民主主義的な，望ましからぬ政治運動と旧来からの指導者には思われたのである。

　民主主義の行きすぎを抑制し，より強い中央政府を樹立しなければならないと各州の指導者たちは危惧するようになった。そこでかれらは，1787年5月，再びフィラデルフィアに集まり憲法制定の話し合いに入ったのである。同年9月に採択された憲法草案には，連合規約下における問題に対応するさまざまの工夫が凝らされていた。新たに設立された連邦議会に課税権が託されたことはいうまでもない。その代わり，主権者の声を代弁する立法府の独走を防ぐために，強力な行政権を持つ4年任期の大統領職が創設された。加えて連邦議会は二院制とされ，人口比により議員定数を配分する下院と，各州が平等に2名の代表を選出する上院が，牽制均衡によって権力の濫用を防止するよう慎重が期された。また司法権をつかさどる連邦最高裁判所の裁判官は終身任期とされ，行政，立法の両権から独立した立場で司法判断を下すことが可能となった。しかしこれらの工夫を含めても，強い中央政府の樹立が再び圧政を生む可能性を恐れた人々は連邦憲法の制定にきわめて懐疑的であった。1788年，激しい議論の末，連邦憲法はその発効に必要な9つの州の批准をぎりぎり得ることができたのである。翌89年に行われた第1回の大統領選挙では憲法制定会議の議長を務めたジョージ・ワシントンが初代大統領に選出された。副大統領にはのちに第2代大統領となったジョン・アダムズが，国務長官には独立宣言を起草したトマス・ジェファソンが，そして財務長官には憲法批准派の中心人物のひとりであったアレグザンダー・ハミルトンが就任した。ここに合衆国は近代的中央集権国家

の体裁をようやく整えたのである。

　この時代，革命思想の制度化が図られたのは政治統治機構の分野に限られなかった。社会の諸分野において，共和主義の実験とでも呼ぶべきさまざまの改革を革命の世代は試みたのである。例えば，合衆国が抱える最大の社会矛盾であった黒人奴隷制度に対し，ニューイングランドや大西洋岸中部の諸州は厳しい規制を課した。1777年ヴァーモント州が州憲法でその廃止を宣言し，80年ペンシルヴェニア州が漸進的な奴隷制度廃止法を制定したのはその一例にすぎない。女性の社会的地位がこの時代上がったことも特筆に価する。ジョン・アダムズの妻であったアビゲイル・アダムズが，英国からの独立を議論している男たちが男からの女の独立に考えを及ぼすことができないのは不合理であると，厳しい手紙を夫に書き送った逸話が知られる。また多くの母親には将来の共和国を支える子どもたちに的確な道徳教育を施すことが期待された。「共和国の母」という言葉でこの時代の女性の公的役割を研究者たちはいいまとめている。質素で堅実な生活を市民の徳として共和主義が称揚した革命の時代，文芸の世界では，みやびな詩歌や派手な演劇は敬遠され，歴史の教訓を教えるような愛国的文学が好まれた。議会や図書館などの公共の建築物が古典古代の建築スタイルを擬したのは，ギリシャやローマの古代市民の徳を見習おうとする気持ちの表れであった。1800年に開かれた首都ワシントンの建築群がその代表である。独立間もない国家を徳高き市民で埋め尽くすことに革命の世代はまじめに取り組んでいたのであ

◀アビゲイル・アダムズ

る。

4．アメリカ史のなかの独立革命

　連邦憲法制定後の合衆国では国の将来像をめぐり，さまざまな対立が生まれた。例えば，製造業や金融業を含めた多角的な経済を営む国を建設するのか，あるいは独立自営農業を基盤とする農本主義の国を建設するのか，中央政府内でも意見が分かれた。前者の立場を支持したのはハミルトンであり，後者の立場を支持したのがジェファソンである。両者の対立はフェデラリスト党とリパブリカン党の対立に発展し，1790年代には合衆国史上初の二大政党政治を展開した。しかしその対立は国を二分するほどの対立には発展せず，1800年大統領選挙にジェファソンが勝利することで収拾を見た。この時代はむしろ19世紀以降の国造りに必要な基本原理が定められた時代と理解するのが妥当であろう。第6章で詳述する西部領土拡大の基本ルールが法令で整備されたのもこの時期であった。後世国民はこの時代の政治指導者たちを「建国の父祖たち（Founding Fathers）」と呼び，その行いを神格化させてきた。合衆国が国難に見舞われ国のヴィジョンが揺らいだ時に国民がしばしば立ち戻るのが，「建国の父祖たち」の言葉であり，歴史なのである。1863年にアブラハム・リンカンが行ったゲティスバーグの演説や1963年にマーティン・ルーサー・キング・ジュニアが「私には夢がある」と語った演説にも，建国の時代への呼びかけを読み取ることができる。もちろん建国の思想には限界もある。しかし，未来への期待と現実への異議申し立てとのせめぎ合いの中から生まれる合衆国の歴史文化の根幹に独立建国の記憶は今なお深く刻まれている。

■参考文献
* 五十嵐武士・福井憲彦『世界の歴史21　アメリカとフランスの革命』中央公論社，1998
* 大西直樹『ピルグリム・ファーザーズという神話—作られた「アメリカ建国」』講談社選書メチエ，1998
* 安武秀岳『新書アメリカ合衆国史(1)　大陸国家の夢』講談社新書，1998
* 本間長世『共和国アメリカの誕生—ワシントンと建国の理念』NTT出版，2006
* トマス・ジェファソン，中屋健一訳『ヴァージニア覚え書き』岩波文庫，1972
* ベンジャミン・フランクリン，西川正身訳『フランクリン自伝』岩波文庫，1957

5 民主主義を可能にする社会

小檜山ルイ

〈本章の学習のポイント〉 19世紀の南北戦争前の時代は，民主主義が本格的に実現した時代であった。民主主義社会における秩序の実現にあたり，第二次大覚醒と呼ばれた宗教運動，女性が主催した過程，及び，彼女たちが展開したさまざまな改革運動が，互いに関連しつつ，どのような役割を果たしたかを考える。

〈キーワード〉 第二次大覚醒，近代家族，ヴィクトリアニズム，女性参政権

1. 大陸国家・産業革命・デモクラシー

　南北戦争にいたるまでの19世紀アメリカ合衆国は，近代的なアメリカ社会の基本的要因が出そろった時期であった。まず，急激な空間的膨張があった。次章でくわしく取り上げるように，連邦政府は，領土拡張をおし進め，1840年代末までには太平洋岸にいたる大陸国家としてのアメリカ合衆国の輪郭がほぼできあがった。この間，1823年に，連邦政府は，モンロー宣言を出し，西半球におけるアメリカ合衆国の覇権意識をヨーロッパ列強に対し暗に示して見せた。連邦の領土には，白人が移住し，州を形成した上で連邦に参加した。東西の空間移動に必要な道路や運河の建設が急ピッチで進められた。それは，また，元来の居住者インディアンを暴力的に排除した上での，白人による空間奪取でもあった。このプロセスの中から，「明白なる運命」という，アメリカの帝国主義

的膨張を正当化する自己満足的な論理とスローガンも生まれている。

次に，産業革命の胎動があった。合衆国北東部は，植民地時代以来，南部の農産品等の国際的商取引を仕切ることで富を蓄えてきた。その商業資本の産業資本への転換が，18世紀末には始まり，1812年の第二次対英戦争をひとつの契機として進んでいった。つまり，戦争でヨーロッパからの工業製品の輸入が途絶えたことをきっかけに，国内工業製品への需要が高まり，まず木綿工業が定着することになったのである。「紡錘都市」ローウェルの繁栄はなかでも有名である。

第三に，デモクラシーの本格的実現があった。第7代大統領アンドルー・ジャクソンは，その体現者であった。初代から6代までの大統領は，出身階層と学歴が高く，「ジェントルマン」としての資質が身についた人々で，そのうち4人はヴァージニアの大プランターの息子であり，「ヴァージニア王朝」を築いたとさえいわれる。一方，ジャクソンは，移民の息子で，独立革命後，身寄りをなくし，ほとんど正規の教育なしに，単身テネシーで身を立てた。ジャクソンのような「たたき上げの男」が大統領に選ばれたのは，同時期に白人男子普通選挙権制度が確立し，大統領の選挙方法が民主化されたからである。その背景には，民衆の間に平等の意識が広まり，かつてアナーキー状態を連想させ，共和国の秩序を害すると考えられたデモクラシーがむしろ望ましい政治体制と一般的に考えられるようになるという，社会の一大変化があった。

19世紀前半，これら3つの社会の基底における変動は，北部，南部，西部というセクションの区別を生むと同時に，その利害を先鋭化させ，やがて南北戦争を招来した。北東部における産業革命の進展は，このセクションの南部の経済産業構造への依存を弱め，平等の理想の広まりは，南部奴隷制をより深刻に問題化した。そして西部は，その広大な空間と資源を南北どちらの経済産業構造に利するべく編成するかをめぐり，南

北の利害対立が具体化する舞台となり，合衆国の将来を占う場となったのである。

　アレクシス・ド・トクヴィルは，ジャクソンが大統領になった1831年から約1年間，監獄制度の視察を名目に合衆国各地を見てまわったフランス知識人である。その著作『アメリカのデモクラシー』（1835，仏刊行）は現在でもアメリカ論の古典として広く読まれている。旧貴族階級出身のトクヴィルは，公的リーダーシップを執るべく運命づけられた階級——個人的能力を認められたエリート集団とは異なる，家族ぐるみの交友関係や婚姻関係等を共有する集団——による支配なしに，共同体形成がなし得るのか，逆にいえば，成員間の一般的平等と自由が原則となったとき，公的秩序と社会統合はいかにして保たれるのか，ということに主たる関心を抱いていた。

　トクヴィルは，その関心に基づいて1831年のアメリカ合衆国を観察，研究し，その自然的歴史的諸条件や政治制度を精査して，デモクラシーの深刻な欠陥として「多数者の専制」をあげた。さらに，彼は「習俗」を考慮に入れた。デモクラシーが各個人に与える自由と平等を行使できる形にするのは，人間を内面的に規制する習慣——心の習慣——だというのである。トクヴィルは，アメリカ合衆国において，政教分離下の宗教が個人主義の行き過ぎを抑止し，デモクラシーと共存しているさまを肯定的に論じ，自発的な団体の役割，また，女性の役割と男女関係等について興味深い観察を行っている。その上で，アメリカ合衆国の特異な繁栄と増進する力の原因はどこにあるかと問われるなら，それは「女性の優越性」にあると答える，と述べている。この記述は『アメリカのデモクラシー』が終わりに近づいたところに配置されており，あたかも，この書物全体を締めくくる，決定的な結論のようにも読めるし，説明が十分なされていない命題を唐突に投げかけているようにも見える。この

発言はどういう意味なのだろう。トクヴィルを念頭におきながら，次に，19世紀前半のアメリカ社会を宗教と女性という観点から検討してみよう。

2．第二次大覚醒と「道徳の守護者」としての女性の台頭

アメリカ合衆国の歴史を通じ，周期的なリヴァイヴァル（信仰復興）が起こり，キリスト教会が伸長したことは，この社会の特質を把握する上で特別の注意を要する事柄である。1790年代から1840年代にかけて各地でリヴァイヴァルが多発した現象を，第二次大覚醒と呼ぶ。

第二次大覚醒は，南部や南西部の未開地帯に始まり，北部にも飛び火して，全国的な現象となった。ニューヨーク北西部のエリー運河添いの地域は，リヴァイヴァルの嵐が吹き荒れたことから，「焼けただれた地域」とも呼ばれている。大覚醒を先導したのは，新興のメソディストと

◀アレクサンダー・ライダーが描いたとされるキャンプミーティングの様子（19世紀初頭）

プロテスタントのなかで元来最左翼の急進派に位置づけられてきたバプテストであった。

　キャンプ・ミーティングとは，未開地の青天井で，数日間から数週間にわたり，時に数千の人を集め，数十人の説教師が入れ替わり立ち替わり昼夜にわたって霊の降臨を仰いで説教するといった集会である。人々は，感きわまって，叫び声をあげ，涙を流し，時に気を失って，回心したという。サーキット・ライダーとは，広大な未開の担当区域（サーキット）を馬に乗って，風雨をものともせず巡回するメソディストの巡回牧師で，途上，毎日，どこでも——ログキャビンのなかだろうが，路上だろうが——説教し，新しい教会の設立に奔走した。バプテストとメソディストはこのような手法で教勢を著しく伸ばし，伝統的主流教派の会衆派や長老派，監督派などを圧倒した。

　圧倒された教派の側では，リヴァイヴァルを野卑で感情的だと批判し，懐疑の眼を向ける一方で，大覚醒をより肯定的にとらえ，神の恵みにあずかろうという動きも生まれた。長老派は，この対立が原因で旧派と新派に分裂した。ニューイングランドでは，ピューリタン以来，会衆派の公定教会制度が根強かったが，そこでも，合衆国憲法の修正第1条で保証された政教分離の原則が，1830年代初頭までには全域で施行された。伝統的主流教派であっても，存続のためには伝道の努力が今や必須であった。長老派新派に属した牧師ライマン・ビーチャーがまさにそうであったように，北部では中流層がリヴァイヴァルの中核を担うようになり，福音主義[1]の主流化を推進した。国内伝道で遅れをとった会衆派は，1812年には海外伝道に乗り出し，宗教的情熱をすくい上げ，かき立て，継続させる努力を始めた。

　第二次大覚醒の社会的意味を，いくつか指摘しよう。まず，平等とデモクラシーとの関係について。第二次大覚醒の原動力が，一般庶民に

あったこと，つまり，社会の上層＝支配する側というより下層により近い人々＝支配される側にあったことは，多くの証拠から疑い得ない。19世紀前半までのメソディストやバプテストの教会員はそのような階層に属していた。両教派は，教職者の学歴を問わなかったため，下層からリーダーを容易に調達でき，事実，サーキット・ライダーは，宗教的情熱に突き動かされた，教育のない若者であることが多かったという。そういう説教師は，聖書のみを権威とする福音主義に基づき，「聖ペテロは漁師だった」と指摘し，「学歴は宗教ではなく，勉強しても，聖霊の力はもらえない」と指摘した。そうやって，権威と教養はあるが，「生まれ変わり」の回心経験は持たない牧師を批判，人々に熱狂的に支持されたという。つまり，リヴァイヴァルは，「弱者」あるいは，被支配者層と位置づけられる一般人が，神の権威を借用して，平等の意識を高め，既存権力に対し，自らの権威と権力を誇示するという側面を持つ運動であった。デモクラシーの宗教的表現であり，また，それを推進する力でもあった。伝統的主流教派の保守派が，リヴァイヴァルを野卑，無秩序だと批判したのは，そのためでもある。

　第二に指摘したいのは，カルヴィニズムの変容／福音主義と膨張主義との関係についてである。第二次大覚醒を通じ，オーソドックスなカル

◀A・R・ワードが描いたサーキットライダーの絵

ヴィニズムの根幹である予定説と神の絶対的主権の説得力は一般的に弱まり，人間の自由意志に何らかの力を認めるアルミニウス的教義がキリスト教会で強調されるようになった。つまり，人間の運命は神の手に握られており，それを変える力は人間にはない，という教義は背景に退き，人間がよりよくなろうと意志し，努力することで，神の采配に何らかの影響を及ぼすことができるという考え方が広く流通するようになった。それは，進歩についての楽観的気分を許す当時のアメリカ合衆国の社会状況にぴったり寄り添うことのできる「福音」であった。しかも，福音主義が元来持つ膨張主義的な衝動──「善き知らせ」を多くの人に伝えるというのは，神がキリスト教徒に与えた大命である──は，膨張する領土の果てまで，この「福音」を行き渡らせようとした。

　つまり，第二次大覚醒は，一方で，デモクラシーを推進し，従来のヒエラルキー構造の転覆を企図することで，社会秩序を撹乱する運動であると同時に，膨張し，拡散する合衆国の全土に，「福音」──回心し，聖書にしたがって善くなろうと努力することで，運命は切り開かれるというある程度の画一性を持つメッセージ──を行き渡らせ，新しい統合を創造する力でもあった。特に北部において形成されつつあった，経済的中流層は，リヴァイヴァルに参加し，その「福音」の担い手をかってでることで，新しい中流的価値観やライフスタイルを確立し，広めていった。それは，勤勉で，時間を守り，節約と節制を旨とし，豪華ではないが，清潔で心地よい家に夫婦・親子が仲よく住まうといったことであった。宗教的に裏打ちされた楽観主義に基づく，前向きで秩序正しいライフスタイルは，ヴィクトリアニズムと呼ばれる文化形態のアメリカ版の中核を担うものである。このような中流層の台頭こそ，デモクラシーの安定的な確立に不可欠なものであった。

　これに関連して，指摘したい第三の点は，女性の役割についてであ

る。第二次大覚醒への参加者は、実は男性より女性の方が多かった。その結果として、「教会の女性化」、つまり、信徒の大半が女性で占められる事態が常態化した。「すべての人間は平等に造られている」と宣言して誕生したアメリカ共和国において、女性は平等の権利を与えられる「人間」に数えられていたのではない。白人男子普通選挙権がほぼ実現したジャクソニアン・デモクラシー期になっても、女性は、選挙権を持たず、婚姻関係に入れば、「夫の保護下にある者」として、独立した財産権も親権も否定される被支配者であった。したがって、女性には、第二次大覚醒に参加して、神の力に訴えることで自らの権力の増進をくわだてる理由があったのである。

　しかし、一方で、その時代に強調された聖書の言葉は、女性は男性より劣っており、黙ってしたがうべきことを教えていた。したがってリヴァイヴァルのダイナミズムが女性に権力への接近の道筋を与えたとしても、そのダイナミズムの源泉たる聖書によって、女性の主張や行動は自ずと抑制される。結果、女性たちはキリスト教会との結びつきを使って、特異な形で自己主張し、政治参加することになった。つまり、聖書が教える他者への思いやりや社会正義を旗印とし、「道徳の守護者」として、政治的、経済的決定に大きな影響を保持するという、女性特有の政治文化を育てていった。女性の主張は、決して軽んじられはしなかった。女性は選挙権を持たず、私的所有権も制限され、基本的に集団として政治的・経済的利害闘争から隔離されていたがゆえに、その道徳的、宗教的主張は、純粋、清浄な社会の導きの声として尊重された。

　いうまでもなく、「道徳の守護者」としての女性の役割は、まず家庭において果たされるべきものであった。彼女たちは教会に熱心に通い、よいクリスチャンたるべく努め、夫と子どもたちに宗教的、道徳的感化を与え、家庭を「愛」の情感で満たすことを期待されていた。この頃か

▲あるべきキリスト教徒の住まいの様子

ら，家での祈りをリードするのは，家長たる男性に代わり，妻・母としての女性におき換わっていったという。「家の光」たる女性の宗教性，徳性の高さ，愛情の深さは，機能的に整理された室内，窓辺を飾るレースのカーテン，花の絶えない庭先などによって，目に見える秩序として表現されるはずであった。女性の主宰する家は，かくしてデモクラティックな社会の重石となる。それは，デモクラシーを推進しつつも，個人主義や拡散的傾向の行き過ぎを抑止し，社会的統合を可能にする鍵であった。宗教と家庭と国家を結ぶ女性の役割は，キャサリン・ビーチャーによって「家政学」として理論化され，メアリ・ライオンのような女性教育者によって，女子教育の中に取り入れられていった。このような家庭の成立を，アメリカ合衆国における「近代家族」[2]の成立と見てもよい。

3．改革運動から，奴隷制反対，女権拡張運動へ

　第二次大覚醒の宗教的熱情は，それが進歩の福音に傾斜していたことからすれば当然ともいえるが，改革運動熱に帰結していった。貧困，犯罪，監獄，売春，アルコール，無知，奴隷制度など，改革のターゲット

は多様，参加する男女の信仰や信条も多様であった。通常，改革をめざす団体は，ジェンダーと人種別に組織され，もっとも急進的なものだけが男女，白人と黒人一緒に活動した。トクヴィルも，無数の各種団体に大いに注目している。その改革熱の中に，女性は，「道徳の守護者」という立場から積極的に参入した。

　「道徳の守護者」としての女性は，家庭を主たる活躍の舞台としつつ，教会がつかさどる活動においても行動することを許されていた。神学生や薄給の牧師の経済的援助や伝道事業，貧しい未亡人への援助などである。やがて，女性は，必ずしも教会が直接関与しない社会改革事業にも進出した。「婦人道徳改善会」はその代表的なものである。ニューヨークとニューイングランドに広まった同会は，婚前交渉や性道徳における二重基準，売買春等を取り締まり対象とした。ニューヨークでは，1834年に会が設立されてから4年間で，361の支部に2万人の会員を擁し，その機関紙の定期購読者は1万6500人を数えたという。貧民街や売春宿に乗り込み，利用客を摘発して，機関誌に氏名を公表し，また，売春婦の「更正」に尽力するといったその攻撃的な活動は，女性に求められた従順の徳目をほとんど逸脱しているように見える。だが，同時にそれは，貞操観念と一夫一婦制の結婚の強化を目指し，道徳と家庭の守護者としての女性の役割の，確かな延長線上にあった。

　奴隷制反対運動は，きわめて政治色が強く，男性中心の運動であった。しかし，それは深刻な道徳問題でもあった。急進的立場を取るギャリソン派に参加した女性は少なかったが，北部でも南部でも，女性のほとんどが奴隷制度に反対であったという。北部では，逃亡奴隷を一時的にかくまう「地下鉄道」に多くの女性が協力した。また，奴隷制反対の嘆願書に署名する，あるいは，奴隷制反対バザーに協力するといった活動で意見表明を行った女性もかなりあった。これらの多くは，宗教的な

▶1855年のビーチャー一族：前列左より二人目がキャサリン、ライマン、ひとりおいてハリエット（ストウ夫人）後列右端がヘンリー・ワード

祈りの行為として追求されたという。こうした女性の意見を象徴的に代弁したのが、ハリエット・ビーチャー・ストウの『アンクル・トムの小屋』であり、同書は、北部において、奴隷制反対という世論を決定づけたといわれる。

　アメリカ合衆国における女権拡張運動は、この時期に、奴隷制反対運動の急進派のなかから生まれてきた。女権拡張運動は、「道徳の守護者」としての女性の立場からすんなりと導き出される運動ではない。それは、「他人のために」というキリスト教道徳の表看板をはずし、女性が、自分の権利を主張するものである。しかし、別の見方をすれば、「守護者」としての役割にあと押しされた改革熱は、一部の女性をそこまで駆り立てたともいえる。

　奴隷制反対運動は、なぜ、女権運動に結びついたのだろう。根本的に当時の女性の立場は、奴隷のそれに似ていた、ということがある。イギ

リスから受け継いだ慣習法によれば、「婚姻関係にある女性」（coverture, 大方の女性がこの立場にいた）は、前にも触れたように、男性の保護下にあり、原則的に財産権を認められていなかった。女性の身体は、夫に帰属するもので、妻の身体に対する夫のアクセス権は、市民（男）の最も基本的な権利として尊重された。妻の労働の成果は夫のものであり、もし金銭的な収入があったとしたら、それは夫のものということになる。だからこそ、夫は妻を扶養しなければならなかった。これは、ほとんど主人と奴隷の関係に近い。奴隷の身体は主人の所有物であり、食事や衣服を奴隷に与えるのは主人の役目であった。むろん、多くの場合、妻は奴隷より親切に扱われていたに違いないし、社会的には夫の持つ権利の多くを借用できた。しかし、親切は権利とは異なるし、借用した権利は自分のものではない。一部の女性たちは、奴隷制に反対しながら、自分たちの境遇について思いをめぐらすことになった。

▲1852年のエリザベス・ケイディ・スタントンとスーザン・B・アンソニー（セネカ・フォールズの大会の後、スタントンと出会い、女性の参政権運動の主要な推進者のひとりとなる）

そして，急進派の奴隷制反対運動に参加した女性たちは，その運動のなかで具体的に女性差別を経験した。のちに，アメリカにおける女権運動の端緒として記憶されるようになる女権大会が，1848年にニューヨーク州セネカ・フォールズで開かれたのは，その主催者となったルクリーシャ・モットとエリザベス・ケイディ・スタントンが，1840年にロンドンで開かれた世界反奴隷制大会で苦い経験を得たことに由来する。2人は，この大会に正式に参加すべくロンドンにおもむいたのだが，女だという理由で入場を拒絶された。交渉の末，バルコニーで会議を傍聴することだけが許された。この差別に憤慨した2人は，帰国後に女性のための会合を持つことを約し，8年を経て，セネカ・フォールズの大会が実現した。大会では，独立宣言をもじった「所感宣言」が採択され，「人類の歴史は，男の女に対する権利侵害と簒奪の繰り返しの歴史である」と指摘，「すべての男女は平等に造られている」と宣言した。その決議の第9番目では，激論の末，女性に参政権が与えられるべきことが要求された。

　参政権は，ヴィクトリアニズムのジェンダー構造の根幹にすえられていた。男は投票できるから，男であり，女は投票できないから，女なのであった。女が投票すれば，男女の区別は曖昧となり，かつ，「道徳の守護者」としての女性の影響力も萎えてしまう。女は，男と同じように政治的，経済的利害闘争の汚濁にまみれる存在になってしまう。したがって，参政権の要求は，当時女権論者の間でも激論を呼び，その実現には，70余年にわたる闘争を要した。だが，ヴィクトリアニズムの女性の政治文化は，その懐のなかに，それ自身を破壊する芽を宿していたともいえる。

●注
1) 聖書だけを宗教的権威のよりどころとする立場で，聖書の教えを万人に知らしめて，キリスト教に改宗させることで，人類を救おうという強烈な伝道熱をしばしばともなう。
2) 近代家族の定義には，参照対象とする時代，場所等によってヴァリエーションがあるが，男女の性愛に基づく婚姻関係の形成，母子の情愛を核とする家族内の情緒的な関係の強化，核家族化，家族の共同体からの分離，男女別役割分担の強化等の特徴が指摘されている。

■参考文献
＊デグラー，カール・N.（立原宏要訳）『アメリカのおんなたち——愛と性と家族の歴史』1986
＊エヴァンズ，サラ・M.（小檜山ルイ，竹俣初美，矢口祐人，宇野知佐子訳）『アメリカの女性の歴史』明石書店，2005
＊カーバー，リンダ・K., ジェーン・シェロン・ドゥハート（有賀夏紀，杉森長子，瀧田佳子，能登路雅子，藤田文子編訳）『ウイメンズ　アメリカ』論文編，ドメス出版，2002
＊森本あんり『アメリカ・キリスト教史』新教出版，2006
＊大西直樹・千葉　眞編著『歴史のなかの政教分離』彩流社，2006
＊常松洋『ヴィクトリアン・アメリカの社会と政治』昭和堂，2006
＊トクヴィル（松本礼二訳）『アメリカのデモクラシー』第1巻上・下，岩波書店，2005
＊トクヴィル（井伊玄太郎訳）『アメリカの民主政治』下，講談社学術文庫，1987

6

大陸国家の形成：西への膨張と太平洋へのまなざし

遠藤泰生

〈**本章の学習のポイント**〉　合衆国は大陸国家であるとよくいわれる。しかし最初からそうであったわけではない。植民地時代における合衆国の領土を思い出してみればよい。ヴァージニアやマサチューセッツに植民地が開かれてから約1世紀たった18世紀の初頭，入植者の居住地は依然として大西洋沿岸から約100キロの範囲に限られていた。独立直後においても，その領土は大西洋岸からミシシッピ川にまでしか到達していなかった。それから西への領土の拡張を繰り返すことによって，合衆国は大陸国家に変貌を遂げたのである。もちろん領土の拡張と一口にいっても，そこには物理的な意味での領土の膨張以外にいくつかの異なる局面が存在した。大雑把に考えればそれは3つにまとめることができる。ひとつ目は，新たな土地への開拓者の流入であり，2つ目はその土地からの先住民の排除であり，3つ目はその土地に接する外国勢力との国際関係の変化である。合衆国における大陸国家の形成とは，それらの局面が互いに関連し合いながら進行した壮大な国家変容のプロセスにほかならなかった。本章ではその経緯を振り返るとともに，19世紀の後半，西部領土の先に広がっていた太平洋世界に合衆国が向け始めたまなざしについても若干の検討を加える。

〈キーワード〉　西漸運動，明白なる運命，アメリカ・メキシコ（米墨）戦争，カリフォルニア，M・C・ペリー

1．西部領土の拡大とモンロー宣言

　植民地時代以来，西方領土の帰属問題はヨーロッパからの入植者を悩ませ続けた。太古の昔からそこに居住する先住民がその領有を主張したし，周辺地域を北や南から侵食する諸列強との覇権争いが絶えなかったからである。建国直後の合衆国も，先住民諸部族との無用な争いを避けつつ，1783年パリ条約で英国から取得した国土，とくにアパラチア山脈からミシシッピ川に続く土地をいかに管理すべきかという問題に直面していた。そこで連邦議会（憲法が制定されるまでの正式の呼称は連合会議）はまず1785年公有地条例を制定し，独立13州の西に広がる領土を原則連邦政府が管理する公有地とすることにした。同時に，1マイル四方（640エーカー）を最低単位に，以後，公有地を民間に払い下げていく方針も定めた。あらゆる意味で国の基盤が脆弱であったこの時期，国土の治安を維持するためにも未開の領土はいったんその帰属を連邦に委譲し，開拓者による開墾が可能となった時点で民間に売却する，しかもその売却収入で連邦政府の財政を充実させるというのが同条例の主旨であった。さらに1787年連邦議会は北西部土地条例を定め，オハイオ川，ミシシッピ川，五大湖に囲まれた北西部領地をいくつかの行政単位に編成し，それぞれの地域における白人成年男子人口が6万人を超えた時点でその地を州（ステイト）に昇格させ，独立13州と法的に対等な立場で連邦に加入させることを決定した。かつての宗主国であった英国は新たに獲得した領土を通例植民地としていた。しかし合衆国では西に拡大する領土を東部諸州の植民地にはせず，その住民にも既存の州の住民と同等な法的権利を授与することを連邦議会が定めたのである。これらの法律が土地の取得を夢みる人々の西部への移住を促進させたことは間違いない。

もっとも，建国後しばらくの間，西部への領土拡大の第一の目的は西半球における国権の確立におかれていた。例えば19世紀の初頭，フランス革命以来対立が続いていた英仏両国の板挟みに合衆国はなっていた。その状況下で国権の擁護を図った政策が結果として国土の拡大をもたらした例がいくつかある。1803年のルイジアナ購入がその代表例となろう。ミシシッピ川以西に広がる広大なルイジアナ領土は，植民地時代の1763年パリ条約によって，フランスからスペインに帰属が移っていた。その後スペインと合衆国との関係は比較的良好で，ミシシッピ川の自由航行権や河口に位置するニューオーリンズで倉庫を使用する権利などをスペインは合衆国民に認めていた。ケンタッキーやテネシーの周辺に移住した者にとってそれらはどれも重要な利権であった。ところがフランスにナポレオン・ボナパルトが台頭すると1800年スペインは彼との間に密約を結び，ルイジアナ領土を譲り渡すことを約束してしまう。ミシシッピ川を挟んだ隣国が落日のスペインから新興のフランスに変わることは合衆国にとって大問題であった。警戒心を高めた第3代大統領ジェファソンはのちに第5代大統領となるジェームズ・モンローをパリに派遣し，ミシシッピ川やニューオーリンズにおける既得の権利を確保するよう対仏交渉を急がせたのである。だがその交渉は予想外の結果を合衆国にもたらした。仏領サン・ドマングに勃発した黒人奴隷反乱の鎮圧に失敗し，1804年ハイチ共和国の独立を許したナポレオンは，ヨーロッパにおける戦費を賄う必要にも迫られ，ルイジアナ領土を一括して合衆国に売却することを決断したからである。この結果，既存の国土にほぼ匹敵するルイジアナ領土全土を1500万ドルという破格の安値で合衆国は獲得したのであった。
　英仏両国の対立は1810年代に入っても続いた。そしてその争いを背景に合衆国はさらに領土を拡大，整理した。当時フランスへの物資の流入

図6－1　合衆国領土拡張地図

　オレゴン領有（1846）
　ルイジアナ購入（1803）
　メキシコより割譲（1848）
　建国時の領土（1783）
　テキサス併合（1845）
　ガズデン購入（1853）
　フロリダ取得（1819）

を差し止めることに躍起になっていた英国は，大西洋上を航行する合衆国船に対し臨検と船員の強制徴用を頻繁に行った。しかし諸国と交易を行う中立国の権利を侵された上，合衆国船で働く船員を無理矢理徴用される屈辱に耐えかねた第4代大統領ジェームズ・マディソンは，1812年対英宣戦を決断するにいたる。1812年戦争の勃発であった。この戦争は2年間続いた。そしてその間合衆国は，辺境の先住民との間で争っていた土地領有問題に武力で決着をつけ，入植者の西方移住を促進させたのである。さらに1818年には英国と協議の末，現在のオレゴン地域を米英の共同所有とし，翌年スペインとの間に締結したアダムス・オニス条約によって，フロリダを合衆国に割譲させ，北緯42度を合衆国とスペイン領との国境とすることまで認めさせた。

　これら一連の動きの背景に西部に移住を希望する人々の期待があった

ことは疑いない。だが先に述べたとおり，ヨーロッパ列強に侵されることのない国権の確立こそが，この時期における領土拡張の第一の目的であった。その点，1823年第5代大統領ジェームズ・モンローが大統領教書の中に記したいわゆる「モンロー宣言」の内容は，領土拡張をとおした国権の確立という当面の目標を合衆国が達成しつつあったことを示唆しており，興味深い。ヨーロッパの神聖同盟諸国がラテンアメリカ諸国に政治的干渉を行うことに反対するとともに，ヨーロッパの紛争へ合衆国が関与する可能性を否定することが，この「宣言」の第一の要点であった。ヨーロッパと南北アメリカとでは「政治体制（political system）が本質的に異なる」のがその理由とされた。のちにモンロー主義と呼ばれる外交思想のこれが最初の表明となった。1823年において，ヨーロッパ列強の介入をしりぞけ，自国の政治的優越を西半球で樹立するのに必要な力を合衆国が有していたかは疑わしい。しかし1812年戦争以後，国土の北西部と南西部において，先住民やヨーロッパ列強に対する領土支配上の優位を合衆国が確立しつつあったことは間違いない。そうした事実の裏書きの上に，北米大陸における覇権の確立へ新興の合衆国が自信をのぞかせ始めた文書が「モンロー宣言」であったと解釈できる。歴史は早くもひとつの段階を終えようとしていたのである。事実，この後，西部領土の拡張は対外問題としてよりも国内問題としての意味合いを強めていく。

2．開拓者の利益保護と「明白なる運命」

　1820年代に入る頃から，西部の経済開発に合衆国は本腰を入れ始めた。ただし西部開発を促進するにはより多くの開拓者を西部に誘致する必要があり，より多くの開拓者を誘致するには，土地を取得しやすくしなければならなかった。この必要にこたえるために連邦政府が真っ先に

取った政策が公有地売却単位の縮小であった。先に述べたとおり，1785年公有地条例は公有地の最小売却単位を640エーカーに定めていた。しかし自営農業を誘致するにはそれでもまだ土地が広すぎた。そこで連邦議会は土地法の制定を繰り返し，1800年に320エーカー，04年に160エーカー，20年に80エーカー，32年には40エーカーと，公有地の最小売却単位を縮小していったのである。加えて払い下げ価格も引き下げた。そればかりではない。1820年以降，公有地に対する占有権や先買権を西部の各州が法律で認めるようになった。売却が始まる前に公有地の開墾をした者が何の保証もなくその土地を追われることを拒む権利が占有権であり，同じ土地を優先的に購入する権利が先買権である。それらはどちらも，土地の開墾に実際に従事した者を優遇する権利概念であった。別ないい方をすれば，土地は自然のままでは無価値であり開拓者の労働によって初めて価値を生ずるという，ある種の労働価値説が西部開拓の原則として承認されたことをそれらは示していた。自分の努力に見合った土地の取得を信じて開拓者は西部へ移住することができるようになったといい換えてもよい。少し先取りして述べれば，この動きは1862年自営農地（ホームステッド）法の制定で頂点を迎える。この法により，21歳以上の合衆国市民は5年間の居住と開墾ののちに公有地を160エーカーまで無償で取得できることになった。その結果，西部には160万もの農場が新たに開かれたという。

　もちろん，いくら開拓が進んでも人の交流や物資の流通が活発でなければ西部の経済発展は期待できない。この点を改善するために，東部と西部をつなぐ交通網の整備に連邦政府は力を注いだ。やはり1820年前後以降のことである。例えば1818年，現在のメリーランド州とウェストヴァージニア州を結ぶカンバーランド道路が完成し，西部への移住者が盛んにこれを利用するようになった。30年代に入ってこの道路は最終的

◀ エリー運河図

に現在のイリノイ州にまで達する。陸路同様，水路交通の発達も著しかった。1825年にはハドソン川とエリー湖を結ぶエリー運河が完成する。同運河の完成により，五大湖を中心とした中西部の農業地帯とニューヨークを中心とする東部の市場とが結びつき，両地域の商業活動が飛躍的に増大した。それから5年後の1830年には，現在のメリーランド州とオハイオ州との間で鉄道の建設も始まっている。西部と北東部及び南部の経済がこれらの交通網で有機的に結びつく体制を，ケンタッキー出身の政治家ヘンリー・クレイは「アメリカン・システム」と呼び，その拡充こそが合衆国の発展をもたらすと主張した。西部の開拓を国内問題としてクレイがとらえていた点に当時の時代思潮がかいま見られる。

　もちろん，西部の開発に関しては解決しなければならない大問題が残っていた。先住民問題である。西部に移住者が殺到し，東西を結ぶ交通網が整備されれば，その土地を旧来のまま自然に放置しておくことは

できなくなる。先住民に対しても同様であった。建国以来連邦政府は，西部の土地に対する先住民の先有権を法令では認めていた。先に触れた1787年北西部土地条例にも，「インディアンの土地及び財産を彼らの同意なしに収奪してはならない」という一文が付されていた。しかし実際のところ，土地の取得欲に取りつかれた開拓者は先住民に不実の限りを尽くし，彼らの土地を次々と奪取していったのである。1820年代にはその流れに歯止めがなくなり，1830年第7代大統領アンドルー・ジャクソンはついに先住民強制移住法を制定してしまう。この法の制定により，ミシシッピ川以東の諸部族の大半は同川以西に設けられた特別地域（現在のオクラホマ地域に設けられたインディアン・テリトリ）への移住を強いられた。1830年合衆国南部には約7万人の先住民が居住したが，10年後の1840年にはその数が約9千人に激減したという。移住を拒否する権利は先住民には認められなかったのである。

　1830年代におけるチェロキー族の歴史ほど，白人による先住民の暴力的かつ空間的排除の歴史を切実に伝えるものはない。現在のジョージア，アラバマ，テネシー各州が接する地域にチェロキー族は古くから居住した。独立戦争時には英国と同盟して植民地軍と戦い，その後も合衆国と敵対関係を続けたが，18世紀末には連邦政府の提案する文明化政策を自ら選択し，白人との共生を模索し始めた。具体的には，先住民の伝統にはない中央集権的政治体制を樹立し，黒人奴隷を使用した農耕生活やキリスト教の伝道師をとおした英語の学習まで行ったのである。1827年には合衆国憲法にならった独自の成文憲法まで制定した。けれどもこの文明化政策の徹底がチェロキー族には逆にあだとなった。部族の存在を政治主体として鮮明化させればさせるほど，領土保全への彼らの態度が明らかとなり，先住民の土地の奪取にのみ関心を寄せる入植者の敵対心をあおったからである。1829年にジョージアで金鉱が発見されると

▲涙の道

チェロキー族への敵対心はさらに増した。そしてついに1830年，ミシシッピ川以西への彼らの移住をジョージア州政府が通達するにいたる。この決定を不服とするチェロキー族は領土の保全を連邦最高裁判所に訴求し，判事から部族に同情的な判決まで引き出した。だがジョージア州政府がこの判決を黙殺したためオクラホマへの移住を余儀なくされたのである。1838年の厳冬期に行われたこの移住では，約1万5000人のチェロキー族のうち4000人もが命を落としたという。ジョージアからオクラホマまでのその行程は「涙の道」として現代まで長く語り継がれている。

連邦政府が西部開拓民の利益を保護し，強引に領土の拡大を図る姿勢は，1840年代以降さらに鮮明になった。現在のテキサスを併合した経緯がそれを物語る。テキサスへの合衆国民の移住が始まったのは1821年であった。当時テキサスを領有していたメキシコは奴隷制度を自国領に持

ち込むこの入植を必ずしも歓迎せず，1829年合衆国からの移住を禁止してしまう。これに対し1836年すでに移住を果たしていた開拓民がテキサス共和国のメキシコからの独立を一方的に宣言し，その数日後にアラモの砦にたてこもったテキサス守備隊がサンタ・アナ将軍の率いるメキシコ軍を相手に全滅するという事態を引き起こした。この時点でテキサス共和国の合衆国への併合を開拓民は要請した。しかし奴隷州としての連邦への加入を彼らが希望したため，この要請は連邦議会の支持を得ることができなかった。19世紀の前半，合衆国の領土の拡張は将来における新たな州の誕生を予告すると同時に，連邦議会の運営をめぐる奴隷州と自由州の主導権争いをも予示した。その詳細は第7章で学ぶ。テキサス共和国の併合案もこの文脈で当初理解され，その承認が先延ばしにされたのである。1845年，あらゆる方向への領土の拡大に積極的であった民主党のジェームズ・ポークが第11代大統領に就任し，ようやくその併合が実現した。

　1846年，今度はオレゴン領土が合衆国の領土となった。先に述べたとおり，1818年以来同領土は英米両国の共同所有となっていた。しかし，40年代に入る頃からオレゴンへの開拓民が急増する。オハイオ，インディアナ，イリノイの各州が1803年，16年，18年に連邦に加入していた事実からも推測されるとおり，北西部領地は40年代すでに開拓地として成熟期を迎えつつあった。したがって西部への入植を希望する者は，その地を越えたミシシッピ川以西への移住を試みる必要があった。しかしアイオワやミズーリなどのミシシッピ川に隣接する地域にはすでに大勢の開拓者が入り込んでいた。しかも，それらの地域からロッキー山脈に続く大平原は年間の降雨量が少なく，農業には必ずしも適さなかった。したがって，もし独立自営農になる夢を抱いて西部に移住するつもりならば，この時代，ロッキー山脈を越えた太平洋岸への移住を考えざ

るを得なくなっていたのである。オレゴンへの入植者が急増した理由はそこにあった。確かに年間をとおして雨量が豊富なオレゴンは，緑豊かな温暖な地として多くの移住者をひきつけた。それ故，ポーク大統領はオレゴン領土を英国と将来共有する案を拒否し，1846年同国との間にオレゴン協定を結んで，北緯49度を英領カナダとの国境に定めることを急いだのである。長年の懸案であった太平洋岸北部の領土問題にこれでようやく決着がついた。大規模な幌馬車隊がミズーリから大平原を越えてオレゴンに達した当時の街道は「オレゴン・トレイル」と呼ばれ，その呼び名は今なお国民の間に西部への郷愁をかき立てている。

　オレゴン領土に続いて，1848年，カリフォルニアとその周辺地域を合衆国は取得する。形の上ではこれで大陸国家の体裁が整った。かつてのテキサスと同様この地はそれまでメキシコが領有していた。しかし領土欲に燃えるポーク大統領はこの地の取得にも積極的で，テキサス併合以来メキシコとの間に国境問題が絶えないことを理由に，1846年同国との開戦に踏み切ったのである。1848年まで戦われたこのアメリカ・メキシコ（米墨）戦争の結果，合衆国は，テキサス南端のリオ・グランデ川をメキシコとの国境にすると同時に，テキサスからカリフォルニアにいたる広大な南西部領土をメキシコから少額で買収することに成功する。北米大陸における国際関係の覇権を握るのは合衆国であると信じて疑わなかったポーク大統領の夢が，絶頂に近づいた瞬間であった。

　興味深いことに，先に見てきた40年代における西への領土拡張は，合衆国の知的伝統にもひとつの大きな変化をもたらした。自国の領土の膨張を神から与えられた「明白なる運命（マニフェスト・デスティニー）」と見なす思想が生まれたのである。1846年雑誌『デモクラティック・レビュー』に掲載されたテキサス併合を支持する論文の中で，ジャーナリストのジョン・オサリヴァンがその表現を用いて以来，

「明白なる運命」という言葉は国民の注目を集めるようになった。「年々増加する何百万人ものわが国民の発展のために，神が与え給うたこの大陸を，覆いつくし，所有するのは，明白なる運命が定める［合衆国の］権利である」と彼は主張した。ここから推測できるとおり，「明白なる運命」という言葉自体はテキサス併合の妥当性を問うのに用いられたにすぎなかった。しかし領土取得の是非を神の摂理におき換えて論ずるオサリヴァンの論理は，テキサスの併合問題という個別の文脈から切り離して敷えんさせることができた。その結果，オレゴン領有やアメリカ・メキシコ戦争の妥当性を論ずる際にも他の人々がその論理を援用するようになったのである。とくにメキシコからの領土の買収を望む膨張主義者たちは，プロテスタントの教えを信仰する「進んだ」アングロ・サクソン系の合衆国が，カトリックの教えを信奉する「遅れた」ラテン系のメキシコから，カリフォルニアを買収するのは当然のことだと主張した。ここにいたって「明白なる運命」の思想は人種や宗教の違いを加味した文明論の体裁を整えるにいたった。以後20世紀にいたるまで，合衆国の領土拡張全般を神の予定した計画であるかのように語る際に「明白なる運命」という言葉は繰り返し用いられるようになったのである。

　「明白なる運命」の考え方は，西部社会全体が順調に成長を遂げつつあったことへの自信の裏返しでもあったのかもしれない。実際，1840年代から50年代にかけて西部は着実に人口を増加させていた。例えば連邦政府が国勢調査を初めて行った1790年，国民総人口約390万人のうち，97％以上の人々が依然として独立13州内に居住していた。アパラチア以西に居住する者はまだ全体の3％にも満たなかったのである。だが1860年になると，約3100万人に増大した国民総人口の50％近くが独立後アパラチア以西に生まれた新しい州に居住するようになっていた。48年末の

金鉱発見に始まった「ゴールド・ラッシュ」で人口の異常な増加を見たカリフォルニアの例はあるものの、この間、農民を中心とした移住者の確実な流入が西部には続いたのである。セントルイスやシカゴなどの中西部を代表する都市の成長も著しかった。西方領土の拡張の歴史は再び新たな段階に入ろうとしていた。太平洋がその先に見え始めていたのである。

3．太平洋世界へのまなざし

　1840年代末以降、合衆国の西部への拡張はその先の太平洋への進出と密接なつながりを持ち始めた。西部開拓がそれだけ成熟し、国民は新たなフロンティアを求め始めていたのである。

　もちろん、太平洋への関心がこの時期国民の間に突然生まれたわけではない。19世紀の初頭以来、太平洋とその対岸に位置するアジアへ関心を寄せる者は繰り返し現れていた。例えば第3代大統領トマス・ジェファソンらをその例にあげることができる。広東貿易をはじめとするアジア貿易に携わる北東部の商人たちも、早い時期から太平洋横断交易路の開設を切望していた。アフリカ南端の喜望峰を周りインド洋経由でアジアへ向かう航路は日数がかかりすぎ、競争相手となる英国の貿易商人に太刀打ちできなかったからである。一方1820年代に日本列島近海に鯨の漁場を発見した捕鯨業界も、1830年代から40年代には太平洋の全域に遠洋捕鯨船を派遣するようになっていた。19世紀半ば太平洋を舞台とした経済活動の主役はそれら捕鯨船の船員であったといっても過言ではない。ちょうどこの頃、自身捕鯨船で働いた経験を持つ小説家ハーマン・メルヴィルが代表作『白鯨』（1851）の執筆に取りかかっている。また既に幾度も触れたポーク大統領は、1845年暮れの大統領教書で、太平洋貿易と捕鯨の振興のためにもアジアと合衆国との中間に位置するカリ

◀ 太平洋遠洋捕鯨

フォルニアの取得を目指すと言明していた。1848年におけるカリフォルニアほかの領土の取得は，19世紀の初頭以来合衆国民の間に散発的に見られたこうした太平洋世界への関心に，ひとつの現実的な焦点を結ばせる画期的な出来事だったのである。折しも1850年代を境に合衆国における工業生産高が農業のそれを上回り始める。西部及び太平洋世界は市場としての魅力を急速に増しつつあった。1853年にマシュー・C・ペリーが浦賀に渡来した背後にそうした歴史の展開があったことを改めて確認しておきたい。東部商人の期待や「明白なる運命」に背中を押されてペリーはヴァージニアの軍港ノーフォークを日本に向け出帆したのであった。

広い太平洋から北米大陸に目を引き戻せば，西部領土における運河の整備や大陸横断鉄道の建設がこの時代しきりに議論されていたことが視

野に入ってくる。例えば1844年，領土拡張論者として名高かったトマス・ハートベントンらが西部領土における河川運河の整備を求める法律を連邦議会に提案した。中西部と太平洋地域との経済的つながりを強化するのがその目的であった。また，ニューイングランド出身の商人アーサ・ホイットニーが，中国で貿易業に携わったのち帰国し，1845年ミシガン湖から太平洋に通ずる大陸横断鉄道の建設を議会に提案した。横断鉄道の建設が中西部と太平洋岸とを経済的に接合し，アジア貿易への新たな展望を開くと予測したからである。世界の経済体制のなかで西部が地政学上占める可能性を，これらの人々は敏感に感じとっていたともいえよう。かれらにとって西部太平洋岸の領土は太平洋世界における合衆国の未来の覇権を約束する地だったのである。1869年，ネブラスカ州オマハから西進するユニオン・パシフィック鉄道とカリフォルニア州サンフランシスコから東進するセントラル・パシフィック鉄道とが，現在のソルトレークシティ近郊で結合し，大陸横断鉄道が完成した。その建設に携わった人々の眼前にも，太平洋の彼岸に広がるアジアの市場がしっかりと見すえられていたはずである。

4．領土の西漸と「アメリカの進歩」

　1872年，画家ジョン・ガストが「アメリカの進歩，明白なる宿命」と題するきわめて興味深い画を描いた。南北戦争後の1872年に発行された太平洋岸への旅行ガイドブックの宣伝に用いられた画とされる。したがって厳密な意味での史実を書き表した画とは呼べない。しかし，19世紀の初頭以来積み重ねてきた西部領土拡大の歴史像をこの画ほど鮮明に伝える画もない。その画面を少しくわしく見てみよう。

　まず画面中央に，合衆国を表象する女神コロンビアが描かれている。右手に文明を象徴する分厚い書を携え，左手で新時代の技術を象徴する

◀ジョン・ガスト画「アメリカの進歩、明白なる運命」

電信線を引くこの女神は、東から西へと歩みを進めている。合衆国における文明の西漸をそれは象徴しているのであろう。彼女の前後には、西部の生活を支える交通機関であった、蒸気機関車や駅馬車、幌馬車が描かれている。さらに画面全体を見渡すと、文明の繁栄を象徴する陽光が大陸の東部に差し込み、野蛮の終焉を象徴する暗雲が西部にたれ込めている様子が目に入る。建設が始まったブルックリン橋を擁するニューヨークのマンハッタン島が右端に輝き、西部の土地を追われる先住民やバッファローが左端にくすんでいるのがいかにも印象深い。画面の右下には西部の土地を耕す自営農の姿が描かれるが、左下には、あるいはカリフォルニアの自然を象徴するのか、(カリフォルニアの州旗に描かれているのに似た)熊とおぼしき獣が西へ追われる姿が描かれている。要するに、「フロンティアスピリッツ」などの言葉が象徴する西部とその

土地が開発された時代への合衆国民の郷愁をかき立てる歴史的表象が，この画には詰まっているのである。そこに先住民への暴力や自然の掠奪などの負のモチーフが隠れていることはいうまでもない。だが，画のタイトルが示唆するように，19世紀合衆国における領土の西漸を，合衆国民の多くは，長いこと「進歩」とだけとらえ，記憶してきた。ヨーロッパ的な市民精神の底流に中世都市があるのと同様，アメリカ的な市民意識の底流にはフロンティアの記憶があると指摘する研究者は多い。その意見が正しいとすれば，今述べた負のイメージを併せ持つアメリカ的な市民意識はいかなる部分で現代にまで継承され，いかなる部分でその訂正を迫られているのであろうか。ガストの描いた画は西方への領土拡張の歴史に含まれる光と影，夢と現実を今なお我々に問いかけている。

■参考文献
＊岡田泰男『アメリカの夢アウトローの荒野：ジェシー・ジェイムズの西部』平凡社，1988
＊ジョン・C・ペリー『西へ！：アメリカ人の太平洋開拓史』PHP研究所，1998
＊亀井俊介・紀平英作『アメリカ合衆国の膨張』中央公論社，1998
＊明石紀雄『ルイス＝クラークの探検：アメリカ西部開拓の原初的物語』世界思想社，2004
＊鵜月裕典『不実な父親・抗う子供たち：19世紀アメリカによる強制移住政策とインディアン』木鐸社，2007

7 「アメリカ国民」の創造：南北戦争と再建の時代

中條　献

> 〈本章の学習のポイント〉　南北戦争と再建の時代から，20世紀初頭までの歴史を扱い，奴隷制度の廃止と人種隔離制度の確立，インディアンの強制的同化，中国系移民の排斥，そして連邦政府の権限の強化などをとおして，「アメリカ国民」という存在が，政治的，文化的に規定されていくプロセスを紹介する。
> 〈キーワード〉　奴隷制廃止運動，南北戦争，アンテベラム，再建，ジムクロウ制度，国民国家，国民意識

1．南北戦争と「国家の分裂」

1）地域間対立の激化

19世紀に入ると，アメリカ合衆国では南部の奴隷制社会と北部の自由労働社会の間で，対立が激化していった。例えば海外からの輸入品に対する関税政策では，綿花生産に依存する南部が，輸出相手国であるイギリスとの障壁のない貿易を続けるために低関税を望み，逆に，工業の発展しつつあった北部は，安価なイギリス製品から国内の製造業を守るために高関税を主張した。1832年，アンドルー・ジャクソン大統領が署名した関税法に，南部のサウスカロライナ州が真っ向から反対し，合衆国憲法上で認められた州民の権利の一部だと主張して，その法律の無効を宣言した。大統領は，同州に対する軍事行使を可能にする特別法を制定して威嚇したが，最終的には妥協が成立してこの騒ぎは収まった。

両地域の対立を深めた最大の要因は，合衆国の西部への領土拡大であった。1803年にはフランスのナポレオンから広大なルイジアナ領土を購入し，インディアンの排斥も依然として続き，メキシコに宣戦を布告して領土を獲得するなど，アメリカ合衆国の国家領域は拡大の一途をたどっていた。この新たに獲得された領土に，果たして奴隷制度は認められるのか。これが連邦国家にとって大きな問題となったのである。1820年，中西部のミズーリ州が連邦に編入されたときは，同州を奴隷州とする代わりに，大西洋岸の北東部に位置するマサチューセッツ州から，奴隷制度を認めない自由州としてメイン州を新たに切り離し，これによって連邦内の奴隷州と自由州の数的バランスを保持した。

　1830年代に入ると，北部では，奴隷制度の即時，全面的，無償廃止を唱える奴隷制廃止運動（アボリショニズム）が展開されるようになり，南部の政治家や権力者はこれを恐れた。奴隷制廃止運動の背景には，カリブ海のフランス植民地だったハイチにおける奴隷反乱と共和国の成立（1803年）や，ラテンアメリカにおける植民地の独立といった政治情勢があったことは間違いない。1848年には，奴隷制度の反対を明確に唱える初の政党，自由土地党が結成され，大統領選挙にも候補者を送り，のちの共和党の結成へと結びついていった。さらに1850年，前述のアメリカ・メキシコ戦争で獲得した領土をめぐって紛糾が生じたが，西海岸のカリフォルニア州を自由州として連邦に編入する代わりに，厳格な逃亡奴隷取り締まり法を制定するなど，南北両地域の利害を考慮した一連の妥協的な法律によって，かろうじて分裂が回避されたのであった。

　しかし，社会情勢はさらに混迷の度合いを深めていった。1852年に出版されたハリエット・ビーチャー・ストウの小説『アンクル・トムの小屋』は，主人公の奴隷トムの悲惨な人生を通して奴隷制度の残酷さを描き，北部における反奴隷制の思潮に対する関心をさらに高めた。1854年，

自由土地党やその他の反奴隷制勢力を結集した共和党が結成され，この新政党は早くも2年後の大統領選挙にジョン・フリーモントを候補者として送り込み，敗北を喫したものの，民主党から当選したジェームズ・ブキャナンに得票数で迫る勢いを見せた。そして1860年11月，共和党は遂にアブラハム・リンカンを大統領に当選させたのであった。

　リンカンの当選が決まった直後，サウスカロライナ州を先頭に，奴隷制度を死守したい南部諸州は次々と連邦国家からの離脱を宣言した。1861年2月には，これらの州は，独立国家「アメリカ連合国（the Confederate States of America）」の結成を表明し，大統領にジェファスン・デーヴィスを選び，奴隷制度を永遠に認める憲法を採択した。結局，首都をヴァージニア州リッチモンドに定めたアメリカ連合国には，連邦離脱を正式に宣言した南部の11州が加わった。ここに連邦国家としてのアメリカ合衆国は政治的に分裂したのである。

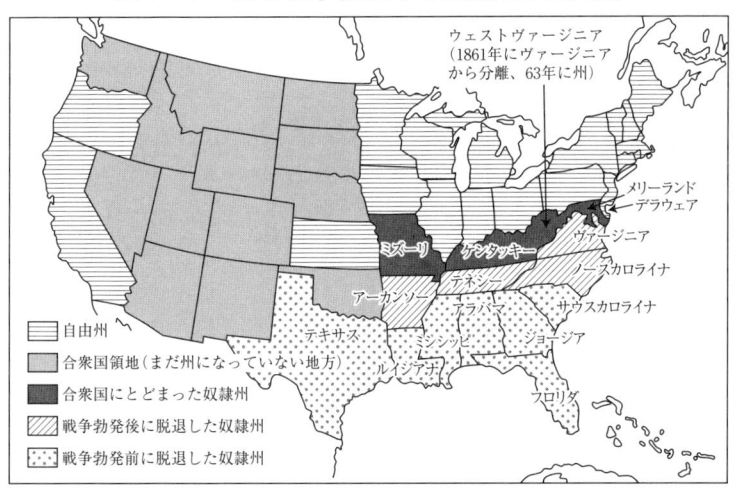

図7-1　南北戦争勃発時の奴隷州と自由州

2）戦争の勃発

　アメリカ連合国（南軍）とアメリカ合衆国（北軍あるいは連邦軍）の戦いは，1861年4月12日の夜明け前，サウスカロライナ州チャールストン沖にある連邦軍のサムター要塞に対する南軍の攻撃をもって始まった。この戦争は，その後4年間続き，両軍合わせて約62万人という多数の死者を出すことになる。戦争の初期においては，徴兵に反対する市民の暴動が起きるなど，戦争への対応に統一のなかった北部に対して，南軍が優位な局面に立つこともあった。しかし，リンカン大統領も必死に戦時体制を整えて戦局を挽回していった。

　戦争の推移に大きな影響を与えたのは，1863年1月1日にリンカンが発した奴隷解放宣言であった。この宣言により，連邦軍にとっての戦争の意図が明確になると同時に，奴隷制度の問題を解決することなしに，アメリカ合衆国の国家としての統一的な発展が不可能であることが明らかにされたのである。実は，リンカン自身は戦争が始まってからも奴隷解放に対してそれほど積極的ではなかった。彼は，ある書簡のなかで，「ひとりの奴隷を解放することなく連邦を救えるならば，私はそうするでしょう。また，すべての奴隷を解放することによって連邦を救えるならば，私はそうするでしょう。」と述べていた。政治家としてのリンカンの第一の目的は，分裂してしまった連邦国家の修復だったことが分かる。しかし，この手紙の数ヶ月後，奴隷解放の政治的重要性を認識したリンカンは，南部諸州のすべての奴隷の自由を宣言したのである。

　その後，戦況が連邦軍に有利に傾くきっかけとなったのが，1863年7月のペンシルヴェニア州ゲティスバーグにおける戦いだったといわれている。同年11月，リンカン大統領は，両軍に多くの犠牲者を生んだこの激戦の地に建設された戦没者の墓地を記念する式典で，「人民による人民のための人民の政治」という，のちに有名になった文言を演説で語っ

たとされる。また，連邦軍には北部に住む黒人たちが結成した黒人連隊が参戦して活躍を見せた。特にマサチューセッツ第54連隊によるワグナー砦の攻防は有名である。さらに，南部の戦場では，奴隷たちが所有者のもとを離れて連邦軍の陣営に逃げ込み，南軍を混乱させた。

▲「ゲティスバーグの戦い」のあと

▲ワグナー砦への攻撃

1865年4月9日，南軍のロバート・E・リー将軍がヴァージニア州アポマトックスにおいて北軍のグラント将軍に降伏し，4年にわたる戦争は北軍の勝利に終わった。ある意味で，北軍の勝利は当然だったかもしれない。商工業が発達していた北部と，綿花の輸出と加工品の輸入に依存していた南部では，総力戦における力の差は歴然としていた。具体例をあげるならば，全人口比で2.5対1，奴隷を除く男性の人口比では4.4対1，軍艦のトン数は25対1，工業生産は10対1，武器生産で32対1，小麦の生産で4.2対1といった具合に，すべてにおいて北部が優っていた。逆に，南部が北部を凌駕していたのは，24倍という綿花生産高の比較値のみであった。

2．国家の統合と人種問題

1）再建の時代

　アメリカ合衆国史では，南北戦争の終結から1877年までの時期を「再建の時代」と呼ぶ。国家の分裂と多大の犠牲を生じた戦争という未曾有の出来事から，いかなる「再建」が可能か。その道は険しいものであった。1865年4月14日，南軍の降伏からわずか5日後，前年に再選されていたリンカン大統領が，首都ワシントンのフォード劇場で観劇中に，南部出身の俳優ジョン・ウィルクス・ブースによって銃撃され，翌日に死去した。規定により大統領となったのは，副大統領でテネシー州出身のアンドルー・ジョンソンである。ジョンソンは南部出身の民主党員だが，リンカンと共和党の政策に賛同する，いわゆる「戦争派民主党員」の代表的存在であった。しかし，この重大な局面で大統領になったジョンソンは，連邦を離脱した南部諸州に対して，その指導者に大量の恩赦を与えるなど融和的な政策を次々と実行し，南部社会の根本的な改革を主張する合衆国議会と激しく衝突した。このとき，合衆国議会の多数派を占

めていたのは、共和党のなかでも急進派と呼ばれる議員たちだった。

　まずは合衆国憲法の修正（第13条）によって奴隷制度を廃止したのち、共和党急進派は、ジョンソン大統領の反対を乗り越えながら、奴隷から解放された人々に対して市民的な諸権利を保障し（憲法修正第14条）、南部を軍事占領しつつ民主改革を実行して、各州を連邦に復帰させる道筋を立て（再建諸法）、さらには解放奴隷たちに男子普通選挙権を与えた（憲法修正第15条）。このように、合衆国政府による軍事占領の下で、南部における一連の社会改革が断行された結果、必然的に合衆国政府の全般的な権限は、以前よりも強化された。元来が連邦国家として出発したアメリカ合衆国では、各州の権限の重要性を主張する「州権論」が根強く、南北の地域間対立においても、南部は州の権限として奴隷制度の護持を主張していた。その南部が敗北して連邦国家に復帰したことにより、国家の統一が進んだのは当然だが、その過程で断行された連邦政府による改革を通じて、アメリカ合衆国では国家の中央集権的な性格が格段に強まったのである。この意味で、「再建の時代」は、アメリカ合衆国の国家統合における大きな画期だったといえよう。

　しかし、「再建」の重要な柱であったはずの奴隷制廃止後の黒人たちの処遇についていえば、農業労働力と見なされていたかれらを、戦後は小作農民として引き続き綿花生産に従事させることのみに、合衆国政府や共和党急進派の関心が集中していった。結局、1870年代に入り、南部諸州の連邦復帰が進むとともに、合衆国政府は南部への介入と改革の続行に消極的になり、1877年の大統領選挙をめぐる政治妥協の結果、それまで南部に駐留していた合衆国軍の最後の部隊を引き上げ、「再建の時代」は終わりを迎えた。

2）奴隷から解放された黒人たち

　南北戦争と南部の敗北により，およそ400万人の奴隷が解放され，17世紀から続いた奴隷制度はようやく廃止された。これはアメリカ合衆国史上の画期的な出来事である。特に解放された奴隷たちの政治的な諸権利については，前述の合衆国憲法の修正などにより，ある程度の平等が保障されたはずであった。しかし，黒人たちは，その後もありとあらゆる差別に苦しむことになる。もっとも重要だったのは，彼らの経済的地位である。解放された奴隷たちは，当然のことながら，土地や金など生存に必要なものを一切所有していなかったが，かれらに対する経済的保障はまったく考慮されなかった。その結果，ほとんどの解放奴隷たちは，元の奴隷所有者の下で小作労働者として契約を結び，戦前と同様に綿花生産に従事せざるを得なかった。しかも，財産を所有しないかれらは，綿花生産に必要な種子や肥料から生活必需品まで，すべてを地主に前借りし，その借金を1年後に利子とともに収穫された綿花で返済するという方法に頼るしかなかった。その上，奴隷制時代に読み書きや計算を禁じられていた不慣れな黒人たちを，地主は法外な利子や不当な契約で苦しめ，債務状態に陥る者も多数出た。結局，小作農たちは債務を返済するまで地主のもとを離れることができず，綿花労働者として特定の場所に縛りつけられることになったのである。

　19世紀末になると，黒人に対する差別はさらに悪化した。南北戦争直後に南部で結成されたKKK（クー・クラックス・クラン）などの人種主義組織は，黒人たちの行動を支配するために，あからさまな暴力に訴えた。残虐な手段で公開処刑を行うといった黒人に対する「リンチ」行為は，しばしば地元の官憲によって見逃され，黒人たちを恐怖に陥れた。さらに1890年代に入ると，南部諸州では投票税の支払いや読み書き能力の有無など，さまざまな資格制限を設けて黒人から選挙権を奪うように

なった。こうした差別と抑圧をもっとも劇的に示したのが，法律に基づく徹底的な人種隔離である。1896年，アメリカ合衆国最高裁判所が，法による人種隔離は合衆国憲法に違反していないとの判決を出すと，南部はおろか西部や北部にまで，人種に基づく隔離を強制する法律が拡大していった。学校，鉄道の客車，レストラン，公園，海水浴場，職場のトイレ，水飲み場，宿泊施設など，果ては墓地までが人種によって隔離された。黒人と白人の間の「人種間結婚」も南部の多くの州では禁止された。無論，こうした法的な隔離が同時に，人種ごとに分離された施設の間に不平等を生み出したことはいうまでもない。この人種隔離と差別の制度は「ジムクロウ制度」と呼ばれ，1950年代の半ばから始まる公民権

▲人種隔離された劇場への入口

運動によって撤廃されるまで続いたのである。

3）アメリカ合衆国と「人種」

　合衆国ではこの時期，黒人以外の人種・エスニック集団に対する差別や排斥も激しさを増した。西部地域における先住民の排斥は，南北戦争が終結したことによって加速化し，各地で入植者や軍隊による侵略と虐殺が繰り返された。1880年代に入ると，17世紀以来の先住民との「戦い」に勝利を確信したアメリカ合衆国社会では，先住民に対する「文明化」政策という言葉も聞かれるようになった。それは，武力による排斥と支配ではなく，先住民たちを教育などによって合衆国社会に同化させることを目論むものであった。1887年にはドーズ法と呼ばれる法律が制定され，全米各地に点在する「保留区」に隔離された先住民たちに，土地の私有と定住や農耕に基づく生活が強制された。それと同時に，同法では，「部族から離れて文明生活を受け入れた」先住民には，アメリカ合衆国の市民権が与えられたのである。

　合衆国の西海岸では，アジア，特に中国からの移民に対する激しい反発の動きが起こっていた。奴隷に代わる安価な労働力として移民を奨励されたかれらは，労働運動に従事する人々からは仕事を奪うという理由で非難され，社会的にも人種差別の犠牲者となった。中国移民を排斥する思潮はやがて全国に広がり，1882年には中国からの移民を禁止する法律が制定された。しかも，かれらを含むアジアからの移民は「帰化不能外国人」と見なされて，合衆国市民に帰化する権利を奪われたのである。その一方で，20世紀に入り，従来の北西ヨーロッパではなく南東ヨーロッパからの移民が増加すると，これら「新移民」に対する反発や偏見が高まるなど，合衆国社会全体において，その成員としての国民の資格や社会的地位が人種によって決定されるようになった。南北戦争と再建

の時代をとおして、国家的な統合が進んでいったアメリカ合衆国は、同時に人種による差別と階層化を特徴とする社会になったのである。

3．国民意識の醸成

1)「失われた大義」と南部への郷愁

　南北戦争と再建の時代を経て、アメリカ合衆国の国家としての中央集権化は進んだが、国を分断した戦争や地域間の対立の記憶までが失われたわけではなかった。特に、戦争で敗北を喫した南部諸州では、戦後も長い間にわたって、奴隷制社会や連邦離脱という過去を誇りに感じるような地元への帰属意識が存続していた。こうした意識を抱く南部の人々から見れば、南北戦争とは、合衆国政府が各州の有する権利を無視して奴隷制社会の廃止を迫ったことに対する、南部諸州の権利を守るための戦いであった。したがって、敗北を喫した南部から見れば、彼らの主張は「失われた大義」であった。

　合衆国史では南北戦争以前の時期を表すときに、「アンテベラムの時代」という表現を用いる。「アンテベラム」は、ラテン語で「戦争の前」という意味である。奴隷とされていた人々を除く南部の人々の多くは、戦争後も「アンテベラムの南部」を郷愁とともに振り返った。そのような「南部」を象徴する存在として敬愛されたのが、南軍の総司令官ロバート・E・リー将軍であった。リー将軍は1870年に逝去するが、軍人で、「古きよき南部」の騎士道的な精神の持ち主として各地で語り継がれ、記念像も多く建造されている。「失われた大義」と地域への郷愁は文学の世界にも見られた。1905年、ノースカロライナ州出身のトーマス・ディクソン、Jr. が書いた小説『クランズマン』は、人種主義組織KKKの活動を、堕落した北部の政治家と野蛮な黒人から南部社会を守ろうとしたものとして称賛した。この小説をD・W・グリフィスが映画

化した作品『国民の創世』(1915年) は，映画黎明期の合衆国で爆発的な人気を呼んだ。また，少し時代は下るが1936年に，ジョージア州生まれのマーガレット・ミッチェルが，アンテベラム南部の奴隷制社会を舞台に，貴族的な生活を送る人々の愛憎を題材にした『風と共に去りぬ』を出版し，3年後には映画化されて大ヒットとなった。こうした南部への帰属意識は南北戦争後も存続したが，それをも包み込むかたちで，この時期に合衆国全体で創られ浸透していったのが，「(アメリカ人としての)国民意識」であった。

2) 創られていく国民意識

　19世紀中頃のアメリカ合衆国社会では，人々が日常的に感じる，「私は(どこの)誰か」という帰属意識やアイデンティティは，狭い意味で自分たちが住む土地に根ざしていた。具体的にいえば，地元の村や町，あるいは州である。それは，人々の生活範囲が，移動，情報伝達，経済活動などにおいて，あくまで狭い領域に限られていたからだ。例えば，南部の農村地帯に住む農民にとって，北部のニューヨークの出来事は「別世界」のことで，その情報が時間をかけて伝わってきたとしても，そこに同一性を感じることはなかった。南部の農民であっても，それを即座に「アメリカ合衆国のニュース」，すなわち(アメリカ人である)自分にかかわる情報として理解する現在の状況とは異なっていたのである。

　ところが，南北戦争後の合衆国における社会的変化は，この人々の日常的な世界を飛躍的に拡大させた。国家政府の権限の拡大，鉄道などの交通網の発達，メディアと通信手段の全国的な拡大，金融や通貨の国内的な統一など，人々の生活は，「アメリカ合衆国」という国家領域内を広く覆うかたちで展開されるようになった。その結果，アメリカ合衆国

社会に住む人々の間には、ある共通の意識と感覚が芽生えていった。それが、「私はアメリカ合衆国の国民だ」という、国家に対する帰属意識と自己認識である。この国民意識の芽生えこそが、アメリカ合衆国をひとつの国家として統合するときの必須条件であった。

　国民意識が浸透していくプロセスを、もう少し具体的に見てみよう。例えば、もっとも大規模に実践されて大きな効果を発揮したのが、19世紀末からの公教育制度である。公教育制度とは、通常、税金を利用して社会の成員すべてに教育を義務として与える制度である。公教育制度は、北部においては19世紀前半から広がりを見せていたが、南部奴隷制社会においては、教育は一部の特権的な人々に許されるものという考えが強く、その発達は遅れていた。しかし、南北戦争後は南部においても公教育の概念が浸透していき、就学年数や授業時間数は短く、就学率も決して高いとはいえなかったものの、各州で公立学校が設立された。そこでは、英語の読み書き、基本的な計算などに加えて、「アメリカ合衆国の歴史」といった科目が教えられ、大きな意味で平準化された「アメリカ人に必要な知識」を子どもたちに教えていった。

　「国家の歴史」を考えることは、「アメリカ人である」という意識の根幹をなすものとして、学校教育以外のさまざまな分野で重視されるようになった。例えば、19世紀末になると、「アメリカ革命の娘たち（Daughters of the American Revolution）」のように、アメリカ独立革命に関与した人々の子孫である女性を会員資格とする愛国的な組織が結成され、アメリカ合衆国にかかわる史跡の建立と保存や、愛国的教育の実践などに取り組み、合衆国政府の援助も得て、全国に大きな影響力を及ぼした。同様の組織としては、「アメリカ連合国の娘たち」がある。この組織は名前のとおり、南北戦争で南部の側に関与した人々の子孫である女性からなる。重要な点は、この組織の目的が南部連合国という独立国

家の復活を主張したのではなく，あくまでアメリカ合衆国の歴史のなかで起きた「州の間の戦争（the War Between the States）」の一方に参加した人々の功績を讃え，ひいては，南部を含むアメリカ合衆国全体の愛国主義を促進することにあったという事実である。つまり，「失われた大義」や「南部への郷愁」という地方への愛着と帰属意識も，19世紀末頃からは，アメリカ合衆国という枠組みのなかに回収されていく仕組みができつつあったのだ。

3）国家シンボルの果たす役割

　国民意識を創り出していくときに，もうひとつ重要な役割を果たすのが国家のシンボルである。国によってさまざまであるが，そのシンボルには実在の人物，建造物，過去の歴史的出来事などが用いられる。なかでも，ほぼすべての国家がシンボルとして重視するのが，国旗と国歌であろう。アメリカ合衆国もその例に漏れず国旗と国歌を有しており，公私を問わず，あらゆる行事で国旗が掲揚され，国歌が斉唱されている。

◀コロンブス・デーの「忠誠の誓い」

国旗という共通のシンボルに向かい、国歌という歌を共に唱和することが、「(アメリカ合衆国の)国民である」という一体感を、人々の心に植えつけていくのである。

　アメリカ合衆国の国歌のタイトルは、その名も『星条旗(The Star-Spangled Banner)』で、「星条旗」とは現在の国旗のことである。1812年、アメリカ合衆国は、植民地時代の宗主国だったイギリスと戦争状態に突入した。戦いの続くなかで1814年、メリーランド州ボルティモアにあるマクヘンリー砦に対して、イギリス海軍の艦隊が海上から激しい砲撃を加えた。このとき、捕虜交換の交渉を目的として、砲撃を加える敵側のイギリス軍艦に乗船していたのが、フランシス・スコット・キーという、地元生まれの法律家だった。キーは、砲撃に耐えるマクヘンリー砦を目撃して感動し、弾が飛び交うなかで砦にひるがえる合衆国軍の「星条旗」を詩に読んだ。その後、キーの詩にはイギリスの歌のメロディーがつけられ、19世紀を通して少しずつ、公的な場で歌われるようになっていった。この歌が正式に国歌として認められたのは、1931年の合衆国議会の決議によってである。

◀マクヘンリー砦を砲撃するイギリス艦隊

『星条旗』で歌われた旗は，独立革命期にさかのぼって，アメリカ植民地軍が用いた軍旗を起源に持つ。その後，デザインも変わっていったが，南北戦争の頃には戦場だけでなく，通常の生活においても星条旗を用いる機会が増え，アメリカ合衆国のシンボルをとしての地位を確立していった。1876年には「アメリカ建国100周年」の記念式典が，また1892年には「コロンブス400周年」の祝祭が全国的な規模で開催されたが，こうした公的な記念の場では国旗それ自体が崇拝の対象として用いられ，国家シンボルとして認識されるようになった。後者の行事は，全米の学校で実施されただけでなく，「忠誠の誓い」というアメリカ合衆国の国旗に忠誠を誓う文言を暗唱する儀礼を最初に行った意味でも重要である。この「忠誠の誓い」の儀礼は，現在のアメリカ合衆国の教育現場でも広く実践されている。そのほかにも，アメリカ合衆国のシンボルとして，19世紀末から20世紀初め頃に広まったものとしては，ニューヨーク港に建造された「自由の女神像」（1886年）や，「アンクル・サム」という架空の人物イメージがあげられる。こうした国家シンボルが，国民意識を創り出す際の拠り所とされたのである。

　ここで述べてきたような，国民統合のさまざまな仕組みは，決してアメリカ合衆国だけに固有のものではなく，日本を含めて世界中の国民国家において見られたものである。歴史年表の上では，アメリカ合衆国は1776年に建国されたことになっているが，それによっ

▲陸軍の徴兵募集ポスターの中のアンクル・サム

てただちにすべての人々に「国民（＝アメリカ人）意識」が定着したわけではない。確かに，米英戦争（1812年）や，領土拡大を目的としたアメリカ・メキシコ戦争，先住インディアンの征服戦争を通じて，国民意識は浸透していったのだが，むしろ，南北戦争以前は，そのような国家に帰属する意識よりも，「南部」，州，町，村といったローカルな帰属意識を人々は抱いていた。それが戦争後のさまざまな意味での国家統合の制度的促進によって，19世紀末から徐々にではあるが，「アメリカ人」としての国民意識が浸透していった。こうした国民意識は，19世紀末にアメリカ合衆国が海外膨張を本格的に開始するきっかけとなった米西戦争を通じても高まっていき，国家統合の基盤となったのである。

■参考文献
＊本田創造『新版・アメリカ黒人の歴史』岩波新書，1991
＊中條献『歴史のなかの人種』北樹出版，2004
＊S・M・グインター著，和田光弘他訳『星条旗—1777-1924』名古屋大学出版会，1997
＊ジョン・ボドナー著，野村達朗他訳『鎮魂と祝祭のアメリカ—歴史の記憶と愛国主義』青木書店，1997
＊樋口映美・中條献編『歴史のなかの「アメリカ」—国民化をめぐる語りと創造』彩流社，2006

8

帝国の縁：ハワイとアメリカ史における「周縁」

矢口祐人

〈**本章の学習のポイント**〉 毎年日本から150万近くの人が訪れるハワイは，日本人にもなじみ深い人気の観光地である。ここは日本から一番近いアメリカ合衆国の州でもある。

ハワイが州となったのは1959年，アメリカ合衆国にある50の州の中で，一番しんがりである。それ以前は長い間，今日のグアムやプエルトリコと同様にハワイはアメリカ領（Territory of Hawaii）であった。さらにその前のハワイは独立国家であった。

では，ハワイはどのような経緯でアメリカの一部になったのだろうか。本章ではハワイとアメリカ合衆国の関係史に焦点をあて，ハワイがアメリカ領となった経緯を考えたい。そうすることで，19世紀後半のアメリカ社会と外交についての知識を深めよう。

〈キーワード〉 太平洋，先住民，ハワイ，帝国主義

1. ハワイ王国

ハワイでは長い間，ポリネシア系の先住民が，複雑な階級制度に基づく生活を営んでいた。彼らは今日「ネイティブ・ハワイアン」と呼ばれる人々の先祖である。イギリス人のジェームズ・クック船長が1778年にハワイ諸島を「発見」したのちには，欧米との交易が盛んになり，旧来の社会が大きく変容していった。その過程で力をつけたカメハメハⅠ世は1810年，ハワイ諸島を統一し，ハワイ王朝を築いた。

ちょうどその頃，太平洋では欧米の船による捕鯨が盛んに行われるようになっていた。太平洋のほぼ中央にあるハワイは，捕鯨船の食料や燃料の補給基地として好都合であった。アメリカ大陸やヨーロッパ各地から次々と船が来航し，1840年代には毎年300隻にもなったという。なかには船乗り相手の商売を始めるために船を降り，ハワイに定住する白人も現れた。

またハワイでは1830年代以降，サトウキビの栽培が始まった。1846年の米墨戦争を契機にカリフォルニアがアメリカに併合され，1849年にゴールド・ラッシュが起こると，北米西海岸での人口が急増し，ハワイのサトウキビの需要も高まった。さらに南北戦争が勃発し，南部の砂糖が北部へ供給されなくなると，ハワイのサトウキビ生産量は急増した。1860年には572トンだった生産量が1865年には7659トンにもなった。こうしてハワイでは「砂糖こそが王（sugar is king）」といわれるほど，サトウキビが重要な産業となった。

サトウキビ農場の経営にかかわる者の大半はハワイ在住の白人で，金融や輸送などの関連産業なども抑え，ハワイの富を独占するようになった。大抵はハワイへ宣教師や商人として移住したアメリカ人かその子どもたちで，多くはハワイ王国の国民でありながらも，アメリカ合衆国に強い親近感を抱いていた。ハワイ語もできたが，英語の方が堪能で，アメリカで教育を受けた者も少なくなかった。なかには南北戦争で北軍兵士として戦った者もいた。

ハワイ在住の白人住人たちは，ハワイ王国の政治にも積極的に参加するようになった。1840年にはカメハメハⅢ世に憲法発布を認めさせ，ハワイを立憲君主国家とすることで，王の権力を制限しようとした。また1848年には土地の私有を認めさせた。それまでのハワイはすべてが王の土地であり，個人が土地を所有するということはなかった。この新制度

の結果，一部の富裕白人層がハワイ各地で広大な土地を私有するようになった。そしてそのサトウキビ農場で働かせるために，中国，ポルトガル，日本などから労働者を連れて来た。とりわけ日本からハワイへの渡行者は1880年代半ば以降に急増し，1900年頃になるとサトウキビ労働者の約70%が日本人移民になった。

　南北戦争が終わり，南部の再建が進むと，南部のサトウキビがハワイを脅かすようになった。南部出身の議員たちは連邦議会でハワイのサトウキビに関税をかけるべきだと主張するようになった。これを危惧したハワイの経済界は，アメリカ合衆国との互恵条約を推進した。つまり，合衆国側がハワイから送られるサトウキビや米などの農産物に関税をかけない代わりに，ハワイではアメリカ産の農業機械や食料品の関税を免除するという取り決めである。互恵条約はときのカラカウア王の尽力で，1875年に批准（発効は翌年）された。この結果，ハワイのサトウキビ産業はさらに成長を続け，20世紀初頭には年間生産量が20万トンを超えるまでになった。

　アメリカ合衆国との互恵条約はハワイの白人農場経営者に莫大な富をもたらす一方で，ハワイ経済を完全にアメリカに依存させるようにもなった。1875年の条約締結の際，アメリカ合衆国は，ハワイ王国が同様の条約を他と締結してはならないという項目を盛り込んだ。ハワイはアメリカとのみ貿易する，事実上の経済植民地になってしまった。ハワイはアメリカ合衆国なしでは生きられない国となったのである。

　1887年に互恵条約は延長されることになったが，今度は合衆国政府はハワイのオアフ島にある真珠湾を独占的に船の燃料基地として使用することを要求してきた。太平洋のほぼ中央にあるハワイは，アメリカ合衆国にとって戦略的に非常に魅力的な場所に位置していた。19世紀半ばにカリフォルニアを併合し，大陸国家となったアメリカ合衆国は，さらに

太平洋の西方にあるアジア市場に少なからぬ関心を抱いていた。とりわけ中国市場へのアクセスを確保することを重視していた。ハワイにアメリカ合衆国の船舶だけが使用できる中継基地を持つことは，太平洋地域における覇権確立のためにはきわめて大切なことだった。こうして，アメリカ合衆国はハワイ王国の港を自由かつ独占的に使用する権利を得たのであった。

このように19世紀後半のハワイ王国は，政治的には近代的な立憲君主制度をとり，国際的にも認知された独立国家でありながらも，経済的にはアメリカ合衆国にほぼ完全に依存していた。ハワイの戦略的重要性に気づいていたアメリカ政府は，この経済構造を利用しながら，ハワイをいっそう従属させていった。当時，太平洋ではニュージーランドがイギリスの植民地となり，タヒチがフランスの植民地となったように，ヨーロッパの列強が利権を確保しようと躍起になっていた。アメリカ合衆国はハワイを自国の領土とまではしないまでも，真珠湾の独占的な使用を認めさせるほど強い立場を築いていた。

一方，ハワイ王国内に住むアメリカ出身者とその子孫を中心とする白人富裕者層は，ハワイのアメリカ化をより推進し，アメリカ合衆国への併合を望むようになった。彼らはハワイの王制が「非民主的」で「野蛮」であると非難し，ハワイは「民主的」な「文明国家」アメリカの一部となるべきだと主張するようになった。

2．ハワイ王朝の崩壊

1891年，ハワイ王朝初の女王が誕生した。第7代王カラカウアの死去に際し，妹のリディア・リリウオカラーニが王位に就いたのであった。

リリウオカラーニはハワイの貴族としてハワイアンの伝統の大切さを学びながらも，幼い頃から西洋式の教育を受け，欧米の文化にも精通し

▶リリウオカラーニ

た教養豊かな女性だった。とりわけ音楽の才能に秀でており，彼女が作曲した「アロハ・オエ」は名曲として今日の日本でも広く知られている。

　王位に就いたリリウオカラーニは白人富裕層の干渉のために弱体化していた王権を強化することを至上命題と考えていた。兄のカラカウア王はハワイの伝統を重んじ，ハワイアンの文化と誇りを復活させるべく尽力した人物として知られるが，同時に彼の在任中，王権は著しく脆弱なものとなってしまった。先にも述べたように，彼は互恵条約を継続するためにアメリカによる真珠湾の独占的使用を認めたのみならず，1887年には白人富裕者層を中心とするグループに強制され，新憲法の発布を余儀なくされた。白人が力づくで発布させたことから，「銃剣憲法」とも呼ばれるこの憲法の下，ハワイ国王の権力は大きく制限され，王はほとんど象徴的な存在になっていた。

　白人住人たちの利権に翻弄されたカラカウアの失敗を繰り返してはならないと決心したリリウオカラーニは，王権を再強化するための新憲法の準備を開始した。そして1893年1月にこの憲法を発布しようとした。これに対して，白人住人のグループは「安全委員会」を結成し，王政を倒し，アメリカとの併合を目指すようになった。

　この頃，「いざというときにアメリカ人を保護する」という名目でハワイの沖にはすでにアメリカ海軍の船が停泊していた。安全委員会のメンバーはハワイ王国のアメリカ大使ジョン・スティーヴンズに連絡を取

り，王政打倒と併合希望の意図を伝え，軍事的な協力を仰いだ。元来，アメリカ合衆国はハワイを併合すべきだと考えていたスティーヴンズは，1893年1月16日に本国政府の許可を得ないままアメリカ海軍に対してハワイ上陸を指示した。162名の兵がアメリカ合衆国の利権保護の目的で上陸したが，それが王朝に対する反旗であることは明らかであった。

◀米海軍の上陸

ハワイの王朝政府は必死の抗議をしたが，スティーヴンズが軍隊を撤退させることはなかった。王朝政府がハワイ在住の各国の大使を呼び，安全委員会が主導するクーデターに反対するよう呼びかけても，スティーヴンズだけは病を理由に出席を拒んだ。

　このような状況のなか，安全委員会の，サンフォード・ドール代表は1月17日に新政府の樹立を宣言した。リリウオカラーニ女王はなすすべを持たなかった。まともな軍隊を持たないハワイ王朝が，アメリカ海軍と戦える望みはまったくなかった。抵抗はむだに思えた。彼女は抗議の声明を出しながらも，いったんは王位を退いた。一連の不正義をアメリカ政府に直接訴えれば，いつの日か王朝は回復できるだろうと考えてい

たのであった。こうしてハワイ王朝は83年にわたる歴史に幕を閉じることになった。

　安全委員会のメンバーにとって，新政府は「ハワイがアメリカ合衆国に併合されるまで」の暫定的なものになるはずであった。さっそく代表がワシントンへ行き，合衆国との併合の交渉を始めた。

　ところが交渉は思わぬ困難に直面してしまう。1892年の選挙で現職大統領ベンジャミン・ハリソンがグローバー・クリーヴランドに敗北したため，新政府の代表が到着した頃はちょうど政権の交代期にあたっていた。共和党のハリソンは併合に好意的だったが，民主党のクリーヴランドは懐疑的であった。ハリソンは退任前に併合案を連邦議会に提出したものの，決議までにはいかず，クリーヴランド新大統領の下で撤回された。代わりにクリーヴランドはジェームズ・ブラウント下院議員をハワイに派遣し，王朝の崩壊と新政府樹立の経緯を改めて調査させた。

　下院の外交委員長を務めたこともあるブラウントは，クリーヴランドと同様に性急な併合にはきわめて懐疑的であった。ハワイでの聞き取り調査の結果，安全委員会の行為が違法であるのみならず，スティーヴンズ大使が連邦政府の指示を一切受けずに勝手に行動をしていたことが判明した。

　ブラウントは非常に批判的な報告書を政府に提出した。それを読んだウォルター・グレシャム国務長官はスティーヴンズがハワイ王朝の転覆に直接手を貸したと判断し，クリーヴランド大統領にハワイ併合は避け，むしろ王位回復に協力すべきだと進言した。

　こうしてハワイの暫定政府がもくろんでいた併合計画は暗礁に乗り上げてしまった。安全委員会のメンバーは当面の併合はあきらめるとともに，王制の復活を防ぐために，1894年7月4日のアメリカ独立記念日に合わせて，ハワイ共和国の樹立を宣言した。大統領の選出すら一般選挙

では行わない,「共和国」とは名ばかりの非民主的国家であった。

クリーヴランド大統領は,スティーヴンズ大使を更迭し,新たにアルバート・ウィリスを送り込み共和国政府にハワイ王朝を復活させるよう交渉させた。しかし共和国初代大統領に就いたサンフォード・ドールは,王制を回復しようとするアメリカの行為は内政干渉であると一切の譲歩を拒否した。結局,クリーヴランド政権はハワイ王朝の崩壊がアメリカ合衆国の不正義によってなされたことを認めながらも,具体的な方策はほとんど何も取らなかった。

3. ハワイ共和国の併合

ハワイ共和国が成立したあとも,共和国の代表は首都ワシントンに残り,併合を推進すべく水面下での工作を続けていた。ハワイの併合はアメリカ合衆国にとって大きな益をもたらすと連邦議会の議員らに熱心に説いていた。

彼らに賛同するアメリカ人は少なくなかった。なかでもアメリカ海軍のアルフレッド・セイヤー・マハン提督は,合衆国の軍事力強化のためにはハワイ併合は不可欠だと考えていた。マハンは国家の安全保障には海上での覇権が重要だと唱え,海軍の増強を唱えた軍事家だった。海軍を強くするためには,戦略的な場所に基地が必要であり,ハワイはそのための理想的な場所にあった。強いアメリカ合衆国を作るためには,ハワイを併合しなければならないとマハンは主張した。彼の思想は当時,非常に大きな影響力があり,ヘンリー・カボット・ロッジ上院議員やのちの大統領セオドア・ローズヴェルトなどの大物政治家が賛同者となった。

一方,ハワイの併合に強く反対したのは「反帝国主義者」と呼ばれる人々であった。かれらは北米大陸と「地続き(contiguous)」ではない土地をアメリカの一部とすることには懐疑的だった。その最大の理由は,

人種問題であった。ハワイにはネイティブ・ハワイアンやアジア系など，白人以外の人が多く住んでいた。非白人が人口の大多数を占める土地がアメリカ合衆国の領土となることを嫌ったのである。かれらにとって，アメリカの民主主義はアングロサクソン系の血を引く白人のためのものであり，太平洋諸島の先住民やアジアからの移民に付与されるべきものではなかった。

　このようにアメリカ合衆国におけるハワイの併合をめぐる議論は，あくまでも「アメリカにとって何がよいか」という論理を中心に進められた。そのようななか，リリウオカラーニ女王は1896年から97年にかけて自らボストン，ニューヨーク，ワシントンに赴き，「ハワイアンにとって何がよいか」をアメリカ人に説いた。ハワイはネイティブ・ハワイアンの土地であり，王国は一部のアメリカ人の不正義によって崩壊したことを主張した。一方，ハワイに住むネイティブ・ハワイアンは王国復活に向けて署名運動を展開し，3万8000近くもの署名を集めてアメリカ合衆国政府に協力を求めた。当時のネイティブ・ハワイアンの人口は4万人ほどだから，どれほど多くが王制の復活を求めていたかが分かるだろう。

　しかしハワイの王朝派の声はついにアメリカ政府を動かすことはなかった。逆に1897年にマハンらの主張に理解を示す共和党のウィリアム・マッキンレーが大統領に就任すると，併合が再び現実味を帯びてきた。ハワイ共和国の首脳はアメリカ連邦政府と連絡を取り合い，併合を活発に画策するようになった。

　1898年に入ると，併合派にとって実に理想的な「事件」が起きた。アメリカとスペインの戦争（米西戦争）が始まったのである。

　米西戦争はもともとキューバの独立をめぐる問題から始まった。アメリカとスペインの戦いではあるが，当事国では一切戦闘は起きなかった。実際の戦いの場はキューバやフィリピンなどのスペイン植民地で，どれ

もアメリカ側が圧勝した。1898年4月の開戦から停戦までわずか4ケ月足らず、平和条約締結まで8ケ月ほどのこの戦争を、当時のジョン・ヘイ国務長官は「素晴らしい小さな戦争」と呼んだ。

この「小さな戦争」はその後のアメリカ外交に大きな影響をもたらした。戦争の結果、アメリカはキューバをスペインから独立させ、アメリカの強い影響下においたのみならず、それまで長い間スペイン領であったフィリピン、プエルトリコ、グアムを獲得したのである。こうして、それまで海外植民地を持たなかったアメリカ合衆国が、初めて大きな領土をアメリカ大陸の外に所有することになった。アメリカ合衆国はイギリスやフランスなどの西欧列強と同様の「帝国」の仲間入りをしたのである。

米西戦争でアメリカ合衆国が海外領土を得ると、「反帝国主義者」の勢力は弱まった。海外領土を手に入れたあとには、アメリカ合衆国が帝国であるべきかという議論よりも、合計すると1千万人近くもの有色人種を抱えるこれらの海外植民地を今後いかに維持していくか、どのような植民政策をとるべきかが論争の焦点となっていった。併せてアメリカ合衆国が世界のなかでいかに積極的に利権を確保していくかが盛んに論じられるようになった。例えば、米西戦争の翌年には、ヨーロッパ諸国や日本が中国を植民地化しようとしていることに対抗するため、ヘイ国務長官は世界に対して「門戸開放宣言」を出し、中国の市場をアメリカにも開放するように迫った。

こうしたなか、ハワイ併合への抵抗感も弱まった。むしろ、フィリピンやグアムへの中継基地として、アメリカにとってのハワイの重要性がそれまで以上に認められ、併合が積極的に推進されるようになった。スペインに対する勝利の報にアメリカが湧くなか、併合案は上下院で通過し、1898年7月のマッキンレー大統領の署名により、ハワイ共和国はア

メリカ合衆国に併合された。こうしてハワイ王朝の復活の可能性は完全になくなった。

◀ 併合の日

4．まとめ

　ハワイの王朝が崩壊した1893年，アメリカ合衆国では2つの重要な出来事があった。

　ひとつは，コロンブス来航400年を記念したシカゴ万国博覧会の開催である。国内外から2800万人もの入場者を集めたこの巨大な万博は，アメリカ合衆国が世界に対してその生産力を誇示した一大イベントであり，万博史上最大規模のものとなった。会場には電灯や電話，巨大な観覧車など，アメリカ最先端の技術が結集されていた。

　今日，19世紀の万博は欧米諸国の「強さ」を顕示する一方で，非西洋諸国の「野蛮さ」や「遅れ」を展示することで，欧米列強の帝国主義を正当化したと解釈されている。シカゴで展示されたアメリカは「強い国」，「最先端の国」であった。そのような巨大な国が，ハワイのような弱小国家を飲み込むのは必然であると見なされた。「適者生存」を自明

の理とする社会ダーウィニズム思想がはやるなかで，アメリカがハワイを併合するのは自然の流れだとも解釈された。

　もうひとつは，この万国博覧会会場で開かれた会議において，歴史家フレデリック・ジャクソン・ターナーが「フロンティア理論」を発表したことである。ターナーはアメリカの社会と文化の本質は「未開の地」である「フロンティア」を征服することによって生み出されてきたと主張した。独立独歩での生活を強いられるフロンティアの存在こそが，アメリカ人の自立心や民主主義を育み，アメリカをヨーロッパと異なる国としてきたと主張したのである。この解釈は，アメリカにおけるフロンティアの重要性を理論的に定義することで，その後のアメリカ文化論に非常に重要な影響を与えることとなった。

　同時にターナーはアメリカのフロンティアが統計の上では1890年に消滅してしまったことも指摘した。そして彼はこの消滅が，「明白なる運命」のもとに西進運動を続け，「未開の地」を征服することこそアメリカの使命であると考えていたアメリカ人とその社会に重大な影響を及ぼすだろうと示唆した。新たな土地がなくなった今，アメリカ社会はどうなるのか。

　地続きの土地がなくなってしまったあとには，海外領土の獲得がひとつの手段ではないかとも考えられた。「反帝国主義」を唱える孤立主義的思考もなくなったわけではなかったが，アメリカは海外植民地を新たなフロンティアとすべきではないかという意識も高まってきた。フィリピン，グアム，プエルトリコという新たな領土に加え，ハワイをアメリカ領にすることは，アメリカ社会の今後の成長に絶対不可欠であるとさえ思われるようになったのである。このように，ハワイの併合をめぐる19世紀末の議論は当時のアメリカの社会事情と密接に関連していた。

　また，そこには20世紀のアメリカ合衆国の外交政策に通じる要素も見

られた。当時のアメリカ政府のハワイ政策には，自国の利益のためには他国の主権すら顧みない徹底した利己主義があった。経済的にも軍事的にもアメリカ社会の利益となるのならば，ハワイを併合して当然であるという主張がなされた。しかもそのような利己的な行為を「ハワイのため」といい切る偽善があった。アメリカ合衆国の利益追求が，いつの間にか，「後発国の人のため」というレトリックにすり替えられるのである。

しかしその一方では，アメリカの基盤である正義と自由が他国にも適用されるべきだという信念があった。クリーヴランド大統領がハワイの併合を拒否したのは，単に前任者のハリソン大統領の政策を拒否したかったからではないし，非白人の多い領土をアメリカの一部としたくないという理由からだけでもなかった。クリーヴランドやジェームズ・ブラウントはハワイでアメリカ政府を代表する大使が「不正義」を働いたことに深い憤りを覚えていた。アメリカの建国の理念にふさわしくない行為を決して許してはならないという信念から，併合を拒否したのである。

このようにハワイをめぐる一連の外交政策にはアメリカ政府の理想主義と利己主義が見られた。「正義」や「自由」の守護者を自認しながらも，自国の権益を守るためには徹底的に世界各地の政治に介入していく20世紀のアメリカ社会の姿が，そこにすでに見られるのであった。

■参考文献
* 後藤明『南島の神話』中公文庫，2002
* ハウナニ＝ケイ　トラスク（松原好次訳）『大地にしがみつけ――ハワイ先住民女性の訴え』春風社，2002
* 矢口祐人『ハワイの歴史と文化』中公新書，2002

9 産業社会の到来

小檜山ルイ

〈**本章の学習のポイント**〉 南北戦争後のアメリカでは，急激に資本主義的商工業が発達し，新移民が押し寄せ，民族・人種，文化的多様性に拍車をかけた。新たに出現した都市的アメリカと伝統的な農村的アメリカの相克，その間に立って，新しい社会秩序を構築しようとした革新主義の試みを紹介する。
〈**キーワード**〉 資本主義，新移民，ポピュリズム，革新主義

1．都市と農村

　南北戦争後のアメリカ合衆国では，資本主義的商工業が急激に発展した。例えば，1890年には，銑鉄と粗鋼の生産量がイギリスを抜いて世界一になった。この経済成長を可能にした要因はいくつもある。広大な国土は，土地，木材といった伝統的な資源だけでなく，石炭，石油といった新しい資源を供給できた。しかも，この空間に人が満ちることで巨大な市場が形成された。そもそも，大陸を人とモノが容易に行き来できるように，鉄道の敷設が盛んに行われ，その工事自体が，鉄鋼をはじめとする資材や労働力の需要を生んだ。数々の発明もあった。エア・ブレーキや路面電車，電球やタイプライター，電話や蓄音機等々は，新しい産業を生み，製造工程を塗り替え，生活を一新した。発明王エジソン（1847-1931）は，時代の象徴であった。資本主義的商工業に対する政策的な支援もあった。南北戦争での北部の勝利で，産業革命が進行中の

北部の利益が連邦の政策の中心にすえられた。高関税による国内産業の保護,金本位制の採択によるドルの国際収支決算機能の向上などである。

産業のばく進によって,アメリカ合衆国の社会構造は大きく変化した。植民地時代以来,アメリカは基本的に農村的な社会であった。西部では,常に農業を中心とする開拓地の生活が再生産された。だが,1849年にカリフォルニアで金鉱が発見され,1862年にはホームステッド法[1]が施行されるなかで,投機的な欲望が燃え上がり,西部への移住は加速度的に進行,1890年のセンサスで,ついにフロンティア・ライン[2]の消滅が宣言された。一方で,商工業は,人とモノの集約点としての都市を発達さ

図9-1　アメリカの都市化

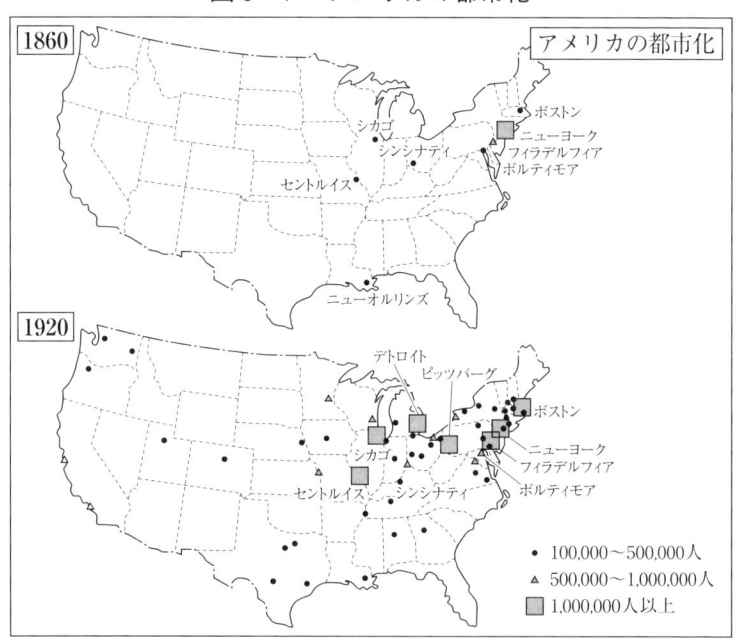

(雄山閣出版株式会社「地図でよむアメリカ」p.111「アメリカの都市化」をもとに作成)

せ，1920年には合衆国の都市人口は，農村のそれを上回るようになる。都市には，モノがあふれ，多くの機会，変化と躍動が人々に手招きしていた。その時代を，マーク・トウェインは「金ぴか時代」と呼んだ。

「金ぴか時代」の申し子は，産業の大成功者たち，例えば，鉄鋼王のアンドリュー・カーネギーや石油王のジョン・D・ロックフェラー，鉄道王のコーネリアス・ヴァンダービルトなどであった。その多くは，才覚によって各産業部門の独占体制を作り，一代で巨万の富を築いた男たちで，皮肉と批判をこめて，「泥棒貴族」とも呼ばれた。ニューヨーク市の5番街の50丁目あたりより北の「百万長者街」には，かれらの贅をつくした邸宅が並んだ。そこで開かれた豪奢なパーティーは，社会学者ソースティン・ヴェブレンが「見せびらかしの消費」と名づけたものの典型であり，カルヴィニスト的な勤労の倫理を基盤として発展したはずのアメリカ資本主義経済が，新しい段階に突入したことを示していた。

都市の住人の一方の端には，農村から移り住んだ労働者，また，とりわけ問題となった新移民がいた。新移民とは，1880年代以降に，合衆国の産業労働力需要に呼応して，東欧や南欧から大挙して移住してきた人々を指す。かれらの多くは，スラヴ系，ラテン系やユダヤ系で，カトリックやユダヤ教を信奉し，英語以外の言語を母語とし，従来のアメリカ合衆国の主要民族・宗教集団，アングロ・サクソン系プロテスタントからすれば，異質の諸集団であった。新移民は，入国地点に近く，労働力をすぐに売れる都市に住みついた。ニューヨーク市では，港に近い南側に，移民の街が出現した。移民は民族ごとに集まり，テネメントという賃貸安アパートにすし詰め状態で住んだ。多くは近所の工場の労働者として，劣悪な労働環境の中で，低賃金で長時間働いた。移民社会の必要を背景に，都市ではマシーンと呼ばれる民主党の機関が市政を牛耳った。到着したばかりの移民の就職や住居の世話をし，恩を売ることで，

市民権獲得の暁には、票を得るというからくりで、これをボス政治という。

新移民は、故国で極貧だったわけではない。新天地においても、次世代に社会的上昇を託すことができる程度の生活は確保した。しかし、文化とライフスタイルがかけ離れ、言葉の壁もあったことから、それまで見たこともないような「貧困」を合衆国にもたらしたと一般的に解釈された。また、個人的恩義に対して票で返すというボス政治への同調は、公徳心を基盤に公共善のために票を投じるという、アメリカ共和主義の理想を傷つける大問題とされた。

労働者一般は、自らの生活や権利の向上のために団結し、運動を行った。1860年代末には労働騎士団、1880年代半ばには、熟練労働者の間でアメリカ労働総同盟が組織された。1900年には、産業別組合のひとつで、ユダヤ系の女性労働者が率いた国際婦人服飾労働者組合（ILGWU）も旗揚げしている。サミュエル・ゴンパースやユージーン・デブスのよう

◀一八九四年七月十日に連邦の騎兵隊に護衛され、シカゴの家畜おき場を出る列車

な指導者も生まれ，19世紀から20世紀への転換期は，激しい労働争議の時代でもあった。1886年，シカゴで起こったヘイマーケット暴動，1894年に同じくシカゴで起こったプルマン・ストライキ等が有名である。アメリカでは，労働者の民族的多様性やその相対的な経済的安定から，労働運動や社会主義，共産主義は全般的にふるわなかったといわれるが，連邦軍がプルマン・ストライキを暴力的に抑圧したように，政府が資本家の側を擁護したこともその一因であろう。

都市が資本主義の光と影を縮図にして見せる，時代の中心舞台となったのに対し，農村は時代に取り残されつつあった。少なくともイマジネーションの上で，かつて，農村は，「独立自営農民」，つまり，独立独歩の男という，アメリカ共和国の中核となるべき人間像と深く結びついた場所だった。しかし，この時代，農村は国民的物語における主役の座を失った。そればかりか，実質的に，農家はもはや「独立自営」ではなく，市場動向や農産物を売る過程に不可欠の鉄道等の巨大企業に翻弄される存在となった。保護関税で守られる工業製品に比べ，農産物の価格は相場の変動をまともに受け，価格低落が起こると，即，農家の経済は逼迫した。

農民はグレンジという共済組合や農民連合を各地で結成し，鉄道運賃，穀物倉庫の価格規制，銀の鋳造等を政府に要求した。銀の鋳造によるインフレは，農民が恒常的に抱える借金を目減りさせるはずであった。1892年には，このような西部や南部の農民の利害を背景に，第三党として人民党が結成され，1892年と1896年の大統領選挙で，旋風を巻き起こした。96年に人民党が支持し，民主党から立候補したウィリアム・ジェニングス・ブライアンは，農民の権益，ポピュリストの感性を代表して行った演説「金の十字架」で，都市の権益を代表する金本位制を批判，都市がなくなっても，農村が残れば，都市はまた「魔法のように」再生

するが，農村がなくなれば，都市の通りには雑草が生えると主張，さらに，アメリカがイギリスや他国に追従して金本位制を採択するのは，独立革命の伝統に恥じる，と訴えた。

結果は，金本位制を主張した共和党のマッキンリーの勝利に終わったが，ポピュリスト的反モダニズムは，爛熟するアメリカ近代社会の底流にくすぶり続け，移民への反感，移民制限への衝動，ネイティヴィズムの温床ともなった。

2．革新主義の挑戦

「金ぴか時代」の生んだ富と「貧困」の間にいたのは，19世紀前半から幅広く育ち，ヴィクトリアニズムの担い手となっていた中間層であった。一般的に，この階層は，工業化の経済的恩恵にある程度浴した。地方の自営業者から大企業に雇用されるホワイト・カラーやプロフェッショナル（新中間層）へと，その主たる構成員の陣容を変化させることで，産業社会に適応した。教育水準は高く，居住スタイルは都市的であった。

にもかかわらず，彼らの価値観を育んだのは，農村的，あるいは，地方小都市的世界であった。南北戦争以前の，いまだアングロ・サクソン＝プロテスタント的同質性が一般的な，顔見知りの多い小共同体が，彼らの故郷であり，理想であった。回心を通じ，神に対して責任を負う道徳心を獲得した個人＝男＝市民＝夫＝父が，まじめに働き，相応する報酬によって自立し，市民として自覚的に共同体の政治に関与する。女＝妻＝母は，男よりさらに強固にキリスト教会と結びつき，家庭と共同体における道徳を牽引する。夫婦は愛によって結ばれ，子どもをまっとうな個人＝市民＝夫＝父，または，妻＝母に育て上げる責任を負う。役割がフェアに分担され，愛に満ちた，生産的な家庭は，清廉潔白で，弱者

に手を差し伸べ，生産的な共同体のアナロジーであった。彼らの価値観の根本には勤勉，利他性，責任といった，神に与えられた道徳律によって，個人が自らを律することで，また，社会も律することができるという信念がすえられていた。

「金ぴか時代」の都市問題に対して，アングロ・サクソン＝プロテスタントの中間層は，この信念をもって向き合おうとした。これが，革新主義と呼ばれる一連の改革運動である。革新主義者にとっての主要な問題は，独占資本，都市のマシーンを通じてのボス政治，新移民＝異質性＝貧困であり，これらの問題にからめとられ，堕落する人々に，良心と自立性を回復するというのが，そのくわだてであった。農民＝ポピュリストと一定の価値観を共有するが，革新主義者は，教育によって養われたテクノクラート的知識，技術を問題解決のために動員し，また，実際に，都市生活になじんでいたという特徴を持っていた。まず，「事実」の把握を知的に行い，対処法を，法的，制度的改革という形で提出するというパターンを踏襲することが多かった。

例えば，「事実」認定の一形態として当時一世を風靡した，マックレイキング（暴露ジャーナリズム）の代表である，アイダ・M・ターベルの『スタンダード石油会社の歴史』(1904)では，ジョン・D・ロックフェラーによ

▲王になぞらえられたジョン・D・ロックフェラー

る巨大石油トラストの形成過程が，中小の石油会社の分捕り劇として描かれ，独占資本は，一国一城の主としての中小企業家と闊達な自由競争を破壊する者として告発された。1901年大統領就任以降の，革新主義者セオドア・ローズヴェルトの「トラスト征伐」は，このような世論にこたえる形で展開した。あるいは，リンカーン・ステフェンズは，主要都市のボス政治を取材，「フィラデルフィアの正直な市民は，南部のニグロ（原文ママ）同様，投票所で何の権利も持たない」と，共和国市民の「もっとも基本的な特権」が侵されていると訴えた（『諸都市の恥』，1904年）。ロバート・M・ラフォーレットが知事時代にウィスコンシン州で導入したような，直接民主制推進のための諸制度や女性参政権等に見られる革新主義的政治制度改革は，政治により直接一般人がかかわる体制を作ることで，この問題に対応しようとしたものである。

このように，経済的，政治的局面における革新主義が強者の権力を制限するという性格を持ったのに対し，社会的局面においてのそれは，弱者に手を差し伸べる活動が中心となった。

伝統的に弱者救済に一定の役割を担ってきたキリスト教会は，特に，その中でもリベラルな牧師をリーダーとして，社会的福音と呼ばれる革新主義的運動を展開した。伝統的なカルヴィニズムの「救済」は，個人の魂を対象とするもので，つまりは，キリスト教徒になることが，究極唯一の救いであった。一方，社会的福音は，産業社会において，個人の罪だけに帰することができない，社会の罪があると認め，社会正義の実現のために教会がその是正に取り組み，政治運動も辞さない立場を提唱した。労働組合支持，児童労働反対，黒人差別と隔離政策の批判，移民対象に職業教育，言語教育，レクリエーション等を提供するプログラム・チャーチの運営等がこの中で展開され，代表的指導者に，会衆派のワシントン・グラッデン（1836－1918）やバプテストのウォルター・ラッ

シェンブッシュ（1861−1918）がいる。

　セツルメント運動は，特に女性が主導したことで知られる運動である。1910年までに約400にものぼるセツルメント・ハウスが全米各地にでき，新移民＝労働者を対象に，保育所やクリニックの開設，英語，家事等の教室の開催，リクリエーションの提供等，多様なコミュニティ・サービスを展開し，アメリカ社会への適応を助けた。セツルメントは，社会的福音運動の中でも経営されたが，特に成功し，有名なもの——ジェイン・アダムスのハル・ハウス（シカゴ）や，リリアン・ウォルドのヘンリー・ストリート・セツルメント（ニューヨーク市）など——は，宗教色を意識的に排除した。プロテスタント信仰を持ち込めば，移民に多い，カトリック教徒やユダヤ教徒を警戒させるからである。

　ジェイン・アダムス（1860−1935）が，特別な構想力と包容力を持つ女性であったことに間違いはないが，彼女の成功の最大の要因は，19世紀前半以来，女性に与えられてきた「道徳の守護者」という役割を，教育によって培われた科学的知見と方法論を使って，大都会を舞台に，効果的に果たしたことによると考えられる。

　前述したように，事業には宗教を持ち込まなかったが，アダムスは長老教会の信徒で，その博愛精神の根本には信仰があったとされる。実際，児童公園，公衆浴場，勤労女性のための寮等の開設，少年裁判所の開設，ゴミの収集管理

◀ジェイン・アダムス

といった近隣・市政レベルでの事業，児童労働，労働環境や条件の向上，義務教育，移民の権利，年金，労働災害，保険に関する法律制定についての州政府への働きかけ，連邦レベルでの幼年労働禁止法，女性参政権，連邦児童局の設立，失業保険等の設立への貢献等，ハル・ハウスの事業と業績は，移民，労働者，女性，子どもといった弱者の権利の擁護者としての利他的立場から発想されたものであった。

　だが，彼女たちが，その事業の正当性を主張するのに依拠したのは，神ではなく，科学的知見だった。アダムスの下にハル・ハウスのレジデント（ヴォランティア）として集まってきたのは，アダムス同様，大卒の第一世代の独身女性たち――当時「新しい女」と呼ばれた――であった。アボット姉妹，フローレンス・ケリー，アリス・ハミルトン，ジュリア・ラズロップ等，その多くがのちに名をなした。彼女たちは，大学教育を通じて，社会科学，医学・衛生学，法律等の分野の最新の知識と技能を運用する能力を獲得していた。ハル・ハウスは，その能力を使って，例えば，シカゴ近隣の移民／労働者居住区の詳細な社会調査を行い，生活実態を把握し，「事実」の権威に基づいて，事業プランを立てた。学問に基づく合理性と伝統的・宗教的慈善事業を結びつけることで，アダムスとハル・ハウスの女性たちは，「社会福祉」という概念や「ソーシャル・ワーカー」という職業の創成に寄与した。さらに，基本的にヴォランティアを主体とした民間事業であった慈善を，政府が担うことを期待し，社会福祉国家を準備した。連邦児童局初代局長となったジュリア・ラズロップをはじめ，ハル・ハウスの著名レジデントの何人かは，のちに連邦政府に重用されている。

　大卒女性の第一世代は，その高学歴と能力に見合う職業の機会も結婚の機会も限られていた。セツルメント運動は，その能力を引き出す場となった。アダムスが，彼女の事業――彼女自身父から受け継いだ財産の

多くを投じ,また,多くの資産を持つ女性から支援を受けた——は,「かわいそうな移民」のためというより,自分たちのためなのだと断言したのは,事実を述べたのである。同時に,この恩着せがましさのなさには,プロフェッショナリズムの感性の萌芽を見ることができる。

　包括的に見て,セツルメント運動は,最大限,移民に寄り添った事業であったと評価できる。ハル・ハウスでは,移民が固有の文化に誇りを持つことも重視していた。しかし,反移民感情が高まるアメリカ社会で,移民がやっていくために,アングロ・サクソン＝プロテスタント的価値観やライフスタイルに同化を促すプログラムにもまた力が入れられた[3]。地域によっては,セツルメント・ハウスがアメリカ化運動[4]の一端を担った。アメリカ化運動については,ネイティヴィズムや反共産主義といった,異質なものに対する攻撃と表裏をなす,同化の強制であるという評価と,革新主義的で寛容な改革であるとする評価があり,決着はついていない。

3．禁酒法と女性の参政権

　革新主義時代の終わりの1919年に,この時代の偏狭と寛容,農村的伝統と都会的革新の混在を象徴するような連邦憲法の修正が成立した。ひとつは,18条のいわゆる禁酒法であり,もうひとつは19条のいわゆる女性の参政権である。

　禁酒運動は,19世紀前半には,有志の男性が仲間同士で禁酒を誓うという形で行われていたが,南北戦争後に女性の運動という色彩を持つようになった。1873年にオハイオに始まり,全国に広がった酒場閉鎖運動を契機として,翌年設立された婦人キリスト教禁酒同盟（WCTU）は,19世紀末には正規会員数が20万人を上回り,アメリカで最大級の女性の団体となった。1879年から1898年まで,同盟の最盛期を率いたの

は、フランシス・ウィラードであった。1893年には、オハイオで酒場反対連盟が結成され、2年後にはワシントンD.C.を本部とする全国組織となった。同連盟は、牧師が主導し、教会を通じて運動を展開した。ロビー活動、宣伝活動、禁酒に賛成の候補者を支持するという単一争点の選挙戦略を行い、大小の選挙で勝利を積み上げた。最終的には第一次世界大戦による愛国主義と禁欲主義の高まりにあと押しされる形で、憲法修正18条は成立した。

　禁酒は、勤労の徳に結びつく、プロテスタント・キリスト教的な徳目であり、自己抑制の能力の外的表現であった。女性にとって、それは、勤勉に働いて稼ぎを家に入れる、誠実な夫を意味し、健全な家庭の根本を支える徳目であった。だから、フランシス・ウィラードは禁酒運動の目的を「家庭保護」という概念に拡大して語ったのである。革新主義は、農村的で道徳主義的価値観を、禁酒運動と共有しており、実際、WCTUは、革新主義的社会改革プログラムの多くを担った。したがって、禁酒法の成立を革新主義の成功ととらえることもできる。だが、他

◀ 酒場閉鎖運動

方で，禁酒運動は，カトリックや「飲んだくれの移民労働者」，第一次大戦の敵国ドイツ出身の醸造業者（アメリカの醸造業の数多くを占めた）を具体的な敵とし，ネイティヴィズムや排外主義とも結びついた。禁酒運動のつかの間の成功は，アングロ・サクソン＝プロテスタント的道徳主義が，革新と保守の連携をかろうじて可能することで導かれたが，長くは続かなかった（憲法修正第18条は1933年に廃止）。

女性の参政権の成功も同じような力学で理解することができる。1890年に，南北戦争後に分裂した参政権運動の急進派と穏健派が合併して全米婦人参政権協会（NAWSA）が成立する頃には，この，かつて急進的だった運動は，WCTUが支持し，信心深い，保守的な女性の多くも賛同する案件になっていた。晩年のエリザベス・ケイディ・スタントンが『女性の聖書』を書き，キリスト教の女性蔑視を告発して，孤立したことは，20世紀初頭には，参政権の成否が保守的な女性たちの意向にかかっていたことを表している。保守派を説得するために，女性参政権運動は，ときにネイティヴィズムの言説を利用することさえあった。教育ある白人女性が投

◀女性の仕事として描かれたさまざまな改革事業。「女性の仕事には終わりがない」と題されている。

票権を得れば，英語を満足に話せない移民の，選挙における影響力を激減させることができ，アメリカ生まれの白人の優位を維持することができる，と。

　女性の参政権は，「道徳の守護者」として女性に付与されてきた権威に対する公式の認知という意味合いを持っていた。セツルメント運動等を通じて，市政さえも家事になぞらえて語られるようになった結果，女性の意見を投票に反映すべきだという意見が説得力を持つようになったのである。運動中，女性が投票すれば，政治や行政は清浄になる，と過大な期待を込めて喧伝された。

　皮肉なことに，一部の参政権反対派の女性たちが感知していたように，女性が参政権を持つことは，「道徳の守護者」としての女性の政治力を萎えさせた。参政権を持つ女性は政治的に男性との明確な差異を持たず，参政権がないことで保証されるはずの「利害関係からの超越性」を失うことになった。第5章で詳述したように，ヴィクトリア時代に築かれた女性の政治文化は，参政権がないことを前提としていた。その政治文化の圧倒的成功は，女性に参政権を付与し，しかし，同時に，その文化自体の解体を招いたのである。

●注
1）一家の家長または21歳以上の合衆国市民，あるいは市民になろうとする者に対し，160エーカー（約65ヘクタール）の公有地の占有権を認める法律。ただし，5年間はその土地に居住し，開墾整備に従事しなければならない。農民に大きな夢を与えたが，不動産業者が法律の抜け穴を巧みに利用して，利益追求に走り，自営農民育成という目的は十分果たされなかったとされる。
2）アメリカ合衆国の国勢調査局の定義によると，1平方マイル（約2.59平

方キロメートル）あたりの人口密度が2～6人（人数は時代に応じ変動した）以下の地域をフロンティアという。そのような地域を南北に結んでいくことで引くことができる西部開発の最前線がフロンティア・ラインである。
3）例えば，セツルメントではよく，時間どおりの授乳や親子が一緒に寝ないなど，アングロ・サクソン方式の子育てが教えられたが，それが本当に最善の子育てであったかどうか，近年は，アメリカでも疑問が付されている。
4）アメリカ社会の成員となるための要件を教える運動で，教育委員会，職場，セツルメント・ハウスを含む民間の組織等が成人向けの多くの授業を行った。

■参考文献
＊エヴァンズ，サラ・M.（小檜山ルイ，竹俣初美，矢口祐人，宇野知佐子訳）『アメリカの女性の歴史』明石書店，2005
＊本間長世編『現代アメリカの出現』東京大学出版会，1988
＊木原活信『J. アダムズの社会福祉実践思想の研究』川島書店，1998
＊栗原涼子『アメリカ女性参政権運動史』武蔵野書房，1993
＊松本悠子『創られるアメリカ国民と「他者」』東京大学出版会，2007
＊岡本勝『アメリカ禁酒運動の軌跡』ミネルヴァ書房，1994
＊佐々木隆『100年前のアメリカ』京都修学社，1995

10 ジャズ・エイジ：繁栄から恐慌へ

遠藤泰生

〈**本章の学習のポイント**〉　第一次世界大戦と第二次世界大戦に挟まれた約20年間は合衆国の内政と外政の対比が際立った時代であった。空前の繁栄からやはり空前の不況へと浮き沈みした景気の変動が内政の基調となっていたのに対し，国際政治からの撤退でもたらされた平穏が外政の基調となっていたからである。1920年にはピッツバーグでラジオの一般向け放送が始まった。大量生産が始まった電気製品の代表ともいうべきそのラジオから流れるポピュラーソングの調べに耳を傾けながら，国民はこの時代を生き抜いたのである。その時代の歴史と文化を形成する上で大きな力となった第一次世界大戦での合衆国の体験を検討することから本章の話は始まる。

〈**キーワード**〉　大衆消費社会，ヘンリー・フォード，大恐慌，ニューディール

1．ウッドロウ・ウィルソンと第一次世界大戦

　第一次世界大戦（1914年7月－1918年11月）の間，合衆国の政治を牽引したのは第28代大統領ウッドロウ・ウィルソンであった。「ニューフリーダム」の標語を掲げて1913年大統領に就任した民主党のウィルソンは，大企業への政府の規制により，経済活動における個人の自由を確保することに政治の目的をおいた。「ニューフリーダム」の創生とはそういうことを意味する。もともとキリスト教長老派の信者であり，著名な

政治学者であったウィルソンは、プリンストン大学の学長を務めた知識人であり、政治に高邁な理想を追い求める性格が強かった。外交においてはその傾向がいっそうあらわになり、国民が国内で享受するのと同等の「民主主義」や「資本主義」を世界中に伝播させることを外交の指針とした。セオドア・ローズヴェルトの指導の下1905年に合衆国が事実上保護国化したドミニカや、1910年の革命以降、内戦状態に陥ったメキシコに彼が軍事介入を繰り返した理由もそこにあった。隣人であるラテンアメリカの民衆に「民主主義」や「正義」の価値を「教える」責任を合衆国は負っているとウィルソンは信じたのである。こうした道義的言葉遣いで説明される彼の外交はしばしば「宣教師外交」と呼ばれ、その功罪が現在でも研究者の間で議論されている。

　理想を追いかけてやまないウィルソンの性格がもっとも強く現れたのは第一次世界大戦への対応においてであった。1914年の大戦勃発時、合衆国は中立を維持すべきであるとウィルソンは主張して譲らなかった。しかし、ドイツによる無差別潜水艦攻撃が始まり英仏への大規模なドル借款が実施されると、合衆国が中立の立場を維持することは不可能となった。するとウィルソンは戦後世界秩序の形成に自ら積極的に加わる方向へ政策を転換し、1917年4月、参戦に踏み切ったのである。国際平和機構の設立、秘密外交の廃止、賠償他の報復をともなわない真に平等な戦後平和秩序の構築等のためには、参戦もやむなしというのがその時の判断であった。

◀ウッドロウ・ウィルソン

しかし，大戦の現実はウィルソンと合衆国民の希望を挫いた。残虐な戦闘行為が彼の理想を脅かしたことは想像に難くない。戦後の平和秩序を討議するために1919年１月に招集されたパリ講和会議においても，ウィルソンが掲げる自由主義的，資本主義的な国際新秩序の形成に各国の支持を得ることは難しかった。イギリスのロイド・ジョージやフランスのジョルジュ・クレマンソーら旧来からの指導者は，敗戦国ドイツに厳しい賠償要求を突きつけ，バルカン諸地域の戦後処理に民族自決の原理を適応することにも容易には同意しなかったのである。折しも大戦中に革命を成功させたロシアが各国の共産主義運動を刺激しつつあった。ヨーロッパの指導者たちはその動きにも神経を尖らせた。そうした現実を前にしながら，国際連盟の設立を最優先の課題としてウィルソンは最後まで奮闘した。しかし，パリでの会議の有様に幻滅を覚えた合衆国議会が，ウィルソンの帰国後，国際連盟への加入を拒否したため，彼の希望はついえたのである。

　国内政治に限っていえば事態はもう少し前向きであったといえる。例えば女性の参政権を認める憲法修正第19条が1920年に成立した。戦時中の労働力需要に女性がこたえたことがその最大の理由であった。しかし革新主義の改革の流れは第一次世界大戦を経て総じて沈静化に向かったと理解してよい。

2．正常への復帰－「アメリカのビジネスはビジネスである」

　戦後の合衆国には未曾有の経済的繁栄が到来した。まず1914年には35億ドルの海外負債を抱える債務国であった合衆国が，大戦後は130億ドルの債権を擁する世界一の債権国に変わっていた。また金融においてもロンドンに代わりニューヨークが世界の中心となった。いずれもヨーロッパにおける戦争特需で国内経済が潤ったことが原因である。

1920年の大統領選挙では「正常への復帰」を標語に掲げた共和党のウォーレン・ハーディングが勝利を収めた。大戦の現実に幻滅した国民は国内の繁栄に力を注ぐ指導者を新たな大統領に選んだのである。閣僚の中にも1910年代以来の改革の流れを引き継ぐ者は少なかった。戦時における政府の経済統制を廃止し、製造業に有利な高関税を課すなど、私企業の活動を活性化させる方向へと政府は政策の舵を切ったのである。国務長官のチャールズ・ヒューズや農務長官のヘンリー・ウォレス、商務長官のハーバート・フーヴァーなどの有能な数名を除けば、"オハイオ・ギャング"と陰口されたハーディングの閣僚には、大統領と個人的な誼（よしみ）を結ぶこと以外に誇れる能力を持つ者が少なかったという。我利我欲の追求に忙しく、検察の追求を受ける者まで出る始末であった。ワイオミング州の公有地に埋蔵される石油資源の貸与をめぐる増収賄事件は、その地名にちなみティーポット・ドーム事件と呼ばれ、この時代の政治を象徴する汚職事件となった。

　しかし任期半ばの1923年、ハーディングは旅先で心臓発作のため急逝してしまった。大統領職を継いだのはニューイングランド出身のカルヴィン・クーリッジである。クーリッジは「工場を建てることは寺院を建てることに等しく、そこで働くことはビジネスを崇めることに等しい」と述べた人物である。ハーディング同様、経済における私企業の活動を活発化させることに政治の目的をおいた。「アメリカのビジネスはビジネスである」という有名な言葉を残したのもクーリッジである。事実、彼が大統領になると、財務長官が企業及び高所得者向けの減税を実行し、労働組合に所属しない者の雇用を禁ずる「クローズド・ショップ」と呼ばれる制度を違法とする判決を裁判所が出し始めた。労働者の福祉を尊重する革新主義の遺産をそいででも大企業の活動を支援しようとする姿勢がこの時期、急速に強まったことが分かる。世論もそれを追

認した。1924年の大統領選挙では，民主党の候補ジョン・デイヴィスと革新派の候補ロバート・ラフォレットを破ってクーリッジが大統領に再選されたのである。

　続く1928年の大統領選挙も好景気の下で戦われた。クーリッジに代わって共和党の大統領候補となったのは，長年商務長官を務め，20年代の繁栄を象徴する人物となっていたハーバート・フーヴァーであった。民主党はニューヨーク生まれの移民2世であるアル・スミスを候補に立てて戦った。だが眼前の繁栄が永久に続くと国民の大多数が信じて疑わなかった時代に，共和党の政策に対し異論が出る余地は少なかった。史上初めてカトリック教徒として大統領候補に立ったスミスは，フーヴァーに大敗を喫する以外になすすべがなかったのである。

　1920年代の合衆国は確かに急激な経済成長を遂げていた。国民総生産は毎年5％以上の伸びを示し，その総額は，21年の696億ドルから29年の1031億ドルに拡大した。その間，国民の平均所得は30％以上も伸びたのである。目立ったインフレもなく，失業率の増加もなかった。「この国から貧困が消滅する日が遠からず訪れよう」と29年の大統領就任演説でフーヴァーは豪語したという。その繁栄に終わりが訪れることなど誰も予想してはいなかったのである。

3．モータリゼーションと"狂騒の20年代"

　1920年代の文化潮流を少し振り返っておこう。1920年を迎えるまでに合衆国の人口はすでに1億人を突破していた。また1920年までに国民の過半が都市とその郊外地域に居住するようになっていた。なかでも特徴的であったのは，生活慣習の異なる移民労働者との接触を嫌う白人中産階級が，過密の進む都市中心部から郊外へと居住地を移転させつつあったことであった。所得の格差による都市住民の空間的棲み分けがこの時

◀ T型フォード

代から合衆国では急速に進んだのである。"狂騒の20年代（Roaring Twenties）"と歴史家はこの時代をしばしば呼ぶ。確かにそれは大都市を中心に映画やジャズに大衆が心をときめかせた喧噪の時代であった。

ところで，この時代の都市化を促進した第一の力は自動車であった。1886年，ドイツのカール・ベンツが世界で初めてガソリン車を作った。しかし自動車を大衆の足として世界に普及させたのは合衆国のヘンリー・フォードであった。1903年に自動車会社を設立したフォードは，1910年代に移動式組み立てラインを自動車製造に導入し，工場の生産性を飛躍的に向上させた。その結果大衆車としてすでに人気を集めていたT型フォードの1台あたりの価格は，1920年の845ドルから1928年の300ドル足らずに下落したのである。自動車の普及率は著しく上昇し，1920年には国民11人に1台であったものが30年には5人に1台になった。車を用いた生活の普及，すなわちモータリゼーションは，街道沿いのガソリンスタンドやモーテル，飲食産業の隆盛を引き起こし，都市の景観をも変える勢いを見せたのである。

自動車産業の拡大は合衆国の消費文化の変容にもつながった。そもそ

も自動車産業はパーツを供給する各種製造業を傘下にしく基幹産業である。1929年の末には全国の産業労働者中，直接間接に自動車産業とかかわりを持つ者の割合が4分の1を超えていた。その成長と拡大は合衆国の製造業全体の底上げにつながり，そこで働く労働者の生活の向上を約束したのである。フォード自身この仕組みをよく理解していたらしい。相場の倍にあたる"1日5ドル（Five Dollars a Day）"を工場労働者の賃金の目安とし，新たな消費者の創出を彼は試みた。工場で生産される安価な製造品を労働者自身が購買する大量生産大量消費のメカニズムがそこに樹立されたのである。1920年代中頃の中産階級の家庭には，自動車，ラジオ，洗濯機，電話などが備わり始め，ハインツの缶詰食品や耐熱食器がどの家庭のキッチンにも姿を現したという。各地に展開するウールワースやJCペニーなどのデパートは均質な製品をできる限り安価に提供し，資金の足りない者には新たに考案した月賦払い方式で製品を購入するよう誘った。勤勉と節約が19世紀における市民の美徳であったとすれば，この時代，娯楽と消費が新たな市民の美徳に数え上げられるようになったのである。そのような経済文化の変化に問題がなかったわけではない。宣伝広告に誘惑され受け身に消費を繰り返す消費者の出現は，ものの考え方や人格より所有する物によってその人の価値を測る時代の到来をも告げていた。この時代，合衆国の文明を俗悪な物質主義と軽蔑する風潮が日本やヨーロッパの知識人の間に広まった。かれらの合衆国理解は著しく偏ってはいたものの，部分的には的を射たところもあったといえよう。

　この時代の社会の変化を女性ほど象徴的に示す存在はない。女性の担うべき社会的役割に関しては19世紀以来論争が繰り広げられた。第5章や第9章でその詳細を学んだ。20年代はその論争にいっそうの拍車がかかった時代であった。かつてない数の女性が大学教育を受け家庭の外で

働くようになった結果，旧来の女性に求められたヴィクトリア朝的ジェンダー規範が大きく揺らぎ始めたからである。体のラインを強調する丈の短いドレスを着て髪をショートボブに纏め上げ，もぐりの酒場やナイトクラブで夜通しダンスを踊ったフラッパーも，秘書やオフィスレディーとして企業の職場に食い込んだ女性も，さらには，産児制限運動を推進したマーガレット・サンガーらも，男女の性規範を定めた旧態の領域（スフィア）概念に挑むという点に絞っていえば，目的を共有していたといえる。ただ運動の最終目標を男女の生物学的差異を認めた上での女性の保護におくべきか，両者の生物学的差異を捨象した給与や機会の完全な平等におくべきか，女性たちの間でまだ意見が分かれていた。そのため男女間の完全な平等を要求した「新しい女性」の運動はこの時代には実を結ばなかった。それでもこの時代が合衆国の女性運動の歴史において画期をなしたことには変わりはない。憲法における平等権修正（ERA）を1923年から全国女性党が議会に要求し始めた事実が示すとおり，女性と男性の関係性を問い直す運動はこの時代以降勢いを増していったのである。

　この時代，女性とともにその存在を全面に押し出した人々に「新しい黒人（The New Negro）」がいる。第一次世界大戦中，兵士として国外に流出した白人労働者の代替として，50万人を超す黒人が南部の農村地域からニューヨーク，シカゴ，デトロイトなどの北部工業都市に移住した。

▶雑誌『ライフ』（一九二六）の表紙に描かれたフラッパー

その結果ニューヨークのハーレムやシカゴのサウスサイドには黒人居住地域が大規模に形成され、ジャズやブルースのメッカともなった。トランペット奏者のルイ・アームストロングやブルース歌手のベッシー・スミスらの大活躍が始まったのはこの時代である。さらに戦後は文学や政治を舞台に自らの矜持を主張する黒人が増えた。「ハーレム・ルネサンス」と呼ばれる文芸活動を先導した詩人ラングストン・ヒューズは、肌の色が黒いことは恥ずべきことではないと高らかに宣言したのであった。

　以上の女性や黒人の活動が象徴する古い社会規範への挑戦を、映画やラジオなどのメディアを通じて国民は学んだ。ルドルフ・ヴァレンチーノやダグラス・フェアバンクスらの男優やクララ・ボオ、メアリ・ピクフォードらの女優が銀幕をとおして大衆に伝えたジェンダー規範がどれほど旧態と異なるかは、慎重に検討すべき問題であろう。けれどもラジオから流れるジャズやブルースの調べは主流文化への対抗心に燃える若者の心を確実にとらえ、「移動するベッドルーム」といういかがわしい呼び名をつけられた自動車の密室空間とともに、性道徳や美意識におけるモダニティを創出したのである。作家スコット・フィッツジェラルドらはそうした20年代の鼓動に耳を傾け、この時代をジャズ・エイジと呼んだ。

4．反動の20年代

　"狂騒の20年代"は、19世紀以来の伝統的価値観を守ろうとする者が都市の文化が象徴するモダニティに対抗して自己防衛的態度を先鋭化させた時代でもあった。その意味で、1920年が"赤狩り"で幕を開けた事実は時代を象徴していた。20年1月、国内に頻発していた労働争議にロシア革命の影響を過剰に読み取った司法長官ミッチェル・パーマーは、破壊活動分子と目される者を6千人も一斉検挙し、そのうち合衆国の市

民権を持たない500人を国外へ退去させたのである。無政府主義の活動家としてニューヨークで名を馳せた女性エマ・ゴールドマンがロシアに国外追放されたのは前年の1919年の暮れであった。1920年代，合衆国には反社会主義，反共産主義が高揚したのである。

　禁欲的保守主義の象徴とも呼ぶべき禁酒法が20年代を通して生き残っていた事実も見逃せない。アルコール類の製造と販売を禁ずる同法（憲法修正第18条）は犯罪の抑圧と道徳の高揚をもたらすと，プロテスタンティズムを信奉する守旧派は期待した。飲酒の慣習を矯正し，規律正しい労働倫理を新移民の間に浸透させることができると考え，同法の制定に積極的賛同を示した企業家も多かったという。しかし，禁酒法の実施は実際にはギャングを中心とする密造業者と，もぐりの酒場を繁栄させるばかりであった。「偉大な社会経済上の実験」とも呼ぶべき禁酒法は失敗に終わったという専門家の調査報告を受け，フーヴァー大統領は1933年にこの悪法を廃止したのである。

　以上の2つの例が示すのは，20年代の合衆国における反動的運動の背後に，新たに移民を吸収しながら成長を続ける都市の文明やその移民との接触が引き起こす生活習慣の変化，さらには同じ移民が持ち込む社会思想などを排除しようとする勢力が存在したことであろう。アメリカの伝統的価値と異なる価値を排除しようとする力をネイティヴィズム（移民排外主義）と研究者は呼ぶことがある。20年代はそうした力が異常に強まった時代であった。例えば1920年，無政府主義を信奉するイタリア移民のニコラ・サッコとバートロメヲ・ヴァニゼッティが，ボストンで起きた殺人事件の容疑者として誤って逮捕された。十分な証拠のないまま2人は1927年死刑に処せられている。世界中が注目したこのサッコ・ヴァニゼッティ事件は，ネイティヴィズムが生み出した典型的な冤罪であった。南北戦争後の南部に組織された秘密組織クー・クラックス・ク

ラン（KKK）が20年代に息を吹き返したことも, この時代の排外思想の高まりを物語る。反黒人に加え, 反ユダヤ, 反カトリック, 反ボリシェビキ等を旗印にKKKは白人保守派の心理をつかみ, 一時は400万を超す会員を擁するまでに成長した。ただ組織の内部腐敗から20年代末には急速にその活動を衰退さ

◀サッコとヴァニゼッティ

せた。教育の場でも保守派の巻き返しが起きた。1925年にテネシー州で起きたスコープス裁判がその代表例となる。同年3月テネシー州議会は聖書の天地創造説に反する教育を公教育の場で行うことを禁止していた。その指示に反して進化論を高校で教えた生物教師ジョン・スコープスが罪に問われたのである。聖書を字義どおりに解釈するファンダメンタリストの力はテネシー州を含めた南部諸州で非常に強く, 結局スコープスは罰金100ドルの有罪判決を受けた。同州法が撤廃されたのは実に1967年になってからのことである。

　世紀転換期以来の合衆国社会を見舞った変化への反動がもっとも明確な体系をとって現れたのが, 1924年移民法であった。周知のとおり, 1900年から1910年の間には, 南欧東欧からの「新移民」を中心に, それ以前のいかなる10年間よりも多くの移民が合衆国に流入した。第一

次世界大戦中こそ移民の流入は減少したが、戦後はその勢いが復調の兆しを見せた。1921年1年間だけで80万人の移民が新たに合衆国に入ったのである。しかし24年移民法は、1890年の国勢調査における出身国別人口の2％に当たる移民しか今後は毎年各国に許可しないことを定めた。南欧東欧からの移民人口がまだ少なかった時代をあえて移民受け入れの算定基準とすることで、実質的に「新移民」の流入を禁ずることをその法は狙っていた。ちなみに帰化不能外国人とされた日本人も同法でその後の合衆国への移民の道を閉ざされた。第一次世界大戦で戦勝国に加わり日本が世界の一等国に並んだと信じていた日本の国民は、この処置に自尊心を著しく傷つけられ、こののち反米の気運を募らせていく。いずれにせよ、ユダヤ系移民やカトリック教徒、アジア系住民の増加をできる限り押さえ、西欧北欧からの移民を中心とする国民の構成を維持することに24年移民法は最大の目的をおいていた。それだけは間違いない。同法の制定を支持する人々は「合衆国が世界のゴミ捨て場となって久しい」と嘆き、「良質の移民しか今後は入国を許可してはならない」と叫んだという。異質な構成員を排除することで社会の同質性を自己防衛的に維持しようとする合衆国のナショナリズムのひとつの形がそこに認められた。

5．大恐慌とニューディール

1929年10月24日、のちに「暗黒の木曜日」と呼ばれたこの日を境にニューヨークの株価市場が暴落を始めた。翌年には全国で銀行の倒産も相次いだ。大恐慌が始まったのである。

合衆国は1893年にも不況を経験していたが、1930年代の大恐慌はかつてない規模で国民の生活を脅かした。少し統計数値を見てみよう。1929年から33年の間に国民総生産は29％も落ち込み、建設業は78％、製造業

は54％生産高を減少させた。全国で9万の企業と9千の銀行が倒産したという。同じ時期，農業労働者の生活も逼迫し，全米の農業収入は60％以上も低下した。農民の3分の1が借金の抵当に入れた土地を失ったという。オクラホマやコロラドなどの地域は干ばつに襲われ，砂嵐の砂が降り積もり「ダストボウル」と呼ばれる地と化した故郷を離れ，西海岸のカリフォルニアなどに移住する農民が相次いだ。1933年における全産業失業率は25％，4人に1人が失業という状態であった。

　大恐慌の原因はいくつか指摘できる。20年代の繁栄が自動車産業や建設業他のわずかな産業に依存するきわめて偏ったものであった点が何より問題であった。国民総生産で見れば規模が拡大したとはいえ，大量生産される製品を消費し続けるほど一般国民の購買力は強くなかったのである。それどころか貧富の差は20年代の間に拡大し，30年代の初頭，富める上位5％の者が国民所得の3分の1を受け取るようになっていた。長いこと私企業の自由な活動を確保することを経済政策の眼目にしていた共和党政府は，これらの問題に事前の対策を講じることができなかった。恐慌が起きてもやがては問題が解決すると楽観視し，有効な手を打たなかったのである。失業者が住むバラック街は大統領の無策への批判を込め「フーヴァー村」とすら呼ばれるようになった。当時の世界経済が合衆国の金融資金ないし市場によってのみ支えられていた点も災いした。合衆国内に恐慌が起きたため世界中で資金の循環が滞り，恐慌が各国に飛び火したのである。29年か

▶フランクリン・ローズヴェルト

ら33年の間に世界貿易は40％も縮小してしまった。

　1933年第32代大統領に就任した民主党のフランクリン・ローズヴェルトは，「ニューディール（新規巻き返し）」と自分の政策を呼び，不況の克服に乗り出した。具体的には，炉辺談話と呼ばれたラジオ演説をとおし，銀行不安の解消を真っ先に国民に説いた。「恐れなければならないのは恐れ自身です」と説く彼の温かい語り口は，信頼を寄せうる新しい政治指導者の誕生を国民に印象づけた。ローズヴェルトは行動力においても国民の期待にこたえた。大統領に就任してから短期間のうちに，農業の生産調整を行うための農業調整法（AAA）や各種製造業の業種別生産調整と労働者の団結権を認める全国産業復興法（NIRA）を制定する一方，大規模地域開発を促進するためのテネシー渓谷開発公社（TVA）を設立したのである。第一次ニューディールとこれらの政策は総称される。

　経済学者のケインズらが主張した赤字財政による景気刺激政策の有効性がまだ知られていなかった1930年代初期に，連邦政府の強力なイニシアティブによる景気の回復を目指したローズヴェルトの政治感覚は優れていた。けれども逆にそれ故に，36年になると，自由主義経済の原理を損なう恐れがあるという理由でAAAやNIRAに連邦最高裁判所が違憲判決を下すことになる。加えてルイジアナのヒューイ・ロングやミシガンのチャールズ・コグリンら"草の根政治"を推進した政治指導者が，ローズヴェルトの政治は大企業中心の計画経済にすぎないと批判を強めた。企業の経営は救われても農民，労働者の生活は十分に救われないというのがロングらを支持する者の主張であった。これに対し1935年，労働組合の組織化を企業に認めさせる全国労働関係法（通称ワグナー法）や老齢年金制度や失業保険の充実を図る社会保障法をローズヴェルトは制定し，併せて作家や芸術家にも仕事を提供する事業促進局（WPA）

などを設立した。これらの政策は第二次ニューディールと総称される。労働組合に組織化されていなかった非熟練労働者や黒人，女性，先住民などの福祉にも気を配った点にその特色があった。この政策によって裨益（ひえき）した人々はやがてローズヴェルトの下に集まり，従来からの企業，労働組合，専門の知識を有するリベラル知識人等とともに「ローズヴェルト連合」と呼ばれる民主党の支持基盤を創出することになる。リンカンの政党であった共和党を南北戦争終了以来支持してきた黒人が民主党に政党支持を切り替えた点も大きな変化であった。この連合は1960年代までその構造を維持した。

　1930年代，連邦政府は各種利益集団の利害調整を積極的に果たすようになった。その体制をブローカー国家と揶揄した者もいる。しかし20世紀後半の合衆国を支えた政治経済体制の原型はそこにあると研究者は考えている。

6．大戦間期の外交

　第一次世界大戦やパリ講和会議に幻滅した合衆国民は，大戦間期，19世紀以来の外交の伝統である孤立主義を強めたといわれる。だがこの時代の合衆国は外交の世界にまったく背を向けていたわけではない。20年代の合衆国は，世界の平和秩序の形成にむしろ積極的な介入を続けたとすらいえる。例えば合衆国は，1921年から22年にかけてワシントン軍縮会議を開催し，英米日仏伊の戦艦保有数を一定量以下に押さえることに成功した。また1928年には，パリ不戦条約とも呼ばれるケロッグ・ブリアン条約を国務長官のフランク・ケロッグがフランス外相と共同で提案し，戦争放棄の理念を世界に示した。恐慌に見舞われた30年代においても，ブロック化が進む世界経済の中で合衆国は他国との互恵通商条約の締結に努めている。それが第二次世界大戦後に花開く世界の自由貿易体

制の基盤を結果として強化したことも評価に価しよう。やがてドイツや日本が近隣諸国に侵略を始めても合衆国が最後まで中立を維持したため，国際政治への関与を拒む孤立主義にワシントン政府は大戦間期執着したと批判されることが多い。しかしその一方で，第二次世界大戦に参戦した英国を支援するための武器貸与法を41年3月というきわめて早い段階で合衆国が制定していることも事実である。民主主義体制の護持には支援を惜しまないというその姿勢は，1920年代から30年代にかけて一貫していたと理解した方が，アメリカ外交の理解としてむしろ正しいといえよう。

■参考文献
* フレデリック・L・アレン，藤久ミネ訳『オンリー・イエスタデイ』ちくま文庫，1996
* 木村政治・柴宣弘・長沼秀世『世界の歴史26 世界大戦と現代文化の開幕』中央公論社，1997
* 常松洋『大衆消費社会の誕生』山川出版社，1997
* フレデリック・L・アレン，藤久ミネ訳『シンス・イエスタデイ』ちくま文庫，1998
* 秋元英一『世界大恐慌』講談社，1999
* 有賀夏紀『アメリカの20世紀（上）』中央公論者，2002

11 第二次世界大戦と日本

矢口祐人

〈本章の学習のポイント〉　日米間の戦争が一般市民に与えた影響について学ぶ。とくに女性や人種・民族的マイノリティの人々にとって，この戦争がどのような意味を持ったのか，日系移民の運命などに焦点を当てながら考える。

〈キーワード〉　真珠湾，日系人，強制収容所，銃後の女性，兵役拒否者

1．はじめに

　1941年12月7日，日本海軍の連合艦隊機動部隊はハワイ・オアフ島の真珠湾にあるアメリカ海軍の基地を攻撃した。午前7時55分に始まり，二波に分かれて約2時間続けられた攻撃の結果，アメリカ軍は大きな被害を受けた。戦艦を含めて12隻の船が沈没，座礁し，164の航空機が破壊された。一般市民を含めてオアフ島での死者は2390名，なかでも火薬庫に爆弾

▶戦艦アリゾナ号

を投下された戦艦アリゾナ号は1177名もの兵士を一気に失った。

　当時は日米関係が緊迫するなか，双方の政府ともに戦争回避の可能性は低いと考え，開戦準備を進めていた。アメリカ政府は日本が中国やインドシナなどに侵略を続けることに強い懸念を抱いていた。日本の侵略はアメリカ合衆国をアジア市場から締め出す可能性があるのみならず，アメリカ社会が掲げる「自由」と「平等」の理念とは相いれないものであった。アメリカ政府は日本の生命線ともいえる石油を禁輸して圧力をかけた。一方日本では，自らはフィリピンなどに植民地を有しながら，日本のアジア大陸進出をかたくなに認めようとしない合衆国に対して不満が高まっていた。日本が石油輸入の9割をアメリカに依存していることを知りながら，あえて禁輸を決定したアメリカ政府はひどく横暴で攻撃的な国に思えた。一応の話し合いは続けながらも，実際には日米ともに軍事戦略を練っていた。日本では山本五十六連合艦隊総司令官の下で極秘に真珠湾計画が作られ，演習が開始されていた。対するアメリカ政府も，ハワイに軍事力を集中させて，日本との戦争に備えていた。しかしそれはあくまで日本がフィリピンなど，アジアにおける合衆国の領土や権益を攻撃した際の出動準備であり，ハワイが戦場になるという予想はしていなかった。遠く離れたハワイを日本海軍が奇襲できるとは思っていなかったのである。

　日本側は真珠湾を奇襲することで，太平洋におけるアメリカ合衆国の軍事力を弱体化させることを狙っていた。アメリカ合衆国を一気に叩き，戦意を喪失させ，都合のよい条件下で早期に休戦へ持ち込むことを望んでいた。長期戦になれば軍事力，経済力，天然資源などあらゆる面で日本よりはるかに有利な立場にあるアメリカ合衆国に勝つことは非常に難しいと予測された。

　しかし真珠湾攻撃の成功は，日本の期待とはまったく逆の効果をアメ

リカ国内に生み出した。それまでのアメリカ社会には，緊迫する世界情勢をよそに，第二次世界大戦への参戦には根強い慎重論があった。確かにフランクリン・ローズヴェルト大統領は，ナチズムの拡大を懸念し，ドイツと戦うイギリス政府に軍事援助を開始し，アメリカの軍備増強も急いでいた。日本に対しても厳しい姿勢で臨んでいた。しかし大統領のそのような外交政策を，「孤立主義」を唱える保守層は強烈に非難していた。遠く離れたヨーロッパやアジアで起こっている戦争に巻き込まれる必要はあるのか，と疑問に感じるアメリカ人も多かった。

　日本による真珠湾攻撃は，そのような議論に終止符を打った。アメリカの領土が突如として日本により攻撃され，多くのアメリカ人の命が失われたのである。しかも日本側は正式な宣戦布告をせずに攻撃をしてきた。日本の野村吉三郎大使と来栖三郎大使が，首都ワシントンでコーデル・ハル国務長官に日本政府からの最後通牒を手渡したのはワシントンの午後2時20分，すでにハワイ上空の攻撃が開始されて55分も過ぎていた。「なんという卑怯なやり口か！」と多くのアメリカ人は憤った。

　このような敵に対して，正義と勝利のために徹底的に戦うべきである，という世論が一気に湧き起こった。攻撃の翌日，ローズヴェルト大統領は連邦議会で演説し，12月7日を「汚名（infamy）の日」と名づけ，卑劣な敵に対して「完全な勝利」を収めるまで戦い続けようと呼びかけた。

◀フランクリン・ローズヴェルト

山本五十六らの願いに反して，アメリカ人はローズヴェルト大統領の呼びかけに熱狂的にこたえた。「リメンバー・パールハーバー」を合言葉に，アメリカ合衆国は第二次世界大戦に参戦したのである。

2．よい戦争

　アメリカ社会では1945年の終戦までに全人口の12％にあたる1600万人が軍に入隊し，第二次世界大戦を戦った。そのうち命を落としたのは約40万人にのぼる。日本の約300万と比べると少ないものの，アメリカ合衆国が経験した戦争としては南北戦争に次ぐ死者数である。ヨーロッパやアジア戦線で多くの尊い命が失われたのであった。

　しかしアメリカ社会はこの第二次世界大戦をしばしば「よい戦争」と呼ぶ。第二次世界大戦はアメリカ合衆国によい変化をもたらしたと考えられているからである。戦争はアメリカ社会に勝利をもたらした。アメリカの「正義」が勝ったのである。その結果，アメリカ合衆国は西欧諸国の政治的リーダーとして世界的な覇権を握るようになった。経済的にも強くなった。飛行機，戦車，船舶をはじめ，戦争に必要なものが大量に必要となったため，1930年代の大恐慌時代には閉鎖されていた工場が再開され，それでも足りずに次々と新しい工場が建設された。技術が進歩し，景気も上向きになった。1939年には950万もいた失業者が，1944年には67万にまで減少し，GNPは1940年からの5年間で2倍に成長した。

　また第二次世界大戦はのちに「グレーテスト・ジェネレーション」として知られることになる世代を生み出した。大恐慌期に青春を迎え，第二次世界大戦を生き延びたかれらは，戦後のアメリカ経済の繁栄を支える担い手となった。その多くは，60年代に起きた公民権運動を擁護し，アメリカ国内にいっそうの社会変革を生み出した。20世紀後半のアメリ

カ社会を創出した世代とされるこの「グレーテスト・ジェネレーション」にとって、「自由」と「民主主義」を守る戦いであった第二次世界大戦は、かけがえのない教育の場であったのだ。

さらに第二次世界大戦はアメリカ社会にひとつの「まとまり」を提供した戦争としても知られている。アメリカ合衆国の存在を脅かす敵に対して、国民全体が互いの出自の違いを乗り越えて、手を取り合って戦うのだという感覚を多くの人が共有していた。戦争は大恐慌時代のアメリカ社会には存在しなかった、ある種の団結力を与えたのである。

このように第二次世界大戦はアメリカ社会に「よい」影響を与えた戦争として語られることが多い。この感覚は空襲や原爆で何十万人もの市民が犠牲になった日本社会の視点からは、なかなか理解しがたいことかもしれない。しかしアメリカ社会では、戦争は苦しみや悲しみをもたらすだけではなく、「よい」変化を生みだす原動力にもなると考えられることが多い。では具体的にどのような変化が起きたのであろうか。

3．リベット打ちのロージー

アメリカ軍に入隊した1600万人の大半は男性であり、戦場には看護師などを除いて女性がいることはほとんどなかった。しかし当然ながら、戦争の影響は決して男性に限られるものではなかった。第二次世界大戦はアメリカの女性の生活に大きな変化をもたらした。

失業率の高い1930年代の恐慌下のアメリカ社会では、男性の仕事を奪わないように女性は仕事に就くべきではないとまでいわれた。いずれにせよ大半の職場では男女の労働は明確に区別されていて、女性が就ける職種はきわめて限られていた。とくに機械工場などでの重労働は完全に男性の領域だった。リベット打ちや溶接工などの力仕事は「女らしくない」労働であり、女性がしてはいけないことであった。

しかし戦争が始まると、工場で働いていた男性の多くは軍隊にとられてしまった。大量の発注を政府から受けるようになった工場は、深刻な労働力不足に見舞われた。その結果、緊急措置として女性を雇うこととなった。政府は「彼が残していった仕事をまっとうしよう」「洋服を裁断するのではなく飛行機のパーツを切ろう」などとうたって、女性の雇用促進キャンペーンを繰り広げた。「リベット打ちのロージー」という名の女性をポスターに登場させ、女性の就職を推奨した。

◀「リベット打ちのロージー」のポスター

その結果、アメリカ中の工場で女性が働き始めた。戦争中、働く女性の数は1100万人から1900万人近くにまで増加した。なかでも結婚して子どものいる女性が働く比率が高まった。それまでの女性労働者は独身の若い女性が大半だったのに対し、戦争中は既婚の35歳以上の女性の労働率が飛躍的に上昇した。彼女たちの多くは、夫がもらう軍の給与では家族を養うのに足りず、家計を助けるために働いていた。

企業は女性に従来男性がやっていたのと同様の仕事を要求した。重労働や危険な労働もあった。戦地に向かう飛行機の翼にリベットを打ち込む慎重な作業もあった。つい最近までは女子高校生だったり、バレリーナを目指していたり、主婦だったり、あるいは工場といっても縫製工場で衣服を作っていたりした女性たちが、ズボンをはき、ヘルメットをかぶり、大きな手袋をはめ、工場のラインに立つようになった。

このような女性たちは貴重な労働力を提供していたのにもかかわら

ず，大半の企業は女性に男性と同様の賃金を支払わなかった。女性の給与は男性の65％ほどに抑えられていた。組合は男女同一賃金を主張したが，それは企業が男性を解雇して女性を雇うことになるのを恐れたからであり，必ずしも男女平等を支持していたわけではなかった。産休の必要性は認めようとせず，子育ての支援なども限られていた。その結果，幼い子どもの多い20代の女性の就業率は戦争中あまり増加しなかった。

とはいえ，このような新しい機会は女性たちに新たな意識をもたらした。「男性以外にはできない」といわれていた仕事は，やってみれば女性でも男性と同様に，ときにはそれ以上にできることが分かった。夫が戦場に行って不在の間，自分で働き，その収入で家族を養っていた女性の多くは，それまで「男の仕事」とされていたさまざまなことを立派にこなすようになった。

戦争が終わり，男たちが戻ってくると，女性たちは「男の仕事」を明け渡すことを要求された。ある統計では75％の女性は仕事を辞めたくないと答えていた。しかし女性は解雇され，再び主婦になるよう期待された。やむなく彼女たちの多くは家庭に戻り，子育てと夫の世話に専念し，1950年代のベビーブームを支えるようになる。けれども「リベット打ちのロージー」に代表される第二次世界大戦中の女性の活躍は，「女性の領域」や「女性らしさ」などという性別に基づく本質主義に大きな疑問符を突きつけたのであった。

4．黒人

第二次世界大戦が終わるまでに100万を超える黒人（アフリカ系アメリカ人）が軍に入隊した。人種差別が激しかったアメリカ社会では，最初のうちは兵士としてはなかなか受け入れられず，食事や清掃など武器を持たない用務がほとんどだった。兵士になっても，白人とは隔離さ

れ，黒人部隊として活動し，きわめて危険な戦闘地域に送り込まれることが多かった。勇猛果敢に戦い，多くの勲章を受けた者も少なくなかったが，かれらの大半はすぐれた功績をあげても白人のような出世は望めなかった。

　黒人たちは，世界の「自由」のために戦っているはずの「平等の国」アメリカ合衆国の中で，公然とこのような黒人差別が行われる矛盾を強く感じていた。「白人の栄光を支えるために黒人が戦場で黄色人に殺されに行く」状況は受け入れ難かった。そのため，かれらは「2つの勝利（Double　V）」を目指して戦うようになった。ひとつは戦争の勝利，もうひとつは国内におけるかれらの権利を勝ち取ることであった。

　黒人に対する差別は軍隊だけではなかった。第二次世界大戦が始まると，南部の若い黒人が大量に北部や西部の都市へ移住した。南部の貧しい農村地帯を離れ，北部で急成長する製造業などで職を得るためだ。しかし当初，防衛関連産業の多くは黒人を雇用しなかった。一般に黒人差別は奴隷制度が存在した南部の方がひどかったと思われがちであるが，人種差別はアメリカ社会に共通する問題だった。防衛関連の工場が多く設立された中西部においては，1940年の時点で，9割近くもの職が黒人に閉ざされていた。

　また新しく移住してきた黒人に対する偏見も根強かった。戦争中5万人もの黒人が南部から移住したデトロイトでは，黒人住人の急速な増加に露骨な嫌悪感を示す白人が多かった。1943年には両者の間で人種暴動が起き，25名の黒人と9名の白人が命を落とした。同年にはそのほかにもニューヨークをはじめ40を超える都市で白人と黒人間の人種暴動が起きた。「自由」や「正義」を守るために「悪の枢軸国」と戦っているはずのアメリカ合衆国の内部で，強烈な人種偏見が根強く残っていたのである。

しかしそのようななかでも，黒人は従来には与えられなかった機会を享受するようになった。上述したように黒人の入隊者が増え，黒人部隊が活躍すると，軍隊は黒人の力が白人と平等であることを認めざるを得なくなってきた。黒人の士官も戦争中に急激に増加した。

　また黒人を締め出していた工場でも，労働力が不足すると，白人女性に加えて黒人男性や黒人女性も雇用せざるを得なくなった。それまで南部の貧しい農民として暮らすか，女性であれば白人の家庭で家政婦として働くか以外の選択肢がほとんどなかった黒人の多くは，シカゴ，ロサンゼルス，ニューヨークなどの大都市に引っ越して，大工場などで働くようになった。工場で働く黒人の数は1940年からの5年間で約3倍の150万に増加した。同時期，黒人の失業者数は約94万から15万まで低下した。戦争中，黒人の平均賃金は年間457ドルから1976ドルに上昇した。これは白人の賃金が1064ドルから2600ドルまで上がったことと比べると十分ではなかったが，以前と比べると賃金格差は減っていた。貧しい層の黒人家族は75％から57％まで減少した。戦争が黒人を裕福にしたとは決していえないが，以前の非常に悪い経済状態をある程度好転させる効果があったのは確かである。

　また黒人の兵士のみならず，黒人社会全体の協力が不可欠であると考えた連邦政府は，従来より黒人の声に耳を傾けるようになった。黒人の指導者を連邦政府内の役職に登用し，軍隊や職場での露骨な人種差別を禁じようとした。最高裁判所はテキサス州で伝統的に行われていた白人

▶白人と黒人が力をあわせるポスター

のみによる予備選挙は違憲であるという判決を下した。政治家たちは北部に移住した黒人の票を集めるために，彼らの意見を少しずつ聞くようにもなった。黒人差別をめぐる社会問題は決して解決したわけではなかったが，第二次世界大戦が終わる頃には，アメリカの黒人社会はそれまで以上に人種の平等と黒人の人権を求める決意を強めていた。黒人の地位向上を目指す主要な団体である NAACP（National Association for the Advancement of Colored People）の会員数は戦争中に5万人から45万人に増加した。ハーヴァード大学の社会学者グナー・ミュルダールはこのような状況を見て，「アメリカの人種関係には，再建期以来の根本的な変化が生まれるだろう」と予測した。実際，戦争で「アメリカ人」として命を賭して戦ってきた旧兵士をはじめ，工場などで働きながら銃後の社会を支持した黒人たちは，その後のアメリカ社会で，アメリカ市民に付与されるべき当然の権利の獲得を目指すようになるのであった。

5．日系アメリカ人

　第二次世界大戦が女性や黒人にさまざまな機会を提供したのとは対照的に，日本との戦争はアメリカ社会に住む日系人（日本からの移民とその子どもたち）に大きな苦難をもたらした。

　真珠湾攻撃直後からハワイやアメリカ西海岸に住む日系アメリカ人には強い嫌疑の目が向けられた。「日本があれほどの攻撃を，アメリカ側の日本人の協力なくして実行できるわけはない」「日本人が情報提供していたのだ」「日本人が水道水に毒を入れていた」「日本人は信用できない」などの情報がまことしやかに流れた。これらはどれも根拠のないものであったが，海軍大臣のフランク・ノックスなど政府の要職にある者までが，日系人をスパイだとして恐怖をあおった。

　政府はアメリカ西海岸の日本人とその子孫は国家の安全保障の脅威で

あるとして、強制移住をすることが「軍事的に必要」であると判断した。1942年2月19日、フランクリン・ローズヴェルト大統領は大統領行政命令9066号に署名し、一般市民を裁判等なしに強制的に立ち退かせる権限を陸軍省に与えた。退去の対象となったのはカリフォルニア、オレゴン、ワシントン州沿岸に住む約11万人の日系人たちで、そのうち7割はアメリカ生まれでアメリカ国籍を持つ日系二世・三世、つまり「アメリカ人」であった。何の罪も犯していないこれらの市民から、政府は日本人とその子孫であるという理由だけで、自由と尊厳を剥奪したのであった。アメリカ政府は戦後約40年経過した1983年にようやくこの決断が誤りであったことを認め、1988年には強制移住の体験者に2万ドルの補償金を支払うことを決めたが、戦争中のアメリカ社会でこの不正義に反対の声をあげる者はほとんどいなかった。

　日系人はいったん仮収容所に入れられたあと、戦時移住局が管理する山間部や砂漠地帯にある強制収容所に送り込まれた。持参できる荷物は極端に制限されていた（子どもたちの多くは犬や猫などのペットを自宅に残していかねばならないので大泣きしたという）。収容所は刑務所と同じであった。有刺鉄線に囲まれ、アメリカ兵が銃を持って24時間体制で監視をしていた。急場をしのぐために作った宿泊施設は非常に狭い上、夏は暑く、冬は極端なまでに寒かった。衛生状態も悪く、医療環境も貧弱であった。いつ解放されるのかも分からないまま、何万人もの日系人がこの環境の中で生活を続けることを余儀なくされた。

　このような政府に対して、日系人の忠誠心を示すためにアメリカ軍に志願して入隊した若者たちもいた。自分の家族の自由が奪われている状況のなかで、かれらは「世界の自由」を守るために戦争で戦ったのである。主に日系二世から構成される442部隊はヨーロッパの戦地のなかでも非常に危険な地帯に送り込まれ、数多くの死傷者を出した。戦闘で傷

◀マンザナー収容所

を負った兵士に授与されるパープルハート勲章の数は9500にもなった。必死に戦い続けたかれらは、やがてアメリカ軍のなかでももっとも勇敢な部隊として知られるようになった。

　その一方で、アメリカ合衆国への協力を拒否した者もいた。日系人部隊の活躍を見た政府が1944年に日系アメリカ人にも徴兵制度を適用し始めると、「我々をアメリカの軍隊に入れる前に、まずはアメリカ人としての権利を回復せよ」という声があがった。ワイオミング州のハートマウンテン収容所ではアメリカ政府の偽善に抗議して、徴兵拒否をする若者が続出した。かれらは、今度は兵役拒否者として、収容所から連邦刑務所に入れられた。

　このようにアメリカ本土に住むほとんどの日系人は、日本との戦争が始まると非常につらい境遇に遭った。多くは家も含めてすべての財産を失った。

　ただし、すべての日系人が同様の経験をしたわけではない。とりわけハワイに住んでいた日本人とその子孫のほとんどは強制収容を体験しな

かった。真珠湾攻撃後には日本人に対する強い嫌疑がかけられ，全員を本土に強制移住すべきだという声すらあった。しかしハワイの産業界の指導者たちは，人口の40％ほども占める日系人が根こそぎいなくなることを恐れた。サトウキビをはじめとするハワイの産業が崩壊してしまう危険性があったからだ。ハワイでも日本語学校の教師や僧侶など，コミュニティの指導者層は拘束され，本土の強制収容所に入れられたが，大半はそのまま生活を続けることが許された。むろん，真珠湾攻撃後のハワイは戒厳令が敷かれ，軍政府の管轄下で厳しい監視があった。日系人は軍関連の仕事を奪われたり，門限を課せられたり，手紙などの検閲も受けた。しかしアメリカ本土の日系人のように，アメリカ政府の「不正義」をじかに体験することがなかった。そのためか，アメリカ政府が日系人部隊を作ろうとしたときには，ハワイから志願した者の数はアメリカ本土の収容所内の志願者より圧倒的に多かった。

　白人女性や黒人の体験と比較すると，日本人移民とその子孫たちにとっての第二次世界大戦は決して「よい戦争」とはいえなかった。アメリカ政府と社会の露骨なまでの人種差別的な政策の下で，大きな苦労を強いられた。しかしそれでも，第二次世界大戦がその後の日系人社会に大きな変化をもたらしたことは否めない。日系人兵士の活躍はアメリカ社会で認められ，戦後にはそれまで市民権が与えられなかった一世もアメリカ国籍が取得できるようになった。アメリカ合衆国のために戦い，無事に帰還した者のなかからは，ダニエル・イノウエやスパーク・マツナガなど連邦議会で活躍することになる著名な政治家も生まれた。また戦後に展開された，強制収容の不正義を正すための運動は日系コミュニティに大きな自信と団結力も与えたのであった。

6．兵役拒否者

　卑劣な敵に対して「完全な勝利」を収めるまで戦い続けようというローズヴェルト大統領の呼びかけに対して，アメリカ社会は一丸となって協力を惜しまなかった。何十万人もの若者が毎年軍隊に入隊し，銃後の社会を守る者もアメリカ合衆国の勝利のためには協力を惜しまなかった。

　そのようななかで，ごくわずかだが戦争に反対し続けた人々がいた。本章の最後に，徴兵を拒んで兵役拒否者として拘束されることを選んだ人たちを見てみよう。

　アメリカ社会では独立戦争の時代から宗教的な理由での「良心的兵役拒否」が認められてきた。クエーカーやメノナイトなどの平和教会の信者の多くは，戦争が起こっても武器を持つことを拒否して，戦場に行かなかった。もちろん，このような態度には強い批判と偏見もあり，信者たちがひどい嫌がらせにあったり，投獄されたりすることもあった。しかし太平洋戦争が始まるころには，アメリカでは平和教会の信者以外でも，正当な理由があると判断されれば，兵役の拒否が許されるようになった。「いかなる理由であれ人を殺したくない」という平和思想の持ち主から，無政府主義者だから政府のために命を落とすことはしたくないという者まで，さまざまな信念の人に兵役拒否が認められた。

　とはいえ，兵役の拒否は容易なことではなかった。政府は兵役拒否者に3つの選択肢を与えた。ひとつは非戦闘要員として従軍することである。かれらは武器を持たず，丸腰で戦場に入り，主に救急隊員として活躍した。第二次世界大戦中，その数は2万5000人にもなった。もうひとつは兵役に代わる義務を果たす方法だ。道路やダム建築などの重労働に従事したり，精神病院で患者の面倒をみたりする仕事が多かった。なか

には新薬や新兵器を試すための人体実験に参加した者もいた。また消防士として，大規模な山火事の消火作業を行う任務にあたった人もいた。いずれも戦場に劣らぬほどの苦痛や危険をともなうものが多かった。約3万7000人がこの代替作業を選んだ。

戦場に行くことも，代替義務を果たすことも拒否した者は連邦刑務所行きとなった，その数は6000人で，上述のハートマウンテン収容所で徴兵を拒否した日系人も含まれていた。かれらの多くは刑務所のなかでも政府に批判的な活動を続け，政府を大いに悩ませた。刑務所内での食堂で人種隔離政策が行われていることに反対するために，ハンガーストライキなどを展開して政府の方針を変更させたこともあった。

これらの兵役拒否者にとって，「よい戦争」は概念的に存在し得ないものだった。政府の方針に反対し，社会の圧倒的な趨勢にあらがい，白い目で見られながら，彼らは戦争の終結を待っていた。

7．おわりに

アメリカ合衆国にとって第二次世界大戦は果たして「よい戦争」であったのだろうか。白人男性中心のアメリカ社会のなかで，さまざまな権利を奪われてきた女性，黒人，日系人らは，戦争中の体験をもとにアメリカ人としての権利とは何か，それをいかにして獲得し，守っていくべきかを従来以上に真剣に考えるようになった。公民権運動のなかでマイノリティの権利が認められるようになるまでに，まだ20年近くの歳月を待たねばならなかったものの，多文化主義的社会へと変容する20世紀後半のアメリカ社会の萌芽が戦争中にあった。その意味ではよいものを生み出したといえるかもしれない。

しかしその一方で戦争はやはり戦争である。アメリカ人だけで40万の命が失われた。息子や夫を亡くした母や妻が多くいた。アメリカ社会で

の人種差別に苦しみながら，アメリカの「自由」を守るために戦死した黒人兵士もいた。日系人のなかには，親族を東京や広島や長崎で失った人も少なくなかった。兄や弟がたまたま日本に帰国中に戦争が始まったため，兄弟が日米に分かれて戦い，結局は両方が戦死するということもあった。戦うことを拒否しつつも，丸腰で戦場に向かった兵役拒否者のなかには銃弾に倒れた者も少なくなかった。代替義務として受けた人体実験の影響で，生涯苦しんだ兵役拒否者もいた。このような人々にとって，第二次世界大戦は「よい戦争」ではなかった。

　戦争は社会に大きな変化をもたらす。ましてや第二次世界大戦のような長期に及ぶ大規模な戦争であれば，上に見たように社会に著しい影響を及ぼす。それらの変化だけに注目すれば，確かに「よい」と思えるものも少なからずあるかもしれない。しかしその「よい」変化が，果たして戦争によってしかもたらされ得ないものであったかは，今後も丁寧に考えていく必要があるであろう。

■参考文献
＊スタッズ・ターケル（中山容訳）『よい戦争』晶文社，1985
＊E・L・ミューラー（飯野正子他訳）『祖国のために死ぬ自由—徴兵拒否の日系アメリカ人たち』刀水書房，2004
＊矢口祐人・森茂岳雄・中山京子『ハワイ・真珠湾の記憶』明石書店，2007

12 シクスティーズ：社会抵抗運動と「新たな統合」の模索

中條 献

〈本章の学習のポイント〉 第二次世界大戦後の「豊かな社会」から，公民権運動を主とする1960年代の社会抵抗運動を通じて，アメリカ合衆国が，国家的，社会的に新たな統合を確立する過程を考える。
〈キーワード〉 「豊かな社会」，反共産主義，「画一性の時代」，公民権運動，M・L・キング，マルコム・X，ブラックパワー

1. 第二次大戦後の「豊かな社会」

1）消費社会の拡大と「軍産複合体」

「豊かな社会」。それは，第二次大戦後のアメリカ合衆国で急速に拡大した，物質的豊かさを誇る大衆消費社会を表す言葉であり，経済学者ジョン・K・ガルブレイスが1958年に出版した著のタイトルに由来する。合衆国では戦時中の軍需経済が景気の回復をもたらし，国土が戦場にならなかったこともあって，戦争で疲弊した世界各国を尻目に，どこよりも早く経済と産業が成長し，消費社会化が進んだのである。

「豊かな社会」の一端を見てみよう。戦時中に減少していた車の販売台数は1950年に670万台に達し，全米で登録されていた車の台数は，1945年の2580万台から，1970年には8930万台にまで激増した。車社会の到来にこたえて，アイゼンハワー大統領は1956年に高速道路法に署名し，6万6000キロに及ぶ高速道路の建設計画が実施されていった。住宅建設の増加による建設産業の拡大も，戦後の経済成長を象徴する現象

である。1949年の住宅法は、貧困者の住む都市部の居住地域をビジネス地区に変える再開発を進める一方で、都市の郊外部には中産階層向けの住宅建設を促し、住宅購入のための財政的援助も保証した。これにより、1940年には43.6％だった持ち家率が、1950年には55％に上昇した。このような戦後の消費の増大を支えていたのが、ベビーブーム世代であった。1946年から1961年までの15年間の出生人口は6350万人で、それ以前の15年間の出生人口である4150万人と比較すると、1.5倍に及ぶ数であった。生産の拡大とそれを支える消費、これが「豊かな社会」の基盤だったのである。

　また、戦後の合衆国社会の特徴としては、ゼネラル・モーターズ、IBM、エクソンといった大企業によるビジネスの独占が進んだ点と、経済的効率を極限まで追求する動きが、業種や産業を越えて「コングロマリット（企業複合体）」という形での集中と合併に帰結した点があげられる。また、ソヴィエト社会主義共和国連邦をはじめとする社会主義陣営との対立が世界規模で展開した、戦後の冷戦構造のなかで、アメリカ合衆国の軍事予算はむしろ戦後に大幅に増加した。こうして合衆国では、消費社会化が進むと同時に、巨大化した軍部と、それを支えるさまざまな民間企業と独占的な企業体が、連邦や地方の政治と経済に大きな影響を及ぼすようになった。アイゼンハワー大統領が1961年の退任演説で、軍部と兵器産業が一体化した「軍産複合体」が巨大な権力を行使することの危険性を指摘したのは有名である。そして、アメリカ合衆国はまぎれもなく、戦後世界において、軍事、経済、政治、文化とあらゆる側面において支配的な影響力と覇権を行使する存在となったのである。

2）画一性の時代と「赤狩り」

　戦後の大衆消費社会における思想，文化，規範，価値観などは，その画一性を特徴としていた。まず，労働者の多くが，生産現場の機械化や事務作業のオートメーション化によって，いわゆるホワイトカラーの職種に就くことになった。そのような中産階層の人々は，郊外地域の住宅地で一戸建ての住宅に住み，あふれる商品に囲まれながらも，互いに似たような生活様式に従う「大衆」の一部となっていった。マスメディア，特にテレビと広告の発達が，消費社会におけるこの「大衆」という同一性を創り出すのに大きな役割を果たした。郊外の戸建て住宅に住み，車を1台か2台所有する家族，その構成は夫妻と2～3人（あるいはそれ以上）の子どもたちである。そして，会社に勤務する父と主婦の母，子どもたちが学校で学ぶ愛国心や一定の性的規範や男女観，日曜日に通う教会と信仰心，テレビを囲む一家団らん，など。こうした中産階層の画一的なイメージが，理想の家族や規範として社会に浸透していくのである。

▶都市の郊外地域に並ぶ住宅群

　画一性が強調された1950年代はまた，反共産主義の嵐が吹き荒れた時代でもあった。合衆国における共産主義思想への政治社会的な弾圧は，1917年のロシア革命とその後の数年間にも見られたが，第二次大戦後には冷戦構造と米ソの対立のなかで，さらにその規模が拡大した。1938年には，連邦下院議会の組織として非米活動委員会が結成され，ハ

リウッドの映画産業の関係者を，共産主義者の疑いがあるとして公聴会で尋問にかけた。1950年2月，ウィスコンシン州選出の上院議員ジョゼフ・マッカーシーがウェストヴァージニア州で行った演説は，その後の合衆国社会をさらなる反共産主義の渦に巻き込んだ。マッカーシーは，手にした書類を掲げ，合衆国国務省は共産主義者に侵略され，その数は205人にのぼると語った。共産主義との世界規模の対決が叫ばれていた冷戦下の合衆国では，前年には中華人民共和国が成立し，同年の1月には国務省に勤務していたアルジャー・ヒスが，ソ連に機密情報を流した罪で有罪判決を受けるなどの状況を背景に，「社会的不安」が増長されていたが，マッカーシーの主張はこれをあおるものだった。

　マッカーシーと非米活動委員会は1950年代前半に，曖昧な証拠や虚偽の情報に基づいて「共産主義者」を次々と告発していったが，誰もこれに歯止めをかける者はいなかった。この「赤狩り」によって多くの人々が職を追われ，合衆国を去る者もいた。マッカーシーの扇動と告発は止まるところを知らず，国務省からトルーマン大統領の政権内部へ，そしてついには合衆国陸軍にまで攻撃の矛先が向けられた。ここにいたってようやく，マッカーシーの行動を批判する声が高まり，1954年12月，合衆国上院議会は上院の品位を汚したという理由で，彼に対する非難の決議を行った。結局，マッカーシーはその後も上院議員を続けたが，彼の

◀ジョゼフ・マッカーシー

影響力は急速に衰え,「マッカーシズム」と反共産主義の嵐は去った。

3）時代の反抗者たち

「豊かな社会」や「画一性の時代」といった状況からはみ出した人々,あるいはそれに反抗する人々もいた。例えば「ビート世代」と呼ばれた作家や詩人たちは,物質社会が押しつける画一的な規範やモラルに反発し,言葉や表現における自由奔放さを追求し,精神性を重視するとともに,自らの生活においてもドラッグの使用など,既成の枠に収まらない生活様式を実践した。アレン・ギンズバーグの詩集『咆哮』(1956) や,ジャック・ケルアックの小説『路上』(1957) などが,ビート世代を代表する作家と作品として知られている。

ビート世代をはじめとして,中産階層に蔓延する消費社会の画一性を逸脱しようとした白人たちは,ときに自らを「ヒプスター」と称して,黒人たちの音楽,特にジャズを高く評価する傾向があった。「ヒプスター」とは,黒人たちが使っていた「ヒップ」という言葉に由来し,「新しいコトにくわしい」,「カッコイイ」といった意味を持つ言葉である。戦争小説の傑作『裸者と死者』(1948) で有名になった作家ノーマン・メイラーは,1957年のエッセイ「白い黒人（The White Negro)」のなかで,圧倒的な差別と抑圧の世界を生き抜いてきた黒人たちは,同時に生存のための原初的な芸術をも守りとおしてきたと指摘して,だからこそ,彼らの音楽であるジャズには,「怒り,喜び,けだるさ,唸り,けいれん,痛み」などのエネルギーが満ちあふれているのだと称賛した。このような黒人音楽に対する憧憬は,それ自体が黒人に対する画一的なイメージや認識に依拠していたが,社会に反抗する白人中産階層の逸脱者たちにとってみれば,同じ逸脱者に見える（と思えた）黒人の生み出す音楽や文化を愛することが,自らの社会的反抗の証しであった。

画一化された社会で黒人に憧憬を抱いたのは、作家や知識人だけではなかった。南部のミシシッピ州で生まれ、テネシー州メンフィスに住んでいたひとりの青年が、ブルースやゴスペルといった黒人の音楽に傾倒し、自らが黒人ミュージシャンのヘアスタイル、服装、歌うときの身振りを取り入れて歌手の道を歩み始めた。1950年代半ば頃から、この青年エルヴィス・プレスリーは、「ハートブレーク・ホテル」、「ハウンド・ドッグ」など、立て続けに大ヒットを飛ばし、全米の白人の若者の心をつかんだ。プレスリー自身は、自分のパフォーマンスが昔からの黒人の歌や踊りに手を加えたものであることを語っていたが、彼の音楽に熱狂する若者たちは、そのようなことは知らなかったし、気にも留めなかった。そして、当時の親の世代や保守的な人々は、エルヴィスの歌、歌詞、踊りの「卑猥さ」に戦慄を覚えて、強硬に反発したのだった。
　こうした「豊かな社会」における黒人たちへの「称賛とあこがれ」の背景には、事実としての貧困と差別の存在があった。そして、奴隷解放から1世紀近くを経て、法的隔離と経済的貧困、人種的偏見と暴力に苦しんでいた、その黒人たちが立ち上がるのである。

2．公民権運動の高揚と成果

1）立ち上がる黒人たち

　1955年の暮れ、南部アラバマ州の州都モントゴメリーで、ひとつの運

動が始まった。ローザ・パークスという黒人女性が，人種隔離法によって座席が指定されていた市営バスで，白人の乗客に席を譲ることを拒否して逮捕されたのだ。この「日常的な出来事」は，やがて地元の黒人たちによる大規模な人種隔離反対のバス乗車拒否運動へと発展した。1年間に及ぶボイコット運動ののち，合衆国最高裁判所は，同市の人種隔離法が合衆国憲法に違反するとの裁定を下し，黒人たちの闘いは勝利を収めた。モントゴメリーの黒人は，市営バスで好きな座席に座れるようになったのだ。この運動は，全米の耳目を集めるとともに，ひとりの黒人牧師の名を一躍高めることとなった。優れた統率力と力強い弁舌で運動の中心的存在となったマーティン・L・キング牧師である。公民権運動と呼ばれる黒人大衆を中心とする抵抗運動が，まさに始まろうとしていた。

　人種隔離を崩そうとする動きは，実はすでに始まっていた。20世紀に入ってから，学校教育における人種隔離に反対して，黒人たちは地道な法廷闘争を展開していたが，ついに1954年5月，合衆国最高裁判所はブラウン判決のなかで，公立学校における人種隔離は違憲であると判断した。この判決は，1896年に同じ最高裁が下した，人種を隔離しても施設が平等であれば違憲ではないという，いわゆる「分離すれども平等」の裁定を覆すものだった。ブラウン判決が出されたあと，さっそく南部では人種統合教育への動きが起きるとともに，これに反対する白人たちの抵抗も顕著になってきた。1957年，アーカンソー州の州都リトルロックでは，白人の高校に初めて黒人が入学することになったとき，共学に反対する地元の白人たちは暴徒と化して校舎を取り囲み，気勢をあげた。一方，ミシシッピ州では1962年の秋，ジェームズ・メレディスという黒人がミシシッピ大学への入学を求め，州知事のロス・バーネットの反対にもかかわらず在籍が認められた。すると，大学の所在地オックス

フォードで地元の白人住民が暴動を起こし、ケネディ大統領は連邦軍を投入することによって暴徒の鎮圧を図った。

　南部の白人たちの反対と暴力にもかかわらず、人種隔離撤廃のための直接行動は着実に黒人大衆の間で支持を獲得し、運動の参加者の数も急速に拡大していった。人種によって隔離されていたレストランでは、白人専用のランチ・カウンターに黒人たちが座り込み、長距離バスでは、座席や停留所の待合室で同様の抗議行動を展開した。また、街頭では差別と隔離の撤廃を叫ぶ黒人たちが集会やデモ行進を頻繁に行った。こうした大衆運動をまとめていく組織の存在も重要であった。20世紀前半に結成された全米黒人向上協会（NAACP）、モントゴメリーのボイコット運動を受けて1957年に誕生した南部キリスト教指導者会議（SCLC）、若い世代を中心とする学生非暴力調整委員会（SNCC）などの運動組織は、それぞれの特徴を生かしつつ黒人大衆の力を結集していった。1960年代に入ると、運動はもはや止めることのできない勢いとなって、南部の人種隔離社会を揺さぶった。

　1950年代半ばから1960年代前半にかけての公民権運動の大きな特徴は、運動の参加者たちが非暴力の姿勢を貫いたことであろう。南部の白人たちのすさまじい暴力的抵抗は、リンチ殺人、教会の爆破、暴動などを通じて、運動参加者に死者や負傷者を次々と生み出し、南部の地方自治体の官憲による運動参加者への「取り締まり」と称する暴力もエスカレートした。しかし参加者は、黒人大衆であれ、運動に共鳴して北部からやって来た白人たちであれ、こうした暴力に対して非抵抗の態度で耐え抜いた。差別と隔離の撤廃という公民権運動の目的と、非暴力主義に基づくその遂行手段は、いずれも運動の道義的な正しさを世に示すことになり、合衆国政府も何らかの手段を講じざるを得なくなった。1963年8月、首都ワシントンで行われた大規模な行進と集会は、全米、いや世

▶ワシントン大行進

界の注目を集めた。差別と隔離を廃止する法律の制定と，平等な経済的機会を要求して行われたこの集会には，20万人以上が参加したといわれている。そして，集会の最後にキング牧師が行った演説「私には夢がある」は，歴史にその名を残すことになった。

この翌年，ジョンソン大統領は，人種や性別に基づく差別や隔離を禁止する包括的な公民権法に署名した。さらに，1965年には投票権法も成立させ，長らく奪われてきた黒人たちの参政権を合衆国政府が保証することとなった。

2）「ブラック・パワー」と運動の新たな展開

合衆国南部で公民権運動が大きな成果をあげているなかでも，北部や西部の大都市では黒人に対するさまざまな差別が依然として続いていた。ゲットーと呼ばれる居住区に余儀なく隔離されていたかれらは，雇用における差別と経済的な貧困に苦しみ，政治にも無関心であった。しかし1960年代に入り，これら都市部の黒人大衆の支持を得たのが，「ネーション・オブ・イスラーム（以下ネーション）」というイスラーム組織である。既存の公民権運動が，人種統合，理解ある白人との共闘，合衆国政府への信頼，非暴力主義といった考えを共有していたのに対して，ネーションは，人種分離と黒人の自立，白人社会との対決，合衆国政府の徹底的な批判，非暴力主義への批判など，いわゆる民族主義的な

側面を強く打ち出した。ネーションのリーダーとして頭角を現したマルコム・Xは，その鋭い知性と熱烈な弁舌で，多くの黒人を魅了し，南部で展開されていた公民権運動にも絶大な影響を与えていった。マルコム・Xは，キング牧師を中心とする公民権運動に対して厳しい批判を加えながらも独自の活動を展開し，ムスリムとして中東地域を歴訪して視野を広げ，合衆国の人種問題を世界のさまざまな人権問題と連関させて把握するようになっていった。その矢先の1965年2月，演説中のマルコム・Xは暗殺者の凶弾に倒れた。

◀マルコム・Xとキング牧師

一方，南部でも公民権運動の性格に少しずつ変化が生じていた。1964年の公民権法の制定にもかかわらず続く人種隔離や，一向にやまない白人の暴力に対して，若い世代を中心に既存の運動方針や考え方への批判が目立つようになった。1966年6月，南部で活動していた運動家ストークリー・カーマイケルは，ある日の演説で「ブラック・パワー」という言葉を用いた。この用語は，黒人作家リチャード・ライトが1950年代半ばに使っていたが，カーマイケルの演説以後，公民権運動のなかで明らかになっていた，黒人たちが権力を獲得する必要性を表現する手段として，多くの黒人聴衆を惹きつけていった。「ブラック・パワー」のスローガンが若い世代を中心に広まったのとは対照的に，合衆国のメ

ディアや公民権運動に共感していた白人の多くは、この言葉と黒人の新たな姿勢を恐れて強い反感をあらわにした。こうした社会的緊張感のなかで1968年4月、公民権運動のカリスマ的な指導者だったキング牧師が暗殺されると、全米で黒人による都市反乱が勃発し、黒人たちの怒りは増幅されていった。

　「ブラック・パワー」は、単なる黒人の不満の表明だったわけではなく、公民権運動やマルコム・Xとネーションの活動などを通じて、合衆国の現状について理解を深めた黒人たちが生み出した新たな要求と叫びであった。事実、1960年代後半になると、黒人たちの間で従来とは異なる性格を有する政治社会的な運動が起きてきた。例えば、1966年にカリフォルニア州オークランドで、ヒューイ・ニュートンとボビー・シールによって結成されたブラック・パンサー党は、黒人コミュニティーの政治的自立に加えて、「土地、パン、住居、教育、衣服、正義、平和」を合衆国政府に対して要求した。パンサー党の党員は、黒人に対する警官の頻繁な暴力に対抗して自らも銃で武装し、その戦闘的な一面を強調するとともに、地域の黒人コミュニティーでは、子どもたちに無料の朝食を配給し、独自の教育機会を提供するなどの多様な活動を展開した。これに対して、合衆国政府や地方自治体はパンサー党を徹底的に弾圧する行動に出た。連邦警察（FBI）や地元の警察は、スパイを送り込むなどの諜報活動を通じて、パンサー党を中傷しただけでなく武力による弾圧も行い、その結果、1970年代に入ると、パンサー党はその勢力が衰えていった。

　「ブラック・パワー」に代表される1960年代後半の思潮には、黒人の意識変革という重要な側面もあった。具体的には、初期の公民権運動に特徴的だった人種統合された合衆国社会の追求よりも、抑圧されたマイノリティ集団としての人種的な自己意識の重要性が強調されたのであ

る。「ブラック・イズ・ビューティフル（黒は美しい）」という言葉を，当時の黒人たちは頻繁に口にした。これは，奴隷制時代以来，黒人に対して押しつけられた否定的なイメージを，黒人自身が，公民権運動の闘いで身につけた自信と自覚によって払拭するとともに，それを肯定的な自己認識へと変革する動きだった。アフロ・ヘアーの髪型，ファッション，黒人英語，黒人音楽，黒人の歴史など，日常生活から文化的活動のすべてにおいて，「黒人であること」の自覚が促された。それは，まさに「黒人」という自己アイデンティティの堂々たる表明であった。

3．「シクスティーズ」の歴史的意味

1）公民権運動とマイノリティ集団の地位向上

　合衆国社会と「シクスティーズ」の背景について，ここでまとめてみよう。第一に，総力戦としての第二次大戦が合衆国社会に与えた影響である。本章の冒頭でも述べたように，1929年の大恐慌から立ち直っていなかった合衆国経済は，戦争による軍需生産の拡大をとおして急速に回復を遂げた。しかも，本土に直接的な被害を受けずに戦勝国となった合衆国は，戦後の世界でもっとも物質的に豊かな社会となった。合衆国の政治的あるいは軍事的影響力はもちろんのこと，その経済的かつ文化的な力は，工業製品から映画作品にまでいたる，ありとあらゆる輸出品をとおして世界に示され，アメリカの豊かさというイメージとともに拡大していった。しかし同時に，戦後の冷戦構造のなかで，合衆国国内では偏狭な反共産主義を中心として，思想や文化における画一的な社会が形成された。

　戦後の豊かな社会の裏では，依然として差別に苦しむ黒人たちがいたが，ここでも第二次大戦の影響は顕著であった。戦時の総動員体制は，差別されてきたマイノリティ集団や女性にも，戦争という国家行為に参

加することを促したからである。黒人たちは，アメリカ合衆国の兵士として戦場で戦い，アメリカ国民としての意識を強めて戦後に帰還した。そして，郷里で相変わらず続く人種隔離や差別に直面したとき，従来は見られなかった抵抗の姿勢と行動が，かれら自身のなかから生まれたのだ。また，豊かな消費社会の誕生が，黒人の間にも数は少ないながら中産階層を生み出していた点は大きい。消費力を有する集団は，例えばモントゴメリーのボイコット運動で発揮されたように，その経済的な力を条件に社会的抵抗運動を展開することが可能だからだ。

このように，1960年代に高揚した公民権運動の背景には，第二次大戦とその後の合衆国社会の変化があったが，より大きな世界情勢も見逃すことはできない。この時期，アフリカやアジアの旧植民地で抑圧されていた人々が立ち上がり，抵抗運動ののちに次々と政治的独立を果たしていた。マルコム・Xも見抜いたように，世界規模で被植民地支配者や被抑圧者の闘いが展開されていたのである。また，戦後の冷戦構造のなかで，「自由主義諸国」の指導者を標榜していた合衆国政府は，自国のマイノリティ集団からの反差別の叫びに対して無視を決め込むわけにはいかなくなった。この事実が，公民権運動の高まりを受けて，隔離や差別をなくすための一定の社会改革を促す政府の動きに結びついたのである。

2）新たな国家の統合へ

アメリカ合衆国の「シクスティーズ」は，公民権運動だけでなく，女性解放運動，インディアン解放運動，ベトナム反戦運動，学生運動など，多くの社会抵抗運動が吹き荒れた時代である。したがって，この時期を社会的分裂と混乱の時代だととらえる見方が通常であり，それ自体は誤りではない。しかし，より広い歴史的な視点から見れば，「シクスティーズ」は，戦後の合衆国社会が新たな統合のかたちを模索していた

時代だったのではないか。黒人だけではなくさまざまな人種・エスニック集団に対する偏見と差別，あからさまな性差別，絶対的貧富の差，そして何よりも，これらの現実にもかかわらず自明とされてきた，「自由と平等」をうたう国家的な理念。このような現実と理念のあからさまな矛盾に対して，虐げられた人々が声をあげた。それに対して，国家は既存の体制を維持しつつも，弱者の要求をある程度は受け入れざるを得なかった。こうして「シクスティーズ」を経たのちの合衆国では，黒人をはじめとするマイノリティ集団や女性の社会的地位が向上した。これはアメリカ合衆国の歴史において画期的な出来事であった。

　しかし，「シクスティーズ」の一連の社会変革は同時に，世界一の強国となったアメリカ合衆国だからこそ可能なことであった。人種や性に基づく差別と偏見を無視した上で，画一的な規範と表面的な「自由」のイメージによる社会統合の試みが限界に達したとき，弱者の要求と抵抗にある程度はこたえ，政治社会的な平等を進めた上で，かれらの持つ思想的あるいは文化的な多様性も承認する。これが秩序の安定をもたらしたことは間違いない。例えば，「ブラック・パワー」に象徴された強烈な黒人意識は，かれらの社会的状況が従来よりも改善されたことによって，「アメリカ合衆国の黒人」という国家に対する帰属意識に，少しずつ変化していった。他のエスニック集団においても，人々の自己認識のあり方が変化して，自らの出自を重視する「〜系アメリカ人」というアイデンティティが高まった。全米の大学で，「黒人研究」，「女性研究」，「インディアン研究」，「アジア系アメリカ人研究」といった学部やカリキュラムが設けられるようになったのも，1960年代以後のことである。こうした，人々の自己認識の変化を，「シクスティーズ」に端を発する合衆国社会の分裂的傾向と見る向きもあるが，事実はその逆であろう。これは，文化的な多様性を容認し，一定の政治社会的な平等を認めつつ，

アメリカ合衆国の秩序を築き上げていくという,いわば「多様性に基づく」新たな統合のあり方の出発点だったのだ。

　多様性に基づく統合は,さらに発達を遂げるアメリカ合衆国の資本主義にも適合していた。そこでは,マイノリティ集団も含めた文化的多様性の承認が,経済活動や市場に新たな利潤を生み出す機会をもたらすからである。今やアメリカ合衆国における日常生活は,音楽やファッションから料理にいたるまで多様性に彩られ,さらなる消費社会の成熟に手を貸している。確かに「シクスティーズ」の社会変動は,合衆国内で差別されてきたマイノリティ集団の地位を高めたという意味で重要であるが,それと同時に,多様性を強調した国家の統合を促進し,人々の国民意識や愛国意識を高めた。その多様性の承認が人々の社会経済的な平等に結びついていかない点と,国家の領域を超えて世界に存在する多様な文化や政治の承認にいたらない点は,近年の合衆国社会に見られる対外的な排他意識を見ても分かるように,大きな課題として残っている。

■参考文献

＊マルコム・エックス(浜本武雄訳)『完訳マルコム X 自伝(上・下)』中公文庫,2002
＊トッド・ギトリン(疋田三良他訳)『60年代アメリカ—希望と怒りの日々』彩流社,1993
＊ネルソン・ジョージ(林田ひめじ訳)『リズム＆ブルースの死』早川書房,1990
＊佐藤良明『ラバーソウルの弾みかた—ビートルズと60年代文化のゆくえ』平凡社ライブラリー,2004
＊辻内鏡人・中條献『キング牧師—人種の平等と人間愛を求めて』岩波ジュニア新書,1993

13 ベトナム戦争とアメリカ社会

白井洋子

〈本章の学習のポイント〉　アメリカの歴史のなかでももっとも論争の絶えない戦争，そして今なおさまざまに引き合いに出される戦争が，ベトナム戦争である。「不人気の戦争」「汚い戦争」と呼ばれたベトナム戦争であるが，それだけに，ベトナム戦争がアメリカ社会に及ぼした影響，そして戦争での敗北がアメリカの人々にもたらした経験について学ぶことは，現代アメリカ社会と文化への理解にもつながると思われる。以下，この戦争の特徴に焦点を当てることで，アメリカ社会にとってのベトナ戦争の持つ意味を探ってみることにする。

〈キーワード〉　ベトナム，反戦運動，対抗文化，戦没者記念碑

1. 最長の戦争，そして海外で初めて負けた戦争

まず，第一の特徴は，ベトナム戦争は，アメリカ合衆国が海外に軍隊を派遣した戦争としては最長期間に及ぶ戦争だったということである。ベトナム問題へのアメリカの介入をいつからと見るか，アメリカにとってのベトナム戦争の始まりをどこにおくかについては，諸説ある。アメリカのベトナムへのかかわりは，第二次大戦直後にまでさかのぼってみることが必要となる。ベトナムを含むインドシナ半島は19世紀半ば以降フランスの植民地とされたが，第二次大戦中の1940年秋，中国大陸を侵略し南進政策をとっていた日本軍が，ベトナム北部の中国との国境から侵入し，ベトナムをフランスとの共同支配下においた。しかし1945年3

月のクーデターで日本軍は事実上の単独支配を断行する。同年夏の日本の敗戦は，ベトナムの8月革命を可能とし，9月にはホー・チ・ミンの指導の下にベトナム民主共和国の独立をみる。ところが日本の敗戦直後に，旧宗主国フランスはインドシナ半島の支配復活をくわだて，8月末にはすでにそのための承認をアメリカから取りつけていたのだった。

　1945年秋にサイゴンに軍隊を送り込んできたフランスに抵抗するベトナムの人々は，ベトミン（ベトナム独立同盟）を中心に徹底抗戦を続け，ついに1954年，ベトナム北部のラオス国境に近いディエンビエンフーのフランス軍基地を攻め落として，勝利を確実なものとした。同年7月に結ばれたジュネーブ協定では，北緯17度線を暫定的な軍事境界線としてベトナム国土を行政的に南北に分離し，2年後に統一のための総選挙を行うこと，この期間は南北ともに外部からの軍事援助を受けないことが決められた。しかし実際には，この協定の調印を拒否したアメリカは，17度線の南半分への経済的軍事的援助を強化することで，南北の分離を固定化し，あたかも南と北の2つのベトナムが存在してきたかのような状況を作り出したのだった。アメリカのダレス国務長官が，ジュネーブ会議でよかったことのひとつは南ベトナムの独立の地位を前進させたことだと述べたとおり，ベトナム共和国（南ベトナム）の誕生はその後のアメリカの直接介入の根拠とされたのである。

　1960年には南ベトナムに北との統一を求める民族解放戦線が結成され，アメリカにあと押しされた南ベトナム政府と政府軍に対する民衆の抵抗の戦いを強めていく。同時にアメリカの軍事介入も，最初はアイゼンハワー政権による軍事顧問団という名のアドバイザー派遣から，ケネディ時代には戦闘支援部隊の派遣となり，ケネディ大統領が暗殺されたあとに大統領に就任したジョンソンの時代には，北ベトナムへの爆撃を含む直接的軍事介入が拡大されていった。北ベトナムへの爆撃のきっか

けとなったのは，1964年のトンキン湾事件であるが，これはのちにアメリカの第七艦隊所属の駆逐艦による北ベトナムへの挑発行為が引き起こしたでっち上げ事件だったことが明らかとなった。この事件を契機に，戦争は，アメリカの戦争として（戦争のアメリカ化），本格的な拡大路線を突き進んでいった。

このようにアメリカにとってのベトナムへの本格介入の始まりをどこにおくか，1950年のトルーマン政権による対仏軍事援助の開始からとするか，1954年のジュネーブ協定後の南ベトナムへの直接援助をもってとするか，1961年にケネディが軍事顧問団の大幅増員と戦闘支援部隊派遣を決めた時点とするか，1965年の北爆開始時期におくか，どれも政策転換の重大局面をなしている点では，それぞれに意味がある。しかし，第二次大戦直後のフランスのベトナム支配復活のくわだてに最初から手を貸しているアメリカが，独立を求めて戦ってきたベトナム民族の30年戦争の歴史にそのままかかわってきたことも事実である。ジョンソン政権時代にこの戦争が「アメリカの戦争」として拡大されると，アメリカ兵死者数も増大の一途をたどった。1968年初めの南ベトナム解放民族戦線によるテト（旧正月）攻勢では多数のアメリカ兵が命を落とし，在南ベトナム米軍兵員数は最大時54万人へと膨れ上がった。この翌年，ソンミの虐殺と呼ばれる無抵抗の村民への無差別殺戮事件が発覚し，戦況がいよいよ泥沼状態に陥ると，終わる見込みのない戦争に対するアメリカ国内での反戦運動も高揚し，ニクソン大統領はついに「ニクソン〈グアム〉・ドクトリン」を打ち出した。これが「戦争のベトナム化」政策であり，ベトナム人同士の戦争へと切り替えることで，米軍兵力を漸次撤退させようとした。1973年にようやくパリで和平協定が成立するが，実際に戦闘が終わったのは南ベトナム政府の拠点，サイゴンが陥落した1975年4月のことだった。

ところでアメリカが第二次大戦直後からベトナムへのかかわりを持ったことと関連するが，1945年9月に発表されたベトナム民主共和国の独立宣言についてである。この宣言文はホー・チ・ミンが草案したものであるが，その冒頭には，1776年にトマス・ジェファソンが起草したアメリカの独立宣言の文言が引用されている。「すべての人間は平等に造られている。人はすべてその創造主によって誰にも譲ることのできない一定の権利を与えられており，その権利の中には，生命，自由，幸福の追求が含まれている」という一節に続いて，「この不滅の言葉は，1776年のアメリカ合衆国独立宣言の中で述べられたものである」と記されている。さらに同様の内容の，フランス革命時代に公布された「人及び市民の権利宣言」（1791）の一節もそのあとに引用されている。フランスはベトナムの再植民地化をねらったが失敗し，フランスに続いた合衆国も，自らの建国の理念に学び，植民地支配からの独立を目指したアジアの民族に軍事的敗北を喫したのである。しかしここでさらに指摘しておきたい点は，1945年9月に発せられたベトナムの独立宣言は，実際には第二次大戦末期の日本軍の支配からの独立を宣言したものだったということである。

2．国論を二分した戦争―「60年代」アメリカ社会と対抗文化

　ベトナム戦争がアメリカにとって局地的に限定された戦争であったとはいえ，莫大な費用と膨大な人員，そして核兵器以外の最新の化学兵器を投入したにもかかわらず，軍事大国，経済大国と自負していたアメリカが敗北した戦争であったこと，それも国民の大半がそれまでその存在すら知らなかったアジアの小国に敗北したという事実は，戦後長らくアメリカ社会にベトナム・シンドローム（ベトナム戦争症候群）という現

象をもたらした。これは，元来は外交政策上用いられた用語であり，ベトナムでの敗北後，政府が自国の軍隊を海外に派遣し攻撃的な作戦に出ることを躊躇した風潮，また外国への直接的軍事介入に対して国民的支持が得られなくなった風潮を意味したが，戦後のアメリカ社会の戦争後遺症的な状況をも指している。しかも次第に泥沼状態に陥った戦況から抜け出すことができずに，5万8000人以上もの自国の若者の戦死を招いた事実は，アメリカ社会に計り知れないほどの衝撃を与えた。

　世界史的には冷戦のまっただ中で戦われたこの戦争の目的を，アメリカ政府は国民に対して，アジアを共産主義の脅威から防衛するための戦争，自由と民主主義の拡大のための戦争と標榜した。しかし戦争のこの大義名分は，戦争の泥沼化とともに次第に崩壊し，かつてないほどの規模による反戦運動を引き起こしたのである。国内での反戦運動の高まりと国際的な批判を背景に，戦争政策をめぐる政府部内にもその亀裂が明らかになってきた。とりわけ北ベトナムへの爆撃の強化と戦争拡大を主張する軍部と戦争拡大に反対し派兵削減を提案する文官とは激しく対立した。1968年1月終わりから2月にかけての解放戦線によるテト攻勢からの軍事的な敗北は免れたものの，アメリカ側がこの戦争に勝てる見込みのないことは，誰の目にも明らかとなった。そしてまたテト攻勢後のひとりの米陸軍将校の発言，「集落を救うためにはそこを破壊せざるを得なかった」は，この戦争がベトナムの人々に何をもたらしたのか，アメリカは何のために戦ったのかという疑問を多くのアメリカ人に抱かせることになった。このことは，戦争を遂行する上での大前提であるべき国民的コンセンサス（同意，一致）もすでに失われていることを意味していた。

　1964年のトンキン湾事件以後，ベトナムへの軍事介入の本格化が国民の目にも明らかになると，反戦運動も活発となった。50年代に台頭した

南部社会を中心としたアフリカ系アメリカ人（黒人）の人種差別撤廃を求める公民権運動には北部からの白人学生も参加していたが，公民権運動の影響は全米各地の大学キャンパスへと広がり，大学の古い体質を批判し，大学制度の改革を求める声も反戦運動と並行して高まった。そうした社会の激しい流れのなかでさまざまな運動に積極的にかかわるようになった女性たちは，アメリカ社会に深く根を張る女性差別を人間の権利の問題としてとらえるようになり，女性の解放を目指す運動を立ち上げていった。フェミニズムは，公民権運動，ベトナム反戦運動と並び，1960年代の特徴的な社会現象となった。これらの社会運動は，50年代まで支配的だった既成の道徳観や社会通念を批判し，若者たちに新しい価値観模索の場を提供し，社会変革を求める大きな流れを作り出した。1960年代半ば以降のこのような現象は，従来の伝統的な価値観，生活スタイルへの異議申し立てを主張する対抗文化（カウンターカルチャー）の動きのなかに，多くの若者たちを巻き込んでいった。この運動はベトナム戦争終結後，1970年代後半まで続いた。アメリカの歴史のなかでは，この時代の社会的変化の波に何らかの形で積極的にかかわっていった人々を「シクスティーズ」（60年代の人々）と呼ぶ。

　対抗文化運動の中でもクライマックスといえる出来事は，1969年8月にニューヨーク市郊外の農場に30万人以上の若者たちが集まって開かれたウッドストック・ロック・フェスティヴァルだった。かれらの多くはヒッピーと呼ばれ，従来の伝統的な価値観，有名大学を出て，高収入の仕事に就き，マイホームを持ち，といった生き方や，一夫一婦制の結婚の形式に疑問を抱き，新しい家族像を求めた多様な形のコミューン，共同生活を試みた。ヒッピーというとドラッグやフリーセックスなどのイメージばかりが先行し，センセーショナルに報道されたりもしたが，そうした若者たちの意識の根底には，戦争肯定のアメリカ社会に対する反

発と批判があったことは見逃せない。

3. 反戦運動の高揚

　ベトナム戦争は，その戦争の最中から反戦運動を引き起こした点でも，それまでにない特徴を持っていた。もちろんこれまでにも，例えば1846年から48年に戦われたメキシコとの戦争に対して税金の不払いをもって

◀WSP（女性反戦組織「平和のための女性ストライキ」）

▶国会議事堂前での反戦集会（ワシントンDC、1971年4月）

反対の意思表明をした『市民としての反抗』の著者ヘンリー・D・ソローや，第一次大戦参戦に反対した人々もいたが，そうした反戦の声が政府の政策に大きな影響を与えることはなかった。しかもベトナム反戦運動には，労働者や市民，学生はもちろんのこと，戦場からの帰還兵や現役兵士までもが，この戦争の不当性，残虐性を訴えて立ち上がり，全米各地で大規模な反戦デモが展開された。1967年10月21日には10万人以上が集まりワシントンのペンタゴン（国防総省ビル）を包囲しようとしたが，ジョンソン大統領は州兵を出動させてこれを阻止した。こうした反戦運動の高まりは，いわゆる「戦争のアメリカ化」にともない米軍の本格的軍事介入が拡大されていく過程と並行していた。1965年には現役の陸軍第五特殊部隊所属ドナルド・ダンカン一等曹長が反戦表明をして退役し，その後「ベトナム戦争における戦争犯罪調査国際法廷」（「ラッセル法廷」とも呼ばれ，米国政府に有罪判決を下した）で米軍によるベトナムでの残虐行為の証言者となった。また1966年6月には，テキサス州フッド基地で3人の兵士が「われわれは皆殺しの戦争の片棒をかつぎたくない」としてベトナムへの派遣命令を拒否し軍法会議にかけられる事件（フォート・フッド3）があった。これらはほんの一例にすぎない。

　1967年4月には，ベトナム戦場からの帰還兵たちが，「われわれはその場にいたのだ，体験したのだ」という生のメッセージを伝えることでこの戦争をやめさせようと独自の組織を結成した。それが「戦争に反対するベトナム・ベテランズ（帰還兵）の会」で，その頭文字からVVAW（Vietnam Veterans Against the War）と呼ばれる。実際，VVAWの運動は独創性にあふれていた。そのひとつが，1971年初めに，ミシガン州デトロイトで開かれた「冬の兵士聴聞会」である。冬の兵士とは，独立戦争でアメリカ大陸軍が困難な状況にあったとき，トマス・ペインが，夏の兵士（日和見主義者）と対比して，もっとも困難な時期に危機

に立ち向かう者こそ真の愛国者であると，兵士たちを勇気づけた言葉に由来する。その聴聞会で，帰還兵士たちはベトナムでの自らの残虐行為を証言した。エージェント・オレンジ（ダイオキシンによる枯れ葉剤）の毒性が世間に初めて公表されたのもこの聴聞会においてである。それより1年前に実施されたRAW（Rapid American Withdrawal：米軍即時撤退）作戦は，米軍の索的撃滅作戦（サーチ・アンド・デストロイ）がどのように行われたかを都市郊外の町で，住民の参加協力の下に実演して見せ，ベトナム民衆が味わった恐怖を自国の人々に実感してもらおうとした。翌71年のDC（Dewey Canyon：ラオスでの軍事作戦名）Ⅲ作戦は，ベトナム戦場での活躍をたたえて兵士に贈られた各種勲章を，これまた兵士自らが議会議事堂に向かって投げ返した抗議行動である。勲章を「恥と不名誉，残虐行為のシンボル」として3000人ほどの帰還兵ひとりひとりが柵の向こうの議事堂めがけて投げ返したのである。その翌日，ワシントンでは50万人，サンフランシスコでは25万人規模の反戦集会が持たれた。全米各地でさまざまに繰り広げられた反戦運動は戦争を終結に向かわせる確実な力となった。

4．看護兵としての女性—女性軍人の増加と顕在化

ベトナム戦争は，戦場となったベトナムに1万人を優に超える女性軍人が派遣されたという点でも特筆すべき戦争だった。合衆国軍看護部隊に女性による補助部隊が正式に認められたのは20世紀初めのことであり，第一次・第二次大戦には，陸海軍の看護部隊所属の女性たちが世界各地の軍施設や病院船で任務についた。ベトナム戦争期には，軍人女性は26万5000人ほどだった。そのうちベトナムに派遣された軍人女性は約1万1500人で，その80％が陸海空軍の看護部隊所属の女性看護兵である。赤十字やUSO（米軍慰問協会）からの女性を含めると全部で2万人ほ

どの女性が戦争中にベトナムに渡ったとされている。ベトナム戦争はゲリラ戦が主体の，敵方兵力のせん滅と軍事力破壊をねらった消耗戦であったため，アメリカ兵たちは，町なかであろうが農村であろうが，兵士の宿舎でさえも，いつ，どこが戦場となるか分からないという不安につねに襲われた。ベトナムに派遣された女性看護兵の75％が敵の銃撃に見舞われた体験を持つ。もちろん看護部隊とはいえ，戦地に派遣される軍人として，出発前の8〜10週間，米国内の基地に集められて軍事訓練を受けなければならず，平時の社会

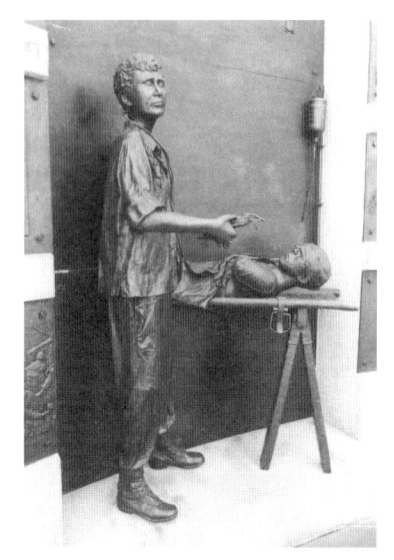

▲陸軍看護兵像（サクラメント）

における病院看護師に求められる以上の役割を負ってベトナムに向かった。

　軍隊が男性中心の世界であったことから，死傷者を相手とする重い軍務のあとでも，上官の将校のダンスや飲食の相手などを強要されるなど，性差別に基づく，今日でいうところのセクシュアル・ハラスメントやパワー・ハラスメントに直面した女性が多かったことも事実だった。ニクソン政権時代の1973年に選抜徴兵制が廃止されたことにともなう全面志願制への移行は，必然的に男性兵士の減少をもたらし，結果的に女性兵士の大幅増員につながった。だからといって軍隊内部での女性蔑視や性差別がなくなったことを意味しない。女性のベトナム・ベテランは帰還後も，女性であることを理由に復員軍人として男性ベテランと同等の扱

いを受けるまでには，新たな戦いを強いられたのだった。女性軍人を取り巻くこのような状況は，女性兵士の戦場派遣が増大する80年代のカリブ海地域におけるグレナダ侵攻やパナマ侵攻以後，そして90年代に入っての湾岸戦争以降，さらに顕著となる。

5．戦後社会とベトナム帰還兵

　なぜ世界最強のアメリカがアジアの小国との戦争に敗北したのか，なぜ5万8000人以上もの自国の若者を遠いアジアの地で死なせなければならなかったのか。ベトナムでの敗北のショックはさまざまな形をとって現れた。夫や息子を失った家族の悲しみはもちろんのこと，戦場から何とか生き残って帰還した兵士でさえも，ベトナムで民間人を無差別に殺戮したこと，また自分だけが生き残ったことへの罪の意識にさいなまれ，帰国後も社会生活に適応できずに苦しんだ。帰還兵の中には，それまでの第一次・第二次大戦時の兵士を襲ったシェルショック（砲弾ショック）やコンバット・ファティーグ（戦闘疲労）などとは異なる症状の精神的後遺症にさいなまれ，最悪の場合は自殺にまで追い込まれる者もいた。この症状は1980年に全米精神医学会からPTSD（心的外傷後ストレス障害）として正式な病名を与えられたが，ベトナムからの帰還兵およそ300万人のうち，50万人から70万人がPTSDの症状を抱えていたといわれる。今日，大災害や悲惨な事故によって生じる精神的後遺症をPTSDと呼ぶが，この病名はベトナム戦争による後遺症からつけられたものである。

　枯れ葉剤がアメリカ兵に及ぼした影響も無視できない。ベトナムでは，ベトナム人科学者により，死産や流産，生まれた子どもにみられるさまざまな障碍や先天的欠損症の原因が枯れ葉剤にあることが早くから指摘されてきたが，1970年までの10年間にわたり大量の枯れ葉剤を散布して

きたアメリカ兵もその後遺症に苦しんだ。帰還兵たちはその原因が枯れ葉剤にあることを訴え続けたが，米国政府はなかなか認めようとはしなかった。60年代の終わりにはアメリカでも枯れ葉剤を浴びた帰還兵に障碍を持つ子どもが生まれている。80年代に入り，帰還兵たちは化学薬品会社に対して賠償金を求めて訴訟を起こしたが，その頃からようやく，この問題が社会的にも取り上げられるようになった。

　ベトナム戦争での敗北は，この戦争を「忘れてしまいたい戦争」「忌まわしい戦争」とアメリカ国民に思わせるほどの衝撃を与えた。帰還兵にとって戦場体験が「悪夢」となっていたように，戦争に行かなかった人々までもがこの戦争について触れることを避け，それゆえにその傷を少しでも思い出させる存在としての帰還兵を疎んじる社会風潮さえ作り出された。その背景には，「よい戦争」「正義の戦争」と呼ばれた第二次大戦から英雄として帰還し，戦勝パレードで華やかに迎えられた経験を持つ父親世代に比べ，ベトナムで戦った兵士には帰還をたたえるパレードもなく，むしろ1年間の義務期間を終えた兵士が個々バラバラにひっそりと帰国させられた事情も働いていた。また帰還後の兵士に対する政府や軍の対応にも，帰還兵たちは強い不満を抱いた。このことは，帰還兵の実体験を綴ったロン・コビック著『7月4日に生まれて』とそれをもとに制作された同名の映画にも描かれている。「ベトナム」，つまり悪夢としてのベトナム体験を語ることをタブーとする風潮に覆われたのが，1970年代のアメリカ社会だった。

6．ベトナム戦没者記念碑の建設と記憶の継承

　敗戦の悪夢に覆われていたかのようなアメリカ社会も，1980年代に入ると新しい動きを迎える。そのきっかけは1982年に首都ワシントンにベトナム戦没者記念碑が完成したことにあった。ジャン・スクラグズとい

うひとりの帰還兵の,「戦死した者すべての名前をそこに刻む」という堅い決意から出発し,幾多の困難を乗り越えて,国や政府からは1セントの援助を受けることもなく,すべて賛同者の寄付金によって建造された戦没者記念碑である。そのデザインは公募され,全国からの応募作品1421点から審査委員会の満場一致で選ばれたのは,当時21歳のイェール大学建築学科に在籍の中国系アメリカ人女子学生マヤ・リンの作品だった。「壁」と呼ばれるようになったこの記念碑は,黒い御影石が鏡のように磨かれた表面に,戦死者と行方不明者5万8000人余りの名前が年代順に刻まれるだけの,戦没者記念碑である。

ワシントンの戦没者記念碑の完成は,この戦争による犠牲者への追悼と鎮魂の場を作り上げたと同時に,生き残って帰還した元兵士たち,つまりこれまで負けた戦争の悪夢の象徴のように社会から疎んじられてきた帰還兵士の名誉を回復する機会ともなった。このことは,あたか

▲マヤ・リンのデザインによるベトナム戦没者記念碑

もPTSDに覆われてしまったかのような戦後社会に,癒しと和解の風をもたらした。戦没者の追悼は,帰還兵士のみならず,兵士たちに敗戦の責任を負わせてきたことへの自責の念に自らも傷ついていた多くの国民

への癒しをも意味したのだった。80年代には，ワシントンの記念碑にならった，名前のみを刻んだ壁様式の戦没者碑が，州や郡，都市，地域コミュニティとさまざまなレベルで全国各地に次々と建設されていった。

　ベトナム戦争はアメリカ社会に何をもたらしたのだろうか。それは単に，戦争が社会に与えた影響としてだけ考えることだけではとらえきれないほど深刻で，かつ広範囲に及ぶものだったといえよう。ワシントンのベトナム戦没者記念碑がアメリカ社会に癒しと和解をもたらしたとはいえ，それは自国の戦没兵士への慰霊を介してであり，何よりも戦場となったベトナムの300万人ともいわれる犠牲者への追悼をも込めた戦争の記憶を次世代のアメリカの人々に継承していくことはこれからの重い課題となるであろう。帰還兵士の中には，戦後，悪夢でしかなかったベトナムを再訪し，その地が歴史と文化を持つ国であることを再発見し，潜在化していた加害意識を呼び覚ますことで，自らの戦争後遺症を克服する人々もいた。次に引用する詩は，そうした体験を持つひとりの元海兵隊員の作品である。

「グレナダ侵攻」　　　　　　　　　　　　W・D・エアハート
私はモニュメントなど望んではいなかった
たとえどんなに厳粛なもの
死者のために造られたあの巨大な黒い壁さえも
私は記念切手なんか欲しくはなかった
デラウェア川に沿って走る
"ベトナム・ベテランズ・メモリアル・ハイウェイ"と名づけられた道路も

私が望んだのはごく単純なこと

私たちの考えを他の国の人びとに押しつけるようなこの国のやり方には
限界があると認識すること
私が望んだのは
世界は黒か白かでも
私たちのものでもないと理解すること

私が望んだのは
モニュメントをもうつくらないということ

この作品は1983年に米国軍隊がグレナダに侵攻したときの作者の率直な気持ちを表している。作者はこのとき，アメリカはベトナムから何も学んでいないと思ったという。しかしアメリカにとってのベトナム戦争の本質が侵略戦争であった事実と向き合い，自国の歴史をとらえ直そうとする姿勢，他国の歴史と文化に敬意を払うことの意味をつかみ取ったことは，ベトナム戦争を体験したアメリカの人々と社会にとって何よりの遺産となったはずである。そして戦没者記念碑を必要としない世界をつくること，それこそが「壁」からのメッセージであることを。

図13-1　ベトナムにおけるアメリカの軍事活動（1964－1971）

Marilyn B. Young, John J. Fitzgerald, and A. Tom Grunfeld, *The Vietnam War: A History in Documents*（Oxford: Oxford University Press, 2002）p.69 をもとに作成

■参考文献

＊小倉貞男『ヴェトナム戦争全史』岩波書店，1992
＊陸井三郎編訳『ベトナム帰還兵の証言』岩波新書，1973
＊清水知久『ベトナム戦争の時代』有斐閣選書，1985
＊白井洋子『ベトナム戦争のアメリカ』刀水書房，2006
＊東大作『我々はなぜ戦争をしたのか』岩波書店，2000
＊古田元夫『歴史としてのベトナム戦争』大月書店，1991
＊歴史学研究会編『講座世界史10・第三世界の挑戦』東大出版会，1996
＊歴史学研究会編『日本同時代史4・高度成長の時代』青木書店，1990
＊W. D. Ehrhart, *Beautiful Wreckage: New & Selected Poems*（Adastra Press, 1999）．本文中の詩「グレナダ侵攻」は同書所収の作品で，作者エアハート氏の許可を得て，筆者が日本語に訳した．

14 女性の20世紀

小檜山ルイ

〈本章の学習のポイント〉 第一次世界大戦を境に,アメリカの女性の政治的立場と生活は大きく変わったが,女性たちがヴィクトリアニズム的近代の枠組みを徹底的に打破することに挑んだのは,1960年代以降の第二派フェミニズムを通じてであった。20世紀後半,アメリカの女性たちは何を求め,それはアメリカ社会をどのように変えてきたのかを考える。

〈キーワード〉 第二派フェミニズム,平等権修正,人工妊娠中絶,差異

1. 参政権獲得後の女性

第5章,第9章で説明したように,参政権を持たないことは,文化的構築としての「女性」の要件のひとつであり,「女性」の政治文化の大前提であった。1920年に実現した参政権は,その「女性」たちの70余年にわたる運動の勝利であったが,同時に,「女性」についてのそれまでのコンセンサスを揺さぶる出来事でもあった。

それを象徴するのが,1923年に初めて連邦の下院に提出された憲法修正案,平等権修正(ERA)をめぐる女性の間の対立である。合衆国や州政府が,性別によって法の下の平等を否定したり,剥奪したりすることを禁じるというERAの趣旨は,選挙において獲得した男女平等を,より広範な分野に拡張しようというものであった。これを熱心に支持した

のは，全国女性党であった。党の指導者アリス・ポール（1885-1977）を典型とするように，彼女たちは，男性との競争力を持つ，参政権運動を闘ったなかでは，比較的若い，白人女性たちであった。

　しかし，その一般的平等主義は，「女性」の特異性に依拠して勝ち取ってきた，女性労働者保護の諸法律を否定するものでもあった。夜間労働や重い物を扱う労働を禁止する，いわゆる女性保護法は，工場等で肉体労働に従事する女性を想定し，そういった労働には無縁のエリート白人女性たち——ジェイン・アダムスのハル・ハウスで働いたアリス・ハミルトンやフローレンス・ケリーなど——が，シスターフッドに根ざすシンパシーと「女性」に前提された利他性に基づく行動原理から，長年運動し，実現にこぎつけたものであった。「女性」を，男性と平等な存在として新たに構築することを目指せば，「特別な保護を要求できる存在」という従来の理解を棄却する必要があるわけだが，現実問題として，どちらが女性にとって有利か，となると，どのような経済的，社会的背景を有するかによって異なり，一律に「女性」を想定するのは困難である。

　このような亀裂の中で，大戦間期にかろうじて多数の女性の賛同を得て推進されたのは平和運動であったが，アメリカの第二次世界大戦への参戦を阻止するにはいたらなかった。そして，戦争直後の1940年代後半から50年代に到来した社会環境は，一見，かつてのヴィクトリア時代的な女性の役割が，その政治文化を抜きに，復活したかのようであった。すなわち，戦時動員で女性に開かれた職業機会の多くを，復員する男性のために空け渡し，女性は，家庭に戻り，子どもを産み育てることが理想とされた。大学を中退して結婚することが流行し，平均結婚年齢は低下，ベビーブームが到来した。郊外住宅で子どもを3人から4人育てるアメリカの白人の主婦は，家電製品でいっぱいの清潔な台所，緑の芝生，

表14-1 学位を得た女性の割合

第二次世界大戦後の時期は特に落ち込んでいるのが分かる。

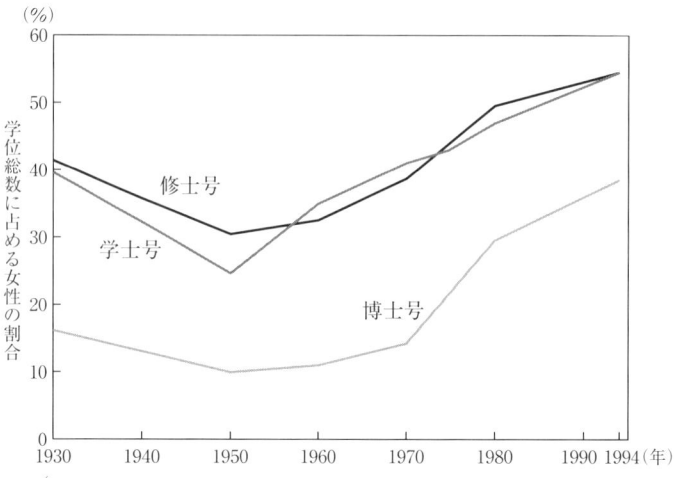

(U.S. Bureau of the Census ; Department of Health, Education and Welfare ; Digest of Education Statistics より)

　自家用車などを持ち，「アメリカ的生活様式」を具現する，世界で一番豊かで幸せな女性たちだと想定された。彼女たちは，パックス・アメリカーナを象徴する存在であり，冷戦の対抗軸のひとつに組み入れられた。その豊かさと平穏は，資本主義社会だけが達成できるものだと。
　しかしその一方で，経済発展の結果生まれたサービス業の多くは，ウェイトレス，ホテルの清掃婦，スチュワーデス（現在はキャビンアテンダント），店員，看護婦，小学校教員，事務員など，女性の家庭での労働の延長線上にある仕事であった。従来から，黒人女性をはじめとする労働者階級の女性はこれらの仕事を家庭と両立させようとしてきたわけだが，1940年代，50年代には，白人中流階級の女性の多くも結婚前だ

◀文明の利器でいっぱいの台所に立つアメリカの主婦（一九五二年）

けでなく，結婚後，子どもがある程度大きくなってから働きに出ることが珍しくなくなった。例えば，ベビーブームのときに生まれた子どもが学齢期になれば，資格のある主婦が教員の不足を埋め，同時に「アメリカ的生活様式」を維持するのに必要な家庭の消費の一部を支えた。その賃金労働はあくまで補助的なものと位置づけられることで，かろうじて専業主婦を擁する郊外の家庭の理想はつなぎとめられていた。

2．第二派フェミニズムの登場

　第12章でくわしく取り上げたように，公民権運動とともに，現状への抗議と変化の時代が幕開けした。1955年にアラバマ州モントゴメリーで起こったバス・ボイコットは，公民権運動の出発点とされるが，きっかけを作ったのは，黒人女性ローザ・パークスであった。これに象徴されるように，公民権運動に女性——黒人はもちろんのこと，白人も——が果たした役割は大きなものであった。

　抗議と変化の機運の中で，女性の問題に特化した異議申し立ての声を

あげ始めたのは，まず比較的年上の白人中流女性たちであった。彼女たちは主に専門職に就く人々で，労働省の婦人局や全国女性党とつながりを持つ者もいた。ケネディ大統領が，エレノア・ローズヴェルトを委員長として，「女性の地位に関する大統領委員会」を設置し，経済，家庭，法律における女性の立場の再評価が始まると，ERA に関する議論も活発になった。1963年には，同委員会の最終報告書が出て，雇用差別，不平等賃金，保育サービスの欠如，法的不平等などが指摘された。同年，賃金均等法が議会を通過し，同じ仕事について性別によって報酬に差異をつけることが違法となった。

▲ベティ・フリーダン

　1963年には，また，フリーランスのジャーナリスト，ベティ・フリーダンの『女性らしさの神話』が出版され，世界一幸福なはずのアメリカの白人中流主婦の間にくすぶっていた不満が暴露された。夫と子どもの世話に明け暮れる郊外の日常の中で主婦が抱える，「名前のない問題」を描き出した同書は，爆発的な共感を主婦層から引き出した。19世紀の女性たちと異なり，1940年代，50年代の中流の専業主婦には，その教育と能力に見合う権力も威厳も尊敬も社会的機会も与えられなかったことを考えれば，それは当然ともいえる。フリーダンが彼女たちに与えた主な処方箋は，家庭の外に仕事を持つことであった。

　1964年，新規の公民権法が成立し，その第7編で，人種，信条，出身国，そして，性によって雇用差別をしてはならないことが定められた。

女性たちにとって願ってもないことであったが、問題はそれを本当に実効性のあるものにすることであった。当初、公正雇用機会委員会（EEOC）でさえ、性別による雇用差別を真剣に考えていなかった。ERAについても依然、賛否両論あった。この状況を背景に、1966年にベティ・フリーダンを初代会長として全国女性機構（NOW）が創設された。当初の声明によれば、NOWは、「女性をアメリカ社会の主流に今すぐ合流させ、男性と真に平等な協力関係の下に、そのすべての特権と責任を行使せしめる」ことを目標とした。1970年代、NOWは、ERA成立のために奮闘することになる。

若い中流の白人女性が、フェミニズムに目覚め、運動を立ち上げたのは、より直接的に公民権運動、あるいは、新左翼の運動に参加した経験に根ざしていた。1960年代半ば以降、黒人の運動が民族主義化すると、白人の学生たちは、ベトナム戦争反対、大学の権威主義反対などに運動の焦点を移していった。「学生非暴力調整委員会」（SNCC）から「民主的社会を求める学生」（SDS）へと連なる学生運動は、女性にとって、組織作りの能力や指導力を養う貴重な機会であるとともに、往々にして苦い経験ともなった。女子大学生は、熱い議論をかわす男子大学生にコーヒーを出し、セックスの相手となるという形で運動に参加することが多かった。人種差別反対のグループでは、仲間の黒人学生とのセックスを拒否する白人女子学生は、人種差別主義者とされることもあった。グループ内の恋愛関係が破局を迎えれば、女性の側が排除されがちであった。恋愛やセックスには、男女の権力関係が横たわっていた。「私的で個人的なことは政治的なことである」というフェミニスト運動の標語は、彼女たちの経験をぴったり表現するものであった。

学生運動の中で男女平等を訴えても、つまらない文句とあしらわれた。例えば、1964年にSNCCの委員長を務めたストークリー・カーマイケ

ルは冗談めかして、委員会における女の唯一の役割は「男に平伏する」ことだといった。女性たちは「意識高揚グループ」を作り始めた。それは、コミュニティレベルの小集会で、女性各個人の経験を告白し、参加者がその経験を共有することで、共通の問題認識にいたる、というものである。「姉妹の絆は強力である。」参政権獲得以降、失われて久しかった女性の間の連帯感——のちに批判されたように、それはあくまで白人中流女性を中心とするものだったが——が復活し、60年代後半には、「ウーマンリブ」という、より急進的な女性の運動が成長していった。1970年代、公民権運動、ベトナム反戦運動等が下火になるなかで、女性の運動は社会変革の原動力となった。

3. 第二派フェミニズムの重要案件と成果

　第二派フェミニズムと呼ばれるようになった1960年代に始まる女性の運動の主な主張をまとめると次のようになる。

　まず、包括的男女平等実現のためにNOWが取り組み、第二派フェミニズムの象徴ともなったERAがある。すでに説明したように、ERAは1923年以来、繰り返し連邦議会に提案され、平等か保護かをめぐる意見対立を呼んだ案件であったが、新しいフェミニズムにおいては、女性が、自分の必要を訴え、実現することこそが、まず重要であった。「女性」は利他的な存在として構築されてきた、そのこと自体が、「女性らしさの神話」として、唾棄すべきものであった。平等の主張が、男性との競争力のある、白人中流階級以上の女性のエゴイズムだとしても、エゴの獲得こそ、女性を呪縛から解き放つために必要だった。ウーマンリブ運動の高潮期、1972年に、ERAは連邦議会を初めて通過し、各州による批准のプロセスに入った。

　第二に、教育と職業上の男女平等である。第二派フェミニズム以前、

表14-2 1890-1990年における女性の就労状況（年齢別）

(%)
- 1990年男
- 1990年女
- 1980年女
- 1950年女
- 1920年女
- 1890年女

年齢: 16〜17, 18〜19, 20〜24, 25〜34, 35〜44, 45〜54, 55〜64, 65以上

（*Historical Statistics of the United States : Colonial Times to 1970*, Part 1. Bureau of the Census. U.S. Department of Commerce, 1975. "Employment and Earnings," Bureau of Labor Statistics, U.S. Department of Labor, January 1981. Nancy Woloch, *Women and the American Experience*, 3 rd ed., (Boston : McGraw-Hill, 2000), P. 609. より作成）

ハーヴァードのような名門大学は女子学生を受け入れなかったし，法学部や医学部に学ぶ女子学生も少なかった。求人広告は男女別，収入や威信が大きな職業は基本的に男性が独占した。1964年の公民権法第7編と1972年の高等教育法の改正などによって，このような問題を改善する環境が整備されたが，特に職業上の女性の問題は簡単に解決しなかった。慣習的な雇用差別，1963年の賃金均等法では解決できない，女性が集中する，いわゆるピンク・カラーの仕事の賃金の安さ，女性特有の職場環境の問題などである。フェミニスト運動は，アファーマティブ・アクション，同等価値労働同等賃金，セクシュアル・ハラスメントといった概念

の定着と[1]、それに基づく法や公的施策の整備などに力を尽くしてきた。トップクラスの職業的地位に就く女性はまだ少ないが（「ガラスの天井」）、今や医学部、法学部の学生のほぼ50パーセントは女性であり、女性は、さまざまな分野で活躍している。セクハラについては、1991年に起こったアニータ・ヒル事件[2]での敗北に女性たちが奮起し、この問題に対する社会的認識が高まっていった。

▲アニータ・ヒル

　第三に男性が支配してきた知の奪還がある。女性たちは、男性と同等の教育機会を求めただけでなく、学校で教えられる知の体系に女性がほとんど登場しないことに疑義を付した。さらに、女性が登場したとしても、知の枠組み全体が、男性の視点で構築されており、「科学的」、「客観的」というのは、「男性から見て」という留保をつけるべきだと指摘した。例えば、第二派フェミニズムのなかで、新しい未来を築くために、フェミニストが女性たちの過去を知ろうとしたとき、既存の歴史学はその要求にほとんどこたえられなかった。

　「ジェンダー」とは、性別を文化的に構築されたものととらえる概念である。男や女という区別は、「自然」なものではなく、公的な権力関係を内包するものだという物の見方を可能にする。上述のような知への介入は、ジェンダーという概念を軸に推進され、脱構築といわれる、知の組み替え作業に大きな役割を果たした。一方、女性学とは、女性を中心において知を組み立て、それを教えるくわだてで、女性による知の奪

還の先兵と位置づけられた。同時に，かつて家政学がそうであったように，高等教育機関における女性教員の任用を推進する装置ともなった。

　フェミニズムの主張の第四は，女性が自らの身体を奪回する，というものである。第5章や第9章でも言及したように，アングロ＝アメリカの慣習法にかつてあった，「婚姻関係にある女性の立場（coverture）」によれば，結婚している女性（かつて女性は婚姻関係にあるのが常態）の身体は夫のものであり，その権利は男の持つ権利のなかでももっとも尊重されていた。

　急進派のフェミニストを中心に，ミス・アメリカ・コンテストに対する抗議が展開され，また，レディ・ファーストを拒絶し，ブラジャーを焼くなどの示威行動があったのは，よく嘲笑されたように，醜い女のヒステリーなのではなく，女性の身体の価値が，男性のまなざしによって決定される，その構造への抗議であり，身体を女性自身の手に取り戻す努力の一環であった。第二派フェミニズムの運動のなかで，女性たちが，

▲ミス・アメリカ・コンテストに抗議する女性たち

性革命を追求して，純潔の理想をぶち壊し，人工妊娠中絶の権利を主張して，1973年のロウ対ウェイド判決で合衆国全土での中絶の合法化を勝ち取ったのも，そのためである。さらに，この主張は，性的アイデンティティと嗜好の問題も含んでおり，規範からの逸脱として長く抑圧されてきた同性愛者の復権運動へと連なっていった。現在では，ジェンダーを論じる場合，同性愛者の存在が必ず前提される。

　最後に第五点としてあげたいのは，家庭内における労働分担の再編成である。第二派フェミニズムでは，当初女性が男性と平等になること，つまり，男性を基準として女性の諸権利をその基準まで「引き上げる」ことが目指された。だが，女性が高等教育や職場へ進出すると，家事，子育てといった不可欠の仕事をどのようにこなすのか，という問題が即起こってきた。「セカンド・シフト」，「シャドウ・ワーク」と名指しされた家庭内の仕事は，伝統的に女性が担ってきたもので，女性の就労が進んでも，そのほとんどが女性にのしかかった。これを改善すること，掃除，洗濯，調理，買い物，子育て等への男性の参加の推進は，フェミニズムの重要課題となった。当然，家庭外での労働のあり方も，家庭内の仕事が分担できるように，見直されるべきであった。1965年以降，アメリカの男性が家事を担う週あたりの時間数は劇的に増えたとはいえ，現在でも，週あたり家事に使う時間は女性の方がはるかに多く，男性の方が，外での仕事や庭いじりやテレビ鑑賞に多くの時間を使っていることがしばしば指摘される（例えば *Chicago Sun-Times*, July 28, 2006）。

4．バックラッシュ／ポスト・フェミニズムと今後の展開

　女性が身体を自分のものとし，経済力を獲得するにしたがい，伝統的な婚姻関係は当然不安定化した。結婚年齢が上がり，離婚と婚外子が増

表14-3　貧困率　1989年

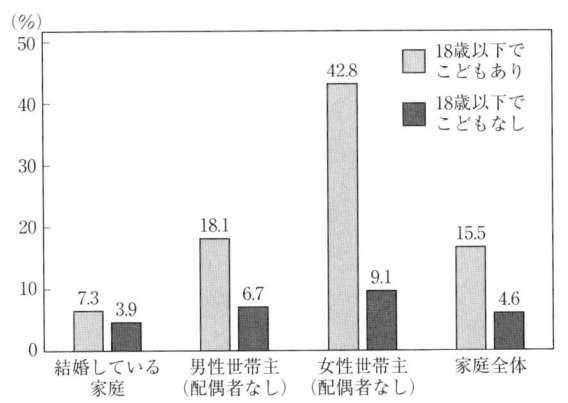

	18歳以下でこどもあり	18歳以下でこどもなし
結婚している家庭	7.3	3.9
男性世帯主（配偶者なし）	18.1	6.7
女性世帯主（配偶者なし）	42.8	9.1
家庭全体	15.5	4.6

（U.S. Bureau of the Census, *Money, Income, and Poverty Status in the United States : 1989*, September 1990, Table 21 より作成）

え，女性世帯主が増えた。女性たちの要求の結果は，女性にとっても一部，痛みをともなった。婚姻関係において，女性を保護しようという従来の前提は取り崩され，離婚原因を自ら作り出した責任のある夫（または妻）からの離婚請求も法的に認可されるようになった。女性世帯主の家庭が，貧困層の多くを占めるようになっているが，その原因の一部はこうした保護の前提がなくなったことであろう。

　1977年に国際婦人年を祝って，テキサス州のヒューストンに2万人が会して，全国女性会議が開かれた。それは，熱気にあふれたフェミニストの集まりであったが，運動の問題点も明確になった。これまでにも言及したように，フェミニズムは，基本的に白人中流階級以上の女性の主張，運動であった。ところが，この会議への参加者の多くは白人以外の女性であった。それは，フェミニズムの成功と広がりの結果であったが，同時に新たな問題も顕在化した。

黒人や他のいわゆるマイノリティの女性にとって，男女の不平等より，経済的不安定などの方がより重要な問題であることが多かった。しかも，歴史的に，黒人エリートの女性たちは，白人中流女性の運動から排除される傾向があった。ヒューストンの会議では，「女性」のなかに差異があることが公式に認められた。その上でより包括的な運動が目指されることになったのは，フェミニズムの大いなる前進であった。ただ，人種・民族的，経済的差異が前面に出れば，フェミニスト運動の勢いを維持するのはより難しくなる。白人中流以上の高学歴女性が仕事も家庭も持つことが，マイノリティの女性の労働力を安く買うことで可能になるという構造も存在する。女性間の差異は容易に乗り越えられるものではない。

▲フィリス・シュラフリー

　1970年代には，フェミニズムに反対する女性たちの勢力も結集されていった。フィリス・シュラフリーはその魅力的なリーダーで，ERAが成立すれば，公衆便所は男女共用になり，女性も徴兵されるといったキャンペーンを展開した。さらに，この頃から，政治的に台頭し始めた，キリスト教のファンダメンタリストを中心とする「新右翼」が，伝統的男女関係，家族，性秩序の復活を唱えた。1980年，レーガン政権の誕生で，新保守主義の時代に突入，1982年には，10年前連邦議会を通過していたERAが，2年の期限延長にもかかわらず，批准を得られず，廃案になった。運動としてのフェミニズムは「バックラッシュ（反動）」の時代を迎えた。運動の成果を運動に参加せずに享受できた若い世代の間では，フェミニストと名乗るのは古くさく，気恥ずかしいといった感覚

も生まれてきた。

　80年代，保守派は，中絶問題をフェミニズム批判の基軸にすえることで巻き返しを図った。中絶の禁止は，カトリック教徒の支持を容易に取りつけられ，しかも，テクノロジーの進歩で，胎児の様子が可視化される状況にあって，その「残酷さ」を簡単にアピールできる。「プロ・ライフ」とは，中絶反対派のことで，「生命を守る側」という主張である。特に，キリスト教のファンダメンタリストは，「中絶の非道徳性」の素朴な説得力に乗じて，攻勢をかけた。結果，例えば，1989年の最高裁ウェブスター判決では，各州がさまざまな中絶規制法を設けることが認められ，ロウ対ウェイド判決は実質的に骨抜きにされた。

　対するフェミニストとて，むやみに中絶を奨励したいわけではないが，胎児を人質に女性の身体をかつてのように捕捉しようという保守派の企みは許し難いことであった。中絶擁護派は，女性の選択権を守るという意味で，「プロ・チョイス」と呼ばれる。しかも，中流以上の女性は，知り合いの医師から診断書を得るなどして，中絶を行う術を獲得できるので，法規制の影響をまともに受けるのは，主に貧しい女性なのである。1992年の共和党ブッシュ（父）対民主党クリントンの大統領選挙で，中絶問題が争点のひとつとなったとき，女性票がクリントンに勝利をもたらしたのは，女性はフェミニズムの成果を手放さない，という決意の表れであった。1980年代，90年代に，中絶クリニックに対して反対派による過激な暴力行為が多発したのは，女性たちの抵抗に対する苛立ちとも受け取れる。だが，他方，過激な反対運動の結果，中絶の技術を持つ医師の数が減るなどの深刻な問題も起きている。

　以上のような中絶問題の展開に表れているように，フェミニズムのもたらした変化に対して，現在にいたるも多くの抵抗がある。共和党を中心に伝統的家族の尊重を政治的信条としてアピールする手法がとられる

傾向が強まっている。しかし，フェミニズムの成果は，すでに深くアメリカ社会に浸透し，昔に戻ることは不可能である。必要なのは，新しいジェンダー関係に基づいて，社会秩序を構成し直すことであろう。婚外子が増えるなら，ヨーロッパのいくつかの国ですでに実践されているように，伝統的な婚姻関係にこだわらない，新しい家族のスタイルを構築する努力が必要なのだ。フェミニズムは，創造的に未来を描き，踏み出す勇気を鼓舞する思想である。

　歴史的にいえば，伝統的な社会階層の枠組みが弱い合衆国では，ジェンダーによる階層秩序は，民主主義に安定と統合をもたらす工夫のひとつであった。女と男が異なることは，アメリカで実践された原初的な民主主義の大前提であった。フェミニズムがアメリカで特に強力に推進された理由のひとつは，男女の区別の枠組みを編成し直すことへの抵抗が大きかったからにほかならない。と同時に，合衆国が奉じる理想としての民主主義の原理・原則は女性の要求の正当性を支えてきた。「すべての人間」が「平等」であるとは，どのような状態を指し，どうすれば可能であるのか。フェミニズムが果敢に挑んでいるのは，アメリカ合衆国が問い続けるこの問題である。

●注
1) アファーマティブ・アクションとは，積極的差別是正措置のことで，過去の差別を今取り返すための，被差別集団に対する政府による優遇政策を指す。同等価値労働同等賃金とは，同じレベルの教育，訓練，経験，労力等を要する仕事については，同じ賃金を支払うべきだという考え方。
2) 1991年に最高裁判事候補に指名されたクラレンス・トーマスに対し，オクラホマ大学法学部教授（当時）アニータ・ヒルが，1981年に教育省でトーマスのアシスタントを務めていたときに，トーマスからセクシュア

ル・ハラスメントを受けたと上院の司法委員会で証言したが，結局，トーマスは最高裁判事に選任された事件。

■参考文献
＊エヴァンズ，サラ・M.（小檜山ルイ，竹俣初美，矢口祐人，宇野知佐子訳）『アメリカの女性の歴史』明石書店，2005
＊フリーダン，ベティ（三浦富美子訳）『新しい女性の創造』大和書房，2004
＊ホックシールド，アーリー（田中和子訳）『セカンド・シフト』朝日出版社，1990
＊ホーン川嶋瑤子『女たちがかえるアメリカ』岩波書店，1988
＊ミレット，ケイト（藤枝澪子訳）『性の政治学』ドメス出版，1985
＊緒方房子『アメリカの中絶問題』明石書店，2006
＊荻野美穂『中絶問題とアメリカ社会』岩波書店，2001
＊スコット，ジョーン・W.（荻野美穂訳）『ジェンダーと歴史学』平凡社，1992

15

「9.11」以後のアメリカ合衆国と世界

遠藤泰生

〈本章の学習のポイント〉 ベトナム戦争に敗北し,公民権運動やフェミニズムの波に洗われた合衆国では,1980年代に入ると政治,経済,文化の各分野で保守主義の台頭が目立った。1989年の「ベルリンの壁の崩壊」以後,その流れは大きなうねりとなり,「声なき多数派」と呼ばれた保守派の要請にさまざまにこたえていくことになる。しかし「9.11」の事件はその流れに反省を促す出来事となった。テロの衝撃でナショナリズムを高揚させつつも,「反米」色を強めた国際世論を前に,自らの来し方を合衆国民は再考せざるを得なくなったのである。テロ事件で大きな痛手を負いつつも,合衆国の多元性を象徴する存在として繁栄を続けるニューヨーク市の歴史と照らし合わせながら,多元国家合衆国が世界に占める位置を最後にもう一度考えてみたい。
〈キーワード〉 冷戦の終焉,新保守主義,「9.11」,多文化主義,多国間主義(マルティラテラリズム)

1. 合衆国の「正義」の失墜

　第二次世界大戦後,自由主義世界の盟主となることを自認した合衆国は,資本主義経済の繁栄と思想信条の自由とを理念的支柱に,ソヴィエト連邦を中心とする共産主義諸国との砲火を交えぬ戦争,すなわち冷戦に入った。もちろん局地的に見れば激しい戦火に見舞われた地域もあっ

た。1950年から53年まで戦われた朝鮮戦争の結果，北緯38度線を境に国家が南北に分裂してしまった朝鮮半島がその最たる例であろう。同時期，合衆国国内においては，共産主義とその支持者を非アメリカ的存在として排斥するマッカーシズムのような非寛容な精神が社会を覆った。ソヴィエト連邦のキューバへのミサイル搬入を機に起きた1962年のキューバ危機も，米ソ間に"熱戦"の可能性が潜在することを改めて世界に知らしめた。しかし50年代から60年代半ばにいたるまで，合衆国が掲げる「正義」の内容に疑義が呈されることはほとんどなかった。その意味で，ベトナム戦争における敗北こそが，2つの世界大戦を経て大国に変貌した合衆国の掲げる「正義」とは何かを問い直す，歴史的な出来事だったのである。けれども，キング牧師とロバート・ケネディの2人の指導者を68年における暗殺によって相次いで失った国内の改革派は，ベトナム戦争への反省を国政の刷新に繋げるだけの力を残していなかった。かわって事態の収拾を委ねられたのは，改革の嵐にもまれ動揺した社会秩序の回復を訴え68年の大統領選挙戦に勝利した，共和党のリチャード・ニクソンであった。

　第37代大統領となったニクソンは，世界の地域紛争への介入を手控え，戦争で疲弊した国内経済を建て直すことに力を傾けた。ベトナムでの戦闘をベトナム人自身の手に託し合衆国の兵士を撤退させる，いわゆる「ベトナム化」政策や，1971年8月における突然の中国訪問，さらには翌年5月のソヴィエト訪問など，ベトナム戦争後の

◀リチャード・ニクソン

世界秩序を模索する大胆な外交をニクソンは展開した。当時国務長官を務めたのはヘンリー・キッシンジャーである。自由や人権はある意味合衆国にとっての特殊価値であり，その実現を他国に無差別に要求するのは外交政策上必ずしも賢明でないと彼は判断した。イデオロギー上の体面より国益を全面に押し出したその現実主義が，冷戦の緊張緩和（デタント）の醸成に果たした役割は少なくない。ただニクソンは国政で大失態をしでかした。まず1972年6月，首府ワシントンのウォーターゲート・ビルにある民主党全国委員会本部にニクソンの再選を画策するグループが侵入し，盗聴装置を仕掛けようとして未遂に終わるという事件が発覚する。その後，この事件の隠蔽工作に大統領自らが関与したことが明らかとなり，74年7月下院司法委員会は大統領弾劾決議を可決するにいたる。その結果，72年の大統領選挙で再選されたにもかかわらずニクソンは大統領職を辞さざるを得なくなったのである。ウォーターゲート事件と呼ばれたこの政治スキャンダルは，行政機構や大統領権限の肥大化が国内の民主主義をも脅かしていることを国民に明らかにした。合衆国の「正義」は内政外政の両面で大きく失墜することとなったのである。

　ニクソンが辞職したあと，副大統領であったジェラルド・フォードが大統領職を継いだ。しかし1976年の大統領選挙には，知名度こそ低かったものの，「私は嘘をつかない」という言葉で政治の腐敗とは無縁の経歴を国民にアピールすることに成功した，民主党のジミー・カーターが勝利を収めた。60年代，70年代と下降を続けた合衆国の内外における威信を，リベラルな伝統に立ち帰ることで回復させようとカーターは図った。米ソ間のデタントを継承しつつも，キッシンジャー流の現実主義から人権重視の理想主義に外交の指針を切り戻した点にその特徴がよく現れた。確かにその理想主義の下カーターは特筆すべき外交成果をいくつかあげている。例えば1979年1月，米中間に外交関係を樹立させること

◀ 79年キャンプ・デーヴィッド三者会談

に成功した。また3月にはワシントン郊外のキャンプ・デーヴィッドにイスラエルのベギン首相とエジプトのサダト大統領を招き、辛抱強く調停を重ねた結果、両国の間に和平協定を結ばせることに成功した。続く6月にはウィーンで米ソ首脳会談を開き、戦略兵器制限交渉をも進展させている。ただ、同年2月、中東における合衆国の最大の盟友であったイランのパーレビ国王がイスラーム原理主義勢力によって政権を追われ、12月ソヴィエト連邦軍がアフガニスタンに突如侵攻すると、平和外交を推進するだけでは世界の秩序が維持できないことを彼は痛感するようになる。その結果翌80年1月の大統領一般教書において、国内経済に大きな影響を与える石油資源の確保のためには、ペルシャ湾地域での軍事力の行使をも合衆国が辞さないことを明らかにした。カーター・ドクトリンとも呼ばれたこの声明は、第二次冷戦の開始を告げた声明とされる。付言すれば、アフガニスタンに侵攻したソヴィエト軍に対抗させる

ために合衆国が軍事訓練を施したイスラーム原理勢力の一部が，後年「9.11」のテロ攻撃を決行することになる。

2．新保守主義の台頭と冷戦の終結

　カーターが言明した第二次冷戦を基本方針として受け継ぎ，ソヴィエト連邦との対決姿勢をさらに強めたのが，1980年の大統領選挙に勝利した共和党のロナルド・レーガンであった。

　レーガンが躍進した背景にはさまざまの要因が指摘できる。60年代，70年代と失墜を続けた合衆国の対外的威信を取り戻したいと国民の多くが望んだことがその要因のひとつであった。前任者のカーターも平和外交を推進することで合衆国の威信を回復することにある程度は成功していた。しかし大統領選挙時には，同年4月，イランのイスラーム原理勢力が起こしたアメリカ大使館人質事件の収拾に無惨に失敗していたため，政治指導者としての資質を厳しく批判されるようになっていた。その点，俳優業で培った巧みな話術で「強いアメリカ」の復活を国民に温かく語りかけたレーガンは，国民が待望する「強い」大統領の資質を備えていた。実際，大統領に就任したのち，ソヴィエト連邦を「悪の帝国」と彼は呼び始め，想定される核戦争に勝利することを目指して大幅な軍備拡張を開始した。「自由と民主主義」を育て，守るためには，他国の主権の侵害に目をつむることもレーガンはいとわなかった。1979年中米ニカラグアに成立したサンディニスタ革命政権を打倒するために，旧独裁政権時代の軍事指導者らに不正な資金援助を続けたことは広く知られる。ベトナム戦争後に合衆国が「患った」とされる「ベトナム戦争症候群」を払拭するがごとく，83年10月グレナダに軍事侵攻し，翌84年4月カダフィ大佐が率いるリビアを空爆したのもレーガンの政府であった。レーガンは「強いアメリカ」を内外に印象づけることには確かに成

功したといえよう。しかし，防衛費の大幅な増大は国の財政を赤字に転落させた。日本やドイツの経済発展で輸入超過に転じた貿易収支と合わせ，「双子の赤字」をレーガンは合衆国にもたらしたと研究者に指摘される由縁である。

　60年代以来続いた国内における改革政治の流れをリベラリズムの「行き過ぎ」ととらえ，その抑制を求める人々が増えたこともレーガンを躍進させる要因となった。草の根保守主義者とでも呼ぶべきこれらの人々は，白人下層中産階級，ブルーカラー労働者，キリスト教宗教右翼らがその中核を構成した。より具体的にいえば，1930年代に貧しい生活を送った移民一世の子弟が，ある程度の社会階層の上昇を経たのち，政党の支持を民主党から共和党に切り換え，レーガン支持に回った例が多く見られた。一方，アフリカ系アメリカ人らが公民権運動を通して政治的地位を上昇させ，アファーマティブ・アクション（積極的格差是正措置）で就労機会を拡大させたことに不満を募らせる南部の白人労働者も，80年代に入ると，政党の支持を民主党から共和党に変え始めていた。さらに，平等権修正条項（ERA）が象徴するフェミニズムの台頭や性の解放，同性愛の容認が，家庭を重視する伝統的価値観を脅かすと懸念したキリスト教福音主義者や同原理主義者が，80年代には熱烈な共和党支持者になっていた。バプティスト派の牧師ジェリー・ファルウェルが79年に結成した「モラル・マジョリティ」と呼ばれるキリスト教組織に参集した人々は，その集票力を駆使して2期にわたるレーガンの大統領選出に大きな影響力を及ぼしたといわれる。要するに，ケネディ＝ジョンソン時代にうたわれた「偉大な社会」の実現に自身の利益を重ね合わせられない人々，貧しくもなく，黒人でもなく，格別リベラルでもない人々が，この草の根保守主義を支えていたと考えられる。民主党の強固な支持基盤であった「ローズヴェルト連合」はもはや解体したといってよかった。

リベラリズムの「行き過ぎ」を抑制するという意味では，1930年代以来続いた福祉国家の拡大にレーガンは歯止めをかけたともいえる。第10章で学んだとおり，1930年代に追求されたニューディール型の福祉国家においては，民間の経済活動へ連邦政府が積極的に介入することで，富のより平等な分配が引き起こされると考えられていた。別のいい方をすれば，「大きな政府」が資本主義原理の歪みを正すことで国民全体に幸福がもたらされると考えられていたのである。これに対しレーガンは，むしろ「小さな政府」を標榜し，規制緩和による民間活力の回復を軸とする経済政策を展開した。レーガノミクスと呼ばれたその政策は，利益の平等な分配，福祉の向上よりも，経済規模そのものの拡大に重きをおいた。そのため，企業や富裕層の減税が積極的に進められ，貧富の格差は以前よりもむしろ広がっていった。それでも彼への支持率が下がらなかったのは，「大きな」政府に依拠するニューディール型の国家に国民が何かしらの変化を求めていたからにほかならない。60年代，70年代に隆盛したリベラリズムは，生活の平均水準が上がり既得権の確保を望む者が社会の過半を占めるようになった80年代には魅力を失いつつあったのかもしれない。社会学者のダニエル・ベルや評論家のノーマン・ポドホレッツ，同じく評論家のアーヴィング・クリストルなど，かつてリベラリズムの論壇を飾った知識人も，80年代には保守主義者に転向した。雑誌の『パブリック・インタレスト』や『コメンタリー』でリベラリズムの終焉を彼らは論じ，新保守主義（ネオ・コンサーヴァティズム）の時代の到来を説いたのである。

　とはいえ，そうした保守主義の要請にばかりこたえていたのでは国の経済は立ち行かない。産業競争力の低下による貿易収支の赤字と防衛費の増大に苦しんだレーガンは，政権2期目に入ると米ソ間の緊張緩和を模索し始めた。折しも1985年ソヴィエトにはゴルバチョフ政権が誕生し

▲89年ブッシュ・ゴルバチョフのマルタ島会談

た。ペレストロイカ（改革）路線を追求するゴルバチョフはレーガンに対しても対話路線を押し進め，87年ワシントンで開かれた米ソ首脳会談で戦略核兵器の縮小に同意する。以後，東西冷戦の"雪解け"は急速に進んだ。1989年にはその流れが頂点に達し，2月に始まったアフガニスタンからのソヴィエト連邦軍の撤退を皮切りに，6月ポーランドにおける自主管理労組「連帯」の国政選挙での勝利，11月「ベルリンの壁の崩壊」と，時代を画す出来事が続いた。12月にはレーガンの後継者となったジョージ・ブッシュ（父）とゴルバチョフの両大統領が地中海のマルタ島で首脳会談を開き，米ソ対立の終結を宣言したのである。翌90年10月の東西ドイツの統一をもって欧州の冷戦は名実ともに終わりを告げた。それは，合衆国にとっても「冷戦」というひとつの時代が幕を降ろした瞬間であった。

3．グローバリゼーションと地域主義

　冷戦後に合衆国が直面した最初の大きな対外問題は湾岸戦争であった。1990年8月，サダム・フセインが指揮するイラク軍が突如隣国のクウェートに侵攻した。石油の安定的供給を確保する上でも中東の国際秩序を維持することが必要であった合衆国は，11月国連安全保障理事会で対イラク武力行使決議を可決させ，翌91年1月には同国に国連軍を侵攻させた。ただその際に合衆国が掲げた外交の諸原則，すなわち武力による侵略行為の拒絶，大国間の協調，国連重視の多国間主義などは，冷戦直後から合衆国がヨーロッパで追求した外交の基本原則でもあった。東西ドイツの統一後，ソ連が周辺国際秩序の変容を脅威と感ずることを合衆国は何より懸念した。そのためソ連との対話を続けると同時に同国を巻き込んだ多国間協調路線の進捗を急いだ。それ故，例えばソ連も参加する全欧州安全保障協力会議（CSCE）の活動を強化し，90年11月同会議に「不戦宣言」を採択させ，翌91年12月には冷戦時の東西緊張を象徴した2つの集団安全保障組織，北大西洋条約機構（NATO）とワルシャワ条約機構の加盟国からなる北大西洋理事会（NACC）を創立させたのである。「軍事力による国境の変更は認めない」ことをうたった上述の「不戦宣言」の下，東欧の民族紛争や大量破壊兵器拡散の阻止などにそれらの組織は後年動員されていくのである。

　90年代合衆国の多国間主義は世界の各地で新たに活発化した地域主義（リージョナリズム）と合衆国との連携も生んだ。例えばアジア太平洋地域と合衆国との関係構築をその例にあげることができる。アジア太平洋地域には1967年に設立された東アジア諸国連合（ASEAN）などの国際組織が以前から存在した。ただ冷戦体制を強化するための反共組織であったにもかかわらず，合衆国はそれらの組織には参加していなかっ

た。あくまで組織の外側に立ちその活動を補完することが自国の国益に繋がると考えたからである。太平洋国家としてより大西洋国家としてのアイデンティティの方が当時の合衆国にはまだ強かったといい換えてもよい。しかし冷戦の終結前後からアジア太平洋地域には新たな地域組織が結成され始めた。すると合衆国の態度に変化が現れた。例えば1989年に発足したアジア太平洋経済協力（APEC）の創立メンバーにオーストラリアやニュージーランドとともに合衆国は名を連ねたのである。1994年に組織され安全保障に比重をおいた東南アジア諸国連合地域フォーラム（ARF）にも合衆国はメンバーとして加わった。1993年にはワシントン州のシアトルでAPECの閣僚級会議まで主催している。

　世界に広がった地域主義の制度化に合衆国が積極的にかかわったことと冷戦が終結したこととは無論，連動していた。まず東西の緊張が緩和され各国の水平的平等が促進された80年代後半から，国際政治における合衆国の相対的な地位が低下し始めた。他方，地域単位でまとまろうとする地域主義は1985年に発表されたヨーロッパ経済共同体（EC）の単一欧州議定書などに次々と具体化されていった。1988年カナダとの間に合衆国が交わした自由貿易協定やそれにメキシコを加えて締結した1992年の北米自由貿易協定（NAFTA）などは，先行するヨーロッパ地域主義への対抗処置とも解釈できる。世界の各地にこうした動きが広がった結果，成長著しいアジア太平洋地域との経済関係を悪化させるわけにはいかなかった合衆国は，APECその他の制度化にも参画せざるを得なかったのである。これらの地域主義は特定地域内の農産物への保護関税などを打ち出し，ときに閉鎖的な性格を見せることもある。しかし長期的には，同地域内における自由貿易の促進や金融市場の解放を目標に掲げ，いわゆる経済のグローバリゼーションを推し進める役割を果たしてきた。だとすれば，自国に拠点をおく多国籍企業の利益を確保するため

に，地域主義の動きに合衆国が積極的に参画するのはごく自然なことであった。実際，アジア太平洋地域の経済障壁が予想以上に高いことが明らかとなった90年代半ば以降，自由経済原理の拡張を図るネオリベラル的国際主義を標榜した民主党のクリントン政権は，同地域を包摂する地域主義への関心を薄めてしまった。冷戦後の世界に経済のグローバリゼーションを浸透させる手段として地域主義をもっぱら合衆国はとらえていたということであろう。今では逆にグローバリゼーションの流れに抵抗する伝統主義が各地の民族主義やナショナリズムと結びつき，「反米」を誘発する例が増えている。2001年9月のテロ事件もそうした「反米」のエネルギーが極端な形で噴出した例と見なすことができよう。21世紀における世界秩序の形成に合衆国は現在も試行錯誤を続けている状態である。

　冷戦後に合衆国が追求したグローバリゼーションの流れは合衆国内にもいくつかの問題を引き起こした。そのことも理解しておかねばならない。例えばグローバリゼーションが引き起こす人の移動，新たな移民の流入が社会的緊張を合衆国民の間に生んでいる。第10章でも触れたとおり，1924年合衆国は包括的移民法を制定し，そののち長期にわたって国別の移民割当制を維持した。しかし1965年の移民法改正でその割当制を廃止し，優れた技術や知識を有する者と国内に既に家族が居住する者の移住を優先的に許可する方向に政策を転換した。その結果，国民の民族構成に大きな変化が生じ始めた。例えばラティーノとも総称されるヒスパニック系の移民が急増した。1970年から2000年までにその人口は910万人から3465万人にまで増え，国民全体に占める割合も4.5%から12.5%へ拡大した。比率からいえばそれはすでにアフリカ系を凌駕し国内最大の少数派集団に成長したことになる。アジア太平洋系の移民も急増した。こちらは同じ1970年から2000年の間に153万人から1064万人，

割合において0.8%から3.8%にその存在を拡大した。これら一連の動きは合衆国の人種構成を急激に多様化させ，白人対黒人の対立構図で語られることが多かった国内の人種・民族問題をより複雑にしてしまった。その問題を解決するための社会的コストは，グローバリゼーションが合衆国にもたらす経済利益に比して必ずしも安いとはいえないかもしれない。

▲ニューヨーク・スパニッシュハーレム

例えば多文化主義と呼ばれる政治文化思潮が1990年代の合衆国を席巻したことは記憶に新しい。経済活動における機会の平等ばかりでなく，歴史教育などにおける民族の矜持を含めた社会権の保証を求めてこれらの運動は起こった。その要求に対し，「多からなる一」を国是としてきた合衆国の歴史的伝統をその主張が破壊するという守旧派からの激しい批判が巻き起こった。多文化主義論争と呼ばれるこの言い争いは今も完全には終息していない。いずれにせよ，少数派集団からの激烈な異議申し立ての運動が90年代に再び巻き起こった背景に，国民の民族構成が急速に変化しつつある事実が横たわることを理解しておかねばならない。人口の多民族化がもっとも進んでいるカリフォルニア州ではヒスパニック系とヨーロッパ系の人口が2030年には逆転するという予想すらある。公民権運動以後，人間の多様性への寛容度は確かに高まっ

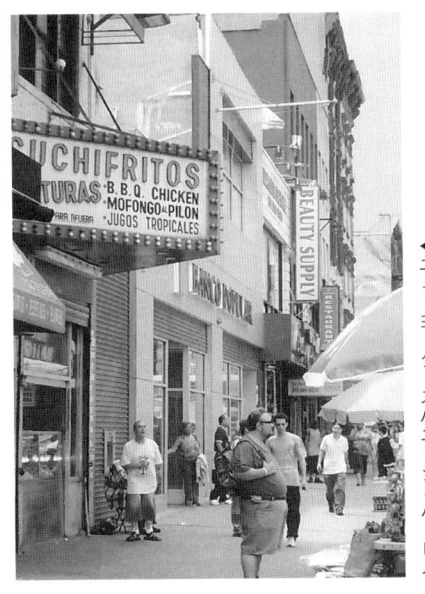

た。しかし人種民族の問題から合衆国が解放される日はまだ遠い。

　グローバリゼーションの拡大は国内における貧富の格差を拡大させてもいる。20世紀から21世紀にかけて合衆国の製造業の多くが安価な労働力を求めてその生産拠点を次々と海外に移転させた。その結果，経済の構造変換が起こり，従来ブルーワーカーとして働いてきた人々の就労環境が急速に悪化した。合衆国全体の富の規模が拡大しても国民ひとりひとりがその恩恵を平等に受けられないという問題が生じ始めたのである。現に一部の富裕層が富をさらに拡大する一方で，最低限の生活水準を維持することもできないアンダークラスと呼ばれる貧困層が日々の生活に苦しむ姿が目につくようになった。それらのアンダークラスの中核には都市に集住するアフリカ系住民がおり，彼らの中には，ただでさえ細っている都市部の就労機会を新たな移民がさらに悪化させると考え，アジア系やヒスパニック系に激しい人種憎悪を抱く者がいる。グローバリゼーションを国外に進捗させることが貧困をめぐる摩擦を国内に醸成するという皮肉な構造がそこにはある。統計によれば，現在の合衆国においては国富の94％を所得上位20％の人々が，さらに国富の50％を所得上位１％の人々が占有しているという。機会と成功と平等の国の面影はそこには薄い。グローバリゼーションの功罪を国内問題としても考えねばならない時代を合衆国は迎えている。

　2001年9月11日にニューヨークと首府ワシントンをテロが襲った時，以上に概観してきた内外の問題に合衆国は直面していた。しかしそれらの問題への有効な答えを見出す前に愛国的ナショナリズムの旗の下，合衆国民は団結し，戦争への道を歩み始めてしまった。その足取りの統一はある意味，見事であったかもしれない。しかしそのナショナリズムの沸騰に警戒感を抱き，自国がテロ行為の対象となる理由を真摯に自問する動きも現れた。2006年の秋，合衆国の歴史家の学術的討議の場として

もっとも重要な位置を占める2つの学術雑誌,『アメリカ史学雑誌』と『アメリカ歴史学評論』とが,相次いで「反米主義（Anti-Americanism）」の特集を組んだのはその一例にすぎない。世界に占める自国の位置を合衆国民は必死に今探り直している。

4．アメリカ合衆国のゆくえ：グラウンドゼロの心象風景

◀グラウンドゼロ

　かつてワールド・トレードセンター・ビルディングが建っていた"グラウンドゼロ"と今は呼ばれる地に立ち,テロの破壊の凄まじさを目の当たりにした者の胸にはさまざまな思いが去来する。それは,一方で建国以来の合衆国の歴史と文化であり,他方で過剰拡大とすらいえる自国文明の国外への移植に奔走した冷戦後の合衆国の姿である。しかしここで,20世紀が「アメリカの世紀」と呼ばれたのは,世界に通用する利便と幸福を合衆国の文明原理が人々にもたらすと他国が認定したからであった事実を改めて思い出さなければならない。合衆国がその普遍性を

自認したからではなく，あるいはまた他国に強制したからでもなく，他国がその普遍性を認めたからこそ，「アメリカの世紀」は現出したのではなかったか。アメリカ合衆国の文化はそうした他国との相互承認，相互補完の関係に立てたときにこそ比類なき魅力を持つ。そう考えてみると，ニューヨークの街を美しく飾るランドマークのいくつもが，"アメリカ人"だけの手で構想されたのではなく，また"アメリカ人"のためにだけ造られたのでもなかったことが想起される。

例えばマンハッタン島の中央に広がる緑のセントラル・パークは，居住空間の劣化に苦しむ移民を含んだニューヨークの住人に，都会のオアシスを提供する目的で1858年建設が始まった。レクリエーション性と絵画性とを併せ持つその風景公園（ランドスケープ・パーク）のアイデアを設計者のF・L・オルムステッドは主にロンドンで学んだ。

そのマンハッタン島と対岸のブルックリン地区を結ぶ交通の大動脈としてブルックリン・ブリッジの存在を忘れることはできない。1867年に設立されたこの橋の建設会社を率いたの

▲ブルックリン・ブリッジ

は，ベルリンで教育を受けたドイツ系移民ジョン・レーブリングであった。ワイヤーロープを用いたこの美しい橋は，別名"スティール・ハープ"とも呼ばれ，鉄の時代の先端技術を駆使すると同時に，東に広がる大西洋とヨーロッパにマンハッタン島を文化的に架橋するランドマークとして構想された。

　さらにマンハッタン島の南西沖合には貧困や圧政から逃れ来る人々をその腕に抱きとめ，新しい国民集団にまとめ上げる壮大な夢を形に表した建造物がある。いうまでもなく，1886年にリバティ島に建てられた"自由の女神像"である。「貧しい人々」，「自由に息をしたがっている人々」を「私にゆだねよ」という言葉を含んだ台座の詩を書いたのは，ユダヤ系移民の救済に努めていた女流詩人エマ・ラザラスであり，台座から松明まで約80メートルに達する女神像の鉄製の骨組を制作したのは，のちにパリのエッフェル塔を建てたギュスタフ・エッフェルであった。また大恐慌が起きた翌年の1930年に建設が始まったエンパイアステート・ビルディングを建てたのは，カナダ人のハロルド・シュリーヴの下に集まったブルックリン生まれのウィリアム・ラブとシカゴ生まれのアーサー・ハーマンであった。彼らが造り上げた高層建築の内側を飾ったのはヨーロッパ中から集められた大理石の数々である。

　こうしてみると今に残るニューヨークのランドマークの多くが，純正の"アメリカ"的な要素だけから建ち上がってはいないことがよく分かる。ロウアーマンハッタンにそびえたあのワールド・トレードセンター・ビルディングも例外ではなかった。シアトル生まれの日系2世ミノル・ヤマサキが設計したこの建築物は，最初のビルが立ち上がった1972年以来ニューヨークを中心に展開する世界経済の象徴として機能していた。いい換えれば，この建築物も"アメリカ人"のためだけに建てられたのではなかったということである。テロの犠牲者の国籍が数十ヶ国を

優に超えた事実がそのよき証左であろう。しかしその跡地に生まれた巨大な空隙が生み出す高層建築のリズムの攪乱を目にするとき，その場を支配する喪失感の大きさに人々は驚くに違いない。そこにたたずむと，ニューヨーク，そしてアメリカ合衆国が何かを失ったように確かに感じられる。それはあたかも，多元国家として始まったはずの合衆国が世界で唯一の超大国となりかけたとたん，その多元性への戸口を自ら閉ざしてしまったのではないかと，無言の警告を発しているかのようである。その警告に耳を傾け多元世界の行方を考えるとき，合衆国の歴史と文化から私たちはさらに多くのことを学ぶはずである。

■参考文献
＊油井大三郎・遠藤泰生編『多文化主義のアメリカ』東京大学出版会，1999
＊有賀夏紀『アメリカの20世紀（下）』中公新書，2002
＊亀井俊介『ニューヨーク』岩波新書，2002
＊秋元英一・管英輝『アメリカの20世紀史』東京大学出版会，2003
＊山本吉宣『「帝国」の国際政治学』東信堂，2006

年表

凡例：（　）内の数字は月を示す。
とくに国名を表記しない場合はアメリカ合衆国をさす。同年の出来事には月を付してできる限り通事的に並べてある。

前1000以前	アジア東北部からベーリンジアを経て北米大陸に渡った狩猟民，各地に拡散し，大平原あたりにまで南下
前1000以降	ミシシッピ，オハイオ川流域にマウンド文化の発展
1492	コロンブス，現在のバハマ諸島に到達
1497	ジョン・カボット，カナダ東南岸に到達
1534	ジャック・カルティエ，北米大陸ニューファンドランド地域を探検
1607	イギリスがヴァージニア植民地ジェームズタウンに初の恒久的植民地を建設
1619	ヴァージニア植民地にアフリカ人奴隷初めて搬入される
1620	メイフラワー号，プリマスに到達，プリマス植民地建設される
1622	オペチャンカヌーの蜂起
1624	オランダ，マンハッタン島に入植
1625	イギリス，カリブ海のバルバドス島に植民を始める
1630	マサチューセッツ湾植民地の建設始まる
1636	ボストンにハーヴァード大学（全米最古）創立
1636—37	ピーコート戦争
1637	フランス，カリブ海のマルティニクとグァドループを領有
1664	英軍，オランダ領ニューアムステルダムを武力で奪取，ニューヨーク植民地始まる
1675—76	フィリップ王（メタカム）戦争
1676	ベーコンの反乱
1681	ウィリアム・ペン，ペンシルヴェニア植民地を建設
1743	アメリカ哲学協会創立，フランクリン初代会長に就任
1755	フレンチ・アンド・インディアン戦争（七年戦争）始まる（〜1763)
1763（2)	フレンチ・アンド・インディアン戦争終結，パリ条約でイギリスはカナダ，ミシシッピ川以東，フロリダを領有

(5)	ポンティアック戦争
1765	印紙条例の危機
1767	タウンゼンド諸法制定，イギリス，北米植民地に強硬策
1770	ボストン虐殺事件
1775(4.19)	レキシントン・コンコードの戦い，対英独立革命戦争始まる
1776 (1)	トマス・ペイン，『コモンセンス』出版
(7.4)	独立宣言の発布
1778	ジェームズ・クックがハワイへ来航
1783	対英パリ条約，合衆国正式に独立
1785	公有地条例制定
1787	憲法制定会議招集
1788	合衆国連邦憲法発効
1789 (4)	ジョージ・ワシントン初代大統領に就任
1790	第1回国勢調査行われる
1791	フランス領サン・ドマング（ハイチ）で奴隷反乱から革命が起きる
1803	ルイジアナ購入
1804	ハイチ独立
1807	1808年1月1日以降の奴隷貿易禁止
1810	ハワイ王朝成立
	初の海外伝道のための宣教師がインドに送られる
1812	対英「1812年戦争」始まる（〜1814）
1818	カンバーランド道路完成
1820	ミズーリ協定の成立
1823	大統領ジェームズ・モンロー，大統領教書で「モンロー宣言」
1825	エリー運河開通
1830	大統領アンドルー・ジャクソン，先住民強制移住法制定
1831	アレクシス・ド・トクヴィル，合衆国を視察
	ナット・ターナーの奴隷反乱
1833	マサチューセッツ州，公定教会廃止
1834	ニューヨーク婦人道徳改善会結成
1838	チェロキー族，オクラホマに強制移住，「涙の道」と記憶される
1840	ロンドンの世界反奴隷制大会でエリザベス・ケイディ・スタントンとルクリーシャ・モットが出会う

		ハワイ，最初の憲法を発布
1845		テキサス共和国を併合
1846		アメリカ・メキシコ（米墨）戦争始まる　（〜1848(2)）
1848	(1)	カリフォルニアで金鉱発見される
	(2)	米墨戦争終結，メキシコからカリフォルニア領土取得
	(7)	セネカ・フォールズで女性の権利大会開催
1850		1850年の妥協，逃亡奴隷取締法が強化される
1852		ハリエット・ビーチャー・ストウ，『アンクル・トムの小屋』出版
		中国からの契約労働移民がハワイへ来る
1853		ペリー黒船艦隊浦賀に来航
1858		日米修好通商条約調印
1860	(6)	万延元年遣米使節渡米，福沢諭吉ら咸臨丸で渡米
	(11)	共和党のアブラハム・リンカン，大統領に当選
1861	(2)	南部連合国の結成
	(4)	南部連合国軍が連邦軍のサムター要塞を攻撃，南北戦争が始まる（〜1865）
1862		自営農地（ホームステッド）法施行
1863		リンカン大統領，奴隷解放宣言を発布
1865	(4)	南軍のリー将軍，北軍のグラント将軍に降伏，南北戦争事実上終結
	(12)	憲法修正第13条，奴隷制度廃止
1868		憲法修正第14条，解放黒人に市民権が与えられる
		日本から最初の契約労働移民，ハワイへ向かう
1869		初の大陸横断鉄道開通
1873		オハイオ州で酒場閉鎖運動始まる
1874		婦人キリスト教禁酒同盟（WCTU）結成
1876		建国100周年の式典が全国で開催される
		トマス・エディソン，ニュージャージー州メンロ・パーク実験所設立
		ハワイとアメリカの互恵条約締結
1877		南部再建終了，連邦占領軍南部から引き上げ
1882		中国移民排斥法制定
1885		日本の官約移民，ハワイへ向かう
1886	(3)	アメリカ労働総同盟組織される

	(5)	ヘイマーケット暴動
1887		ドーズ法制定
		米・ハワイの互恵条約更新，アメリカ海軍が真珠湾を独占的に使用
1889		ジェイン・アダムス，シカゴでハル・ハウスを始める
1890		全国アメリカ婦人参政権協会（NAWSA）成立
		国勢調査結果により，フロンティア・ラインが消滅したことが判明
1892	(2)	人民党結成
		コロンブス「新大陸」到着400周年行事，全国で開催される
1893	(1)	ハワイでクーデター，ハワイ王朝崩壊
	(5)	シカゴ万国博覧会開催
		オハイオ州で酒場反対連盟結成
1894	(7)	ハワイ共和国樹立
		ハワイへの日本官約移民廃止，かわって私約移民（民間による斡旋）開始
1896		連邦最高裁，「分離すれども平等」の判決，南部の人種隔離を承認
1898	(4)	米西戦争始まる　（〜98(12)）
	(7)	ハワイを併合
1900	(7)	門戸開放宣言
		国際婦人服飾労働者組合（ILGWU）結成
1904		アイダ・M. ターベル『スタンダード石油会社の歴史』出版
1914	(7)	第一次世界大戦始まる（〜1918(11)）
1915		第二次KKKジョージアで組織される，20年代に最盛期を迎える
1919	(1)	パリ講和会議開催
	(1)	憲法修正18条，禁酒法制定（〜1933）
1920	(1)	司法長官パーマー，"赤狩り"
	(8)	憲法修正19条，女性参政権発効
1921		ワシントン軍縮会議（〜1922）
1923		平等権修正（ERA）初めて連邦議会に提出される
1924		出身国別割り当て移民法制定，東・南欧系移民大幅制限，アジア系移民全面禁止
1925		テネシー州，スコープス裁判，キリスト教原理主義勝利
1928		ケロッグ・ブリアン不戦条約
1929(10.24)		「暗黒の木曜日」ニューヨーク株価暴落，大恐慌始まる

1933		フランクリン・ローズヴェルト大統領に就任,「ニューディール（新規巻き返し）」政策開始, 第一次ニューディール（AAA, NIRA, TVA など）実施
1935		第二次ニューディール（ワグナー法, WPA など）実施
1939	(9)	ドイツ軍ポーランド侵攻, 第二次世界大戦始まる
1941	(1)	ローズヴェルト, 年頭教書で「四つの自由」の護持を提唱
	(2)	ヘンリー・ルース, 雑誌『ライフ』に「アメリカの世紀」を掲載
	(3)	武器貸与法成立
	(12.7)	日本軍真珠湾を奇襲攻撃, アメリカ領のグアム, フィリピンも攻撃, 合衆国第二次世界大戦参戦
1942	(2)	大統領行政命令9066号, 西海岸で日系人の強制移住始まる
	(6)	日本軍, ミッドウェイ海戦でアメリカ軍に敗北
1943		日系人二世主体の442部隊設立される
1944	(6)	アメリカ軍, サイパンに上陸
	(7)	アメリカ軍, テニアンに上陸, グアムを奪還
1945	(8)	合衆国, 広島・長崎へ原子爆弾投下
		日本, ポツダム宣言受諾, 第二次世界大戦終結
	(9)	ベトナム民主共和国独立, 仏軍, 米国船でサイゴンに到着
1950	(2)	マッカーシー上院議員の「赤狩り」始まる
	(6)	朝鮮戦争始まる （～1953(7)）
1954	(5)	連邦最高裁,「ブラウン判決」, 公立学校における人種分離に違憲判決
	(7)	ディエンビエンフー陥落（仏軍敗北）
		エルヴィス・プレスリー, デビュー
1955	(12)	ゴ・ディン・ジェム, ベトナム共和国（南ベトナム）樹立を宣言
	(12)	アラバマ州モントゴメリーでバスボイコット運動
1960	(2)	ノースカロライナ州グリーンズボロ, 人種隔離に反対する座り込み運動
	(12)	南ベトナム解放民族戦線（NLF）結成
1961		ケネディ大統領,「女性の地位に関する大統領委員会」設立
1962		キューバ危機
1963	(8)	人種差別撤廃を求めるワシントン大行進, キング牧師「私には夢がある」と演説

	(11)	ケネディ大統領暗殺
		ベティ・フリーダン,『女性らしさの神話』出版
1964	(7)	公民権法第7編で,人種,信条,出身国,性別による雇用差別禁止
	(8)	ベトナム,トンキン湾事件
1965	(2)	ベトナム民主共和国（北ベトナム）への爆撃開始
	(2)	マルコム・X暗殺
	(8)	黒人投票権法成立
	(10)	出身国別割り当て移民法廃止,専門知識や技術のある者,家族が合衆国で暮らす者の移民が優先され始める
1966		全国女性組織（NOW）結成
1967		ワシントン反戦集会,10万人以上参加
1968	(4)	キング牧師暗殺,全米の都市で人種暴動
	(6)	ロバート・ケネディ暗殺
1969	(2)	ニクソン大統領,ニクソン・ドクトリン,「ベトナム化」を表明
	(8)	ウッドストック・フェスティバル
1972	(3)	平等権修正（ERA）連邦議会を通過
	(5)	ニクソン訪ソ,　東西緊張緩和"デタント"始まる
	(6)	ウォーターゲート事件発覚
1973	(1)	パリ,ベトナム和平協定調印
	(1)	ロウ対ウェイド判決,中絶に合憲判決
	(2)	アメリカ・インディアン運動（AIM），ウンデッド・ニーを占拠
1975		サイゴン陥落
1977		ヒューストンで全国女性会議が開かれる
1979	(1)	米中国交回復
	(12)	ソ連,アフガニスタン侵攻
		ジェリー・ファルウェル牧師「モラル・マジョリティ」結成
1981		ロナルド・レーガン大統領就任,「小さな政府」を表明
1982		ERA,批准を得られず廃案
1985		ソ連,ゴルヴァチョフ政権誕生,ペレストロイカ（改革）始まる
1988		日系人強制収容補償法成立
1989	(7)	ウェブスター判決,中絶規制に一定の合憲判決
	(11)	「ベルリンの壁」の崩壊
	(11)	アジア太平洋経済協力（APEC）設立に参加

1990	東西ドイツ統一, ヨーロッパにおける冷戦終結
1991	湾岸戦争
1992	ロサンゼルス, 大規模な人種暴動事件発生
1994	合衆国, カナダ, メキシコ間の北米自由貿易協定(NAFTA)発効
1995	ベトナムと国交正常化
2000	国政調査でアフリカ系の人口をヒスパニック系が初めて上回る
2001(9.11)	「9.11」同時多発テロ
(10)	アフガニスタンのタリバン政権への攻撃始まる
2003(3)	イラクのフセイン政権への攻撃始まる

事項索引

・配列は五十音順
・数字および欧文が冒頭にくる語句は末尾にまとめた。

● あ 行

愛国主義 …………………152
アイルランド系………………23
赤狩り ……………164, 190, 191
アジア太平洋経済協力（APEC）
…………………………245
アダムス・オニス条約…………97
新しい黒人（The New Negro）
…………………………163
新しい女性 ……………………163
アファーマティブ・アクション
……………………227, 241
アフリカ系………………………67
アフリカン・ディアスポラ………62
アメリカ・インディアン…………40
アメリカ・メキシコ（米墨）戦争
…………94, 104, 105, 112, 127
アメリカ化運動 ………………151
アメリカ革命の娘たち
（Daughters of the American
Revolution）……………123
アメリカ大使館人質事件 ………240
アメリカ的生活様式 ………221, 223
アメリカニゼーション…………4, 28
『アメリカ農夫の手紙』…………22
アメリカの進歩、明白なる宿命
…………………………109
アメリカの世紀 ……………3, 249
アメリカ連合国の娘たち ………123
アメリカ労働総同盟 ……………144
アメリカン・システム…………100
アラブ系…………………………26
アラモの砦 ……………………103
アリュート………………………22

アレン・ギンズバーグの詩集
『咆哮』…………………192
アンクル・サム ………………126
アンクル・トムの小屋………90, 112
アングロ・サクソン＝
プロテスタント……143, 146,
147, 151, 153
アンダークラス ………………248
アンテベラム …………………121
イェール大学……………………68
意識高揚グループ ……………226
イスラーム………………………15
イスラーム教……………………60
偉大な社会 ……………………241
移民 ……………………………146
移民制限 ………………………146
イラク戦争………………………15
イロコイ族………………………44
印紙条例…………………………70
印紙税法…………………………74
インディアン……………………80
インディアン・テリトリ ………101
インディアン解放運動 ………200
インディアン戦争 ……36, 39, 40,
41, 45, 46
インディアンの排斥……………54
インディアン捕虜体験記………45
インドシナ半島 ………………204
ヴァージニア ………32, 36, 37, 50
ヴァージンランド………………43
ヴィクトリアニズム ………86, 92
ヴィクトリアニズム時代 …154, 221
ウーマンリブ …………………226
ウェブスター裁判 ……………233

ウォーターゲート事件 …………238
失われた大義 ………………121
ウッドストック ……………208
英国立憲主義………………71
エボニックス（ebonics） ……61, 62
エリー運河 …………………100
演説「私には夢がある」 ………196
遠洋捕鯨船 …………………106
夫の保護下にある者…………87
オマハ ………………………108
オランダ ……………35, 38, 42, 44
オレゴン・トレイル …………104

●か　行
改革運動………………………88
画一性の時代 …………190, 192
革新主義（者）……147, 148, 151,
　　　　　　　　　　152, 158
学生運動 ……………200, 225
学生非暴力調整委員会（SNCC）
　……………………195, 225
家政学………………………88, 229
『風と共に去りぬ』 …………122
合衆国憲法（連合憲法）
　………………53, 74, 76, 101
合衆国憲法の修正（第13条）…117
カーター・ドクトリン …………239
カトリック …………………143
カトリック教徒 ……………149
カラカウア王 ………130, 131, 132
ガラスの天井 ………………228
カリフォルニア ……………142
カルヴィニズム ………85, 86, 148
枯葉剤 …………………211, 213
慣習法………………………91
カンバーランド道路…………99
北大西洋条約機構（NATO）……244
帰化不能外国人 ……………120
鬼畜米英……………………29

キャンプ・デーヴィッド ………239
キャンプ・ミーティング………84
キューバ ……………136, 137
キューバ危機 ………………237
共産主義 ……………………145
強制収容所 …………………182
狂騒の20年代（Roaring Twenties）
　………………………161, 164
共和国の母……………………77
共和主義（急進的協和主義）
　………………64, 71, 74, 77
共和党…………………………112
キリスト教……………………60
キリスト教原理主義 …………241
禁酒運動 ……………151, 152, 153
禁酒法 ………………152, 165
近代家族………………………88
緊張緩和（デタント）…………238
金ぴか時代 …………143, 146, 147
金本位制 ……………142, 145, 146
グアム ………………………137, 139
クー・クラックス・クラン
　（KKK）……………118, 166
クエーカー（教徒） ………40, 41
グラウンドゼロ ……………249
『クランズマン』……………121
グランドキャニオン……………21
グレートプレーンズ……………20
グレナダ ……………213, 216, 217
グレンジ ……………………145
軍産複合体 …………………188
毛皮交易……………………38, 45
ゲティスバーグの演説…………78
ケベック ……………………22, 35
ケロッグ・ブリアン条約 ………170
建国の父祖たち
　（Founding Fathers）…………78
憲法修正第14条 ……………117
憲法修正第15条 ……………117

憲法修正第18条 ……… 152, 153, 165
憲法修正第19条 ……………… 158
郊外 ……………………………… 221
公教育制度 ……………………… 123
公正雇用機会委員会（EEOC）
　…………………………………… 225
公民権運動 ……… 119, 186, 195, 196,
　　　　　　199, 207, 208, 223, 225, 226
公民権法（第7編） ……… 224, 227
ゴールド・ラッシュ …………… 105
国際婦人年 ……………………… 231
国際婦人服飾労働者組合 ……… 144
黒人 ……………………… 225, 232
黒人英語 …………………… 60, 61
黒人音楽 ………………………… 58
黒人差別 ………………………… 148
黒人奴隷 ………………………… 4
黒人奴隷制度 ……………… 37, 77
黒人奴隷の文化 ………………… 62
黒人連隊 ………………………… 115
国民意識 …………………… 122, 127
国民の創世 ……………………… 121
互恵条約 …………………… 130, 132
小作労働者 ……………………… 118
国歌 ……………………………… 124
国家シンボル …………………… 124
国歌統合 ………………………… 127
国旗 ……………………………… 124
米 ………………………………… 20
コモンセンス …………………… 72
孤立主義 …………………… 171, 174
婚姻関係にある女性
　（の立場，coverture）…… 91, 229
婚外子 ……………………… 230, 234

●さ　行
再建諸法 ………………………… 117
再建の時代 ………………… 116, 117
索的撃滅作戦 …………………… 211

サトウキビ ………………… 129, 130
サムター要塞 …………………… 114
サン・ドマング ………………… 96
三角貿易 ………………………… 67
参議会 …………………………… 68
産業革命 …………………… 81, 141
参政権 ………………… 92, 148, 151,
　　　　　　　　153, 154, 220, 226
サンフランシスコ ………… 20, 108
シアトル ………………………… 251
ジェイズの反乱 ………………… 75
ジェームズタウン …… 31, 36, 37, 50
ジェンダー …… 89, 92, 228, 230, 234
シカゴ ……… 105, 145, 149, 163, 164
シカゴ万国博覧会 ……………… 138
識字率 …………………………… 69
シクスティーズ（60年代の人々）
　………………………… 188, 199, 200, 208
シスターフッド ………………… 221
児童労働 ………………………… 148
資本主義 ………… 141, 143, 145, 222
ジムクロウ制度 ………………… 119
社会主義 ………………………… 145
社会的福音 ……………………… 148
社会福祉 ………………………… 150
社会福祉国家 …………………… 150
ジャガイモ飢饉 ………………… 23
ジャズ ……………………… 28, 29
ジャズ・エイジ ………………… 164
ジャック・ケルアックの小説
　『路上』 ……………………… 192
自由競争 ………………………… 148
州権論 …………………………… 117
自由州 …………………………… 112
自由土地党 ……………………… 112
州の間の戦争（the War Between
　the States） ………………… 123
自由の息子たち ………………… 70
自由の女神像 ……………… 126, 251

自由民権思想……………………28
ジュネーブ協定 ……………204, 205
主婦 ………………………………224
所感宣言 …………………………92
植民地総督 ………………………68
植民地代表議会 …………………68
女権運動 ……………………90, 92
女性解放運動 …………………200
女性学 …………………………228
女性拡張運動 …………………90
女性看護兵 ……………………212
女性世帯主 ……………………231
女性の地位に関する大統領委員会
　………………………………224
女性の領域 ……………………178
白いインディアン………………46
白い黒人（The White Negro）……192
新移民……24, 120, 143, 144, 147, 166
新右翼 …………………………232
人工妊娠中絶 …………………230
人種………………………89, 232
人種隔離 ………………………119
人種差別 ………………………225
真珠湾…………130, 131, 132, 172,
　　　　　　　173, 181, 183, 184
神聖な実験 ………………………41
新保守主義（ネオ・コンサーヴァ
　ティズム）………232, 236, 242
人民党 …………………………145
人民による人民のための人民の
　政治 …………………………114
人民の宣言 ………………………52
スウェーデン ……………………32
スコープス裁判 ………………166
スコッチ・アイリッシュ……22, 66
スパニッシュ・ハーレム…………26
スペイン人 ………………………32
政教分離 …………………………82
星条旗（The Star-Spangled Banner）
　………………………………125
セイラム …………………………66
セクシュアル・ハラスメント
　（セクハラ）……………227, 228
セツルメント（運動）……149, 150,
　　　　　　　　　　　　151, 154
セネカ・フォールズ………………92
セネカ族 …………………………46
戦艦アリゾナ …………………172
宣教師 …………………42, 44, 46
宣教師外交 ……………………157
専業主婦 …………………223, 224
選挙権 ……………………………87
選挙権を奪う …………………119
全国女性党 ……………………224
全国女性党（NOW）…220, 225, 226
先住民 ………………17, 98, 101
戦争に反対するベトナム・
　ベテランズの会（VVAW）…210
戦争のアメリカ化 ………205, 210
戦争のベトナム化 ……………205
セントラル・パーク …………250
セントルイス ………………18, 106
セントローレンス湾 ………32, 35
先買権 ……………………………99
選抜徴兵制 ……………………212
全米国人向上協会（NAACP）…195
全米婦人参政権協会（NAWSA）
　………………………………153
占有権 ……………………………99
ソーシャル・ワーカー ………150
ソンミの虐殺 …………………205

●た　行
第一次世界大戦 …………152, 153
対抗文化（カウンターカルチャー）
　………………………………203, 208
大衆 ……………………………190
大衆消費社会 …………………190

大西洋経済圏·················67
大西洋世界 ··········48, 55, 56, 62
大統領行政命令9066号 ··········182
第二次世界大戦 ················221
第二次大覚醒 ···83, 84, 85, 86, 87, 88
第二次冷戦 ··················239, 240
太平洋（貿易）···············106
大陸横断鉄道 ············107, 108
大量生産大量消費 ············162
タウンゼンド諸法···············70
多国間主義（マルティラテラ
　リズム）················236, 244
ダストボウル ···············168
ダズンズ···················59
タバコ ·················20, 49, 50
タバコ栽培··················37
多文化主義 ··············236, 247
多様性に基づく新たな統合 ···202
男女平等 ·····················225
単独行動主義·················15
チェロキー族 ··········101, 102
地下鉄道·····················89
チャールストン············5, 57
中間航路·····················56
中間層 ················146, 147
中国からの移民を禁止する法律
　·························120
忠誠の誓い ·················126
中絶 ·······················233
中流（階級）········86, 222, 224,
　　　　　　　　　225, 226, 231
中流女性 ····················224
朝鮮戦争 ····················237
賃金均等法 ············224, 227
ディアスポラの文化···········62
ティーポット・ドーム ········159
帝国主義····················80
ディズニーランド·············29
テキサス共和国 ··············103

テキサス併合 ·········102, 104, 105
テト（旧正月）···············205
テト攻勢····················207
テネメント ·················143
デモクラシー········81, 82, 84, 85,
　　　　　　　　　　　86, 87, 88
デラウェア族·················35
伝染病 ···················34, 43
同性愛 ·····················230
同等価値労働同等賃金 ········227
道徳の守護者·····87, 89, 92, 149, 154
東南アジア諸国連合地域
　フォーラム（ARF）···········245
逃亡奴隷取り締まり法 ········112
トースト····················59
ドーズ法 ···················120
独占資本 ···················148
独立13州···················18
独立革命 ················81, 146
独立自営農民 ···············145
独立宣言 ···51, 52, 64, 72, 74, 92, 206
独立戦争 ················44, 46
トラスト ···················148
奴隷 ··············22, 60, 66, 91
奴隷解放宣言 ···············114
奴隷州 ·····················112
奴隷制（度）········50, 52, 56, 62, 65,
　　　　　　　81, 89, 90, 112, 179
奴隷制廃止運動
　（アボリショニズム）·········112
奴隷制反対運動···········89, 90, 92
奴隷船 ······················56
奴隷たちの抵抗···············58
トンキン湾事件 ··········205, 207

●な 行
涙の道 ·····················102
ナラガンセット（族）········38, 39,
　　　　　　　　　　　　44, 45

南部 …………………………55, 61, 111
南部キリスト教指導者会議
　（SCLC）…………………………195
南部植民地 ……………………50, 57
南部なまり ………………………61
南部連合国（the Confederate
　States of America）………113, 114
南北戦争 …………23, 80, 81, 111,
　　　　　　　　　141, 146, 153
ニクソン＜グアム＞・ドクトリン
　……………………………………205
西インド諸島 …………………67, 75
日米関係 …………………………13, 89
日系アメリカ人 …………………181
日系人 ………………181, 186, 187
日本人移民 ………………………130
ニューイングランド ………84, 89
ニューオーリンズ ………………96
ニューディール（新規巻き返し）
　………………156, 169, 170, 242
ニューフリーダム ………………156
ニューヨーク …5, 14, 22, 26, 32, 42,
　44, 66, 100, 109, 143, 149, 158, 160,
　163, 164, 165, 167, 236, 248, 250, 251
ネイティヴィズム（移民排外主義）
　…………………146, 151, 153, 166
ネイティブ・アメリカン ……39, 40
ネーション・オブ・イスラーム
　……………………………………196
農民連合 …………………………145

●は　行
ハーヴァード大学…………68, 227
ハートマウンテン収容所 …183, 186
ハーレム・ルネサンス …………164
拝金主義 …………………………28, 29
拝米と排米 ……………………13, 27
パックス・アメリカーナ ………222
バックラッシュ（反動）………232

ハドソン湾…………………………32
パナマ ……………………………213
ハリウッド映画……………………29
パリ条約（1783）………………74
ハル・ハウス ………150, 151, 221
パレオ・インディアン……………32
反共産主義 ………………151, 190
反帝国主義者 ………135, 137, 139
反米 ………………………………236
東アジア諸国連合（ASEAN）…244
ピーコート（族）………………38, 39
ピーコート戦争……………………38
ビート世代 ………………………192
ヒスパニック………………26, 246, 247
ピッツバーグ ……………………156
ヒッピー …………………………208
ヒプスター ………………………192
非米活動委員会 …………………190
非暴力主義 ………………………195
ヒューストン ……………231, 232
ピューリタン，ピューリタニズム
　………………………38, 65, 66, 84
平等権修正（ERA）……………163
ピルグリムズ ……………31, 38, 39
ピンク・カラーの仕事 …………227
ファースト・ネーション…………40
ファンダメンタリスト ……232, 233
フィラデルフィア………5, 66, 71, 76
フィリップ王戦争 ……………39, 45
フィリピン ………136, 137, 139, 173
フーヴァー村 ……………………168
フェデラリスト党…………………78
フェミニスト運動 ………………232
フェミニズム……208, 225, 226, 228,
　　229, 230, 231, 232, 233, 234, 236
プエルトリコ ……………137, 139
福音主義 ………………85, 86, 241
婦人キリスト教禁酒同盟（WCTU）
　………………………151, 152, 153

双子の赤字 …………………241
ブラウン判決 ………………194
ブラック・イズ・ビューティフル
　（黒は美しい）……………199
ブラック・パワー
　………………196, 197, 198, 201
ブラック・パンサー党 ………198
フラッパー …………………163
フランス……………34, 35, 38
フランス革命 ……………73, 96
プランテーション ………50, 61
プランテーション奴隷制度 …51, 52
プリマス植民地………………38
プリンストン大学 ……………68
ブルックリン・ブリッジ ……250
プルマン・ストライキ ………145
フレンチ・アンド・インディアン
　戦争（七年戦争）………41, 64, 69
プロ・チョイス ……………233
プロ・ライフ ………………233
フロンティア…43, 106, 110, 139, 142
フロンティアスピリッツ ……109
フロンティア理論 ……………139
文明化政策 …………………120
米英戦争（1812年）…………127
兵役拒否者 …………………185, 187
米西戦争……………28, 136, 137
ヘイマーケット暴動 …………145
平和運動 ……………………221
ベーコンの反乱………………51
ベトナム共和国（南ベトナム）
　………………………………204
ベトナム系……………………26
ベトナム・シンドローム …206, 240
ベトナム戦争 ………26, 203, 208,
　　　213, 217, 225, 236, 237, 240
ベトナム戦没者記念碑 ……214, 216
ベトナム反戦運動………200, 208,
　　　　　　　　　　210, 226

ベトナム民主共和国 ………204, 206
ベトミン（ベトナム独立同盟）
　………………………………204
ベルリンの壁 ………………236
ベルリンの壁の崩壊 ………243
ベビーブーム ………189, 221, 223
ペンシルヴェニア………32, 40, 41
ヘンリー・ストリート・
　セツルメント ………………149
ボイコット運動 ………194, 200
膨張主義的……………………86
ポウハタン（族）…………37, 44
北緯49度 ……………………104
北部自由貿易協定（NAFTA）…245
北部 …………………………111
捕鯨 …………………………106
ボス政治 ……………………144
ボストン ……………………5, 45
ボストン虐殺事件……………71
ポピュリスト ………………145, 147

●ま　行

マイノリティ ………………232
マクヘンリー砦 ……………125
マサチューセッツ………34, 38, 40
マシーン ……………………143, 147
魔女裁判………………………66
マッカーシズム ……………192, 237
マックレイキング ……………147
マンハッタン …………………32, 44
ミクマック族…………………35
ミシシッピ川 ……18, 20, 94, 96, 103
南ベトナム解放民族戦線 ……205
民主主義 ……………………234
民主的社会を求める学生（SDS）
　………………………………225
民俗 …………………………232
民俗自決 ……………………158
明白なる運命（マニュフェスト

・デスティニー）……80, 94, 104, 105, 107
メイフラワー号 …………………31, 38
メキシコ ……………………32, 34, 209
メタカム ………………………………39
綿花（生産） …………………49, 50, 111
綿花王国…………………………………54
メンフィス………………………………18
モータリゼーション …………………161
モダニズム ……………………………146
モホーク族………………………………42
モラル・マジョリティ ………………241
門戸開放宣言 …………………………137
モンターニェー族………………………35
モントゴメリー……………………18, 200
モンロー宣言………………………80, 98

●や 行
有益なる怠惰……………………………69
友好………………………………………40
豊かな社会 ………188, 192, 193, 199
ユダヤ教 ………………………………143
ユダヤ教徒 ……………………………149
ユダヤ系 …………………………22, 24
よい戦争 ………………………………214
ヨーロッパ経済共同体（EC） …245

●ら 行
ラジオ ……………………………156, 162
ラティーノ …………………………26, 246
リヴァイヴァル（信仰復興）
　………………………83, 84, 85, 86, 87
離婚 ……………………………………230
リッチモンド……………………………18
リパブリカン党…………………………78
リベット打ちのロージー
　………………………………176, 177, 178
領土拡大 ………………………………111
リンチ …………………………………118

ルイジアナ購入…………………………96
ルイジアナ領地 ………………………112
冷戦 …………………………26, 222, 236, 238
冷戦構造 …………………189, 190, 199
レーガノミクス ………………………242
レーガン政権 …………………………232
レキシントン・コンコードの戦い
　…………………………………………71
レニ・ルナピ族…………………………44
連合会議…………………………………75
連合規約…………………………………75
連邦議会…………………………………76
ロウ対ウェイド判決 ……………230, 233
労働運動 ………………………………145
労働騎士団 ……………………………144
労働組合 ………………………………148
労働者階級 ……………………………222
労働争議 ………………………………145
ローズヴェルト連合 …………………241
ロードアイランド………………………34
ローリー…………………………………18
ロサンゼルス……………………………26
ロッキー山脈……………………………20

●わ 行／その他
ワシントン…………………………77, 242
ワシントン D.C. ………………………152
ワシントン軍縮会議 …………………170
ワルシャワ条約機構 …………………244
湾岸戦争 ………………………………244
ワンパノアグ族……………………38, 39
「9.11」 ……………15, 16, 29, 236, 240
1785年公有地条例………………………99
1787年北西部土地条例 ………………101
1812年戦争 …………………………97, 98
1862年自営農地
　（ホームステッド）法……99, 142
1919年パリ講和会議 …………………158
1924年包括的移民法 …………………246

1964年の公民権法 ……………197
1965年の移民法改正 ……………246
24年移民法 ……………………167
2つの勝利 ……………………179
442部隊……………………………182
ERA（平等権修正条項）…220, 224, 225, 226, 232, 241

NAACP（National Association for the Advancement of Colored People）……………………181
PTSD（心的外傷後ストレス障害）
……………………………213, 215
T型フォード ……………………161

人名索引

・配列は五十音順

●あ 行

アームストロング, ルイ ………164
アイゼンハワー ……………189, 204
アダムズ, アビゲイル…………77
アダムズ, ジェイン …149, 150, 221
アダムズ, ジョン ……………76, 77
アボット姉妹 ……………………150
イノウエ, ダニエル………………184
ヴァレンチーノ, ルドルブ ……164
ヴァンダービルト, コーネリアス
　………………………………143
ウィラード, フランシス ………152
ウィリアムズ, ロジャー…………44
ウィルソン, ウッドロウ
　………………………156, 157, 158
ヴェブレン, ソースティン ……143
ウォルド, リリアン………………149
エアハート, W・D ……………216
エジソン ……………………………141
オキーフ, ジョージア……………21
オサリヴァン, ジョン ……104, 105
オペチャンカヌー…………………37

●か 行

カーター, ジミー …………238, 240
カーネギー, アンドリュー ……143
カーマイケル, ストークリー …197
ガスト, ジョン …………………109
カメハメハⅠ世 …………………128
キー, フランシス・スコット …125
キッシンジャー, ヘンリー ……238
キング, マーティン, ルーサー
　………………78, 194, 198, 237
クーリッジ, カルヴィン …159, 160

クック, ジェームズ ……………128
グラッデン, ワシントン ………148
クリーヴランド, グローバー
　………………………134, 135, 140
クリストル, アーヴィング ……242
グリフィス, D・W ……………121
クリントン……………16, 233, 245
来栖三郎……………………………174
クレイ, ヘンリー …………………100
クレブクール ……………………22, 23
ケネディ, ジョン・F …204, 224
ケネディ, ロバート ……………237
ケリー, フローレンス ……150, 221
ゴールドマン, エマ ……………165
コグリン, チャールズ …………169
コシューシコ………………………73
ゴルバチョフ ………………242, 243
コロンブス, クリストファー
　………………………………21, 32, 34
ゴンパース, サミュエル ………144

●さ 行

堺利彦………………………………28
サダト大統領 ……………………239
サンガー, マーガレット ………163
シール, ボビー …………………198
ジェファソン, トマス………72, 76,
　　　　　　　　　78, 96, 106, 206
ジェミソン, メアリー……………46
ジャクソン, アンドルー…81, 82,
　　　　　　　　　　　　101, 111
シュトイベン………………………73
シュラフリー, フィリス ………232
ジョージⅢ世………………………71

ジョンソン（大統領）
　　　　　　……204, 205, 210
ジョンソン，アンドルー………116
スクラグズ，ジャン…………214
スタントン，エリザベス・ケイ
　　ディ…………………………92, 153
スティーヴンス，ジョン
　　　　　　………132, 133, 135
ステフェンズ，リンカーン……148
ストウ，ハリエット・ビーチャー
　　　　　　………………90, 112
スミス，ジョン…………………36
スミス，ベッシー………………164
ソロー，ヘンリー・D ………209

●た 行
ターナー，フレデリック・
　　ジャクソン………………139
ターベル，アイダ・M ………147
ダレス……………………………204
ディクソン・トーマス，Jr. ……121
デーヴィス，ジェファソン……113
デブス，ユージーン……………144
トウェイン，マーク……………143
ドール，サンフォード……133, 135
トクヴィル，アレクシス・ド
　　　　　　…………82, 83, 89
トルーマン………………………205

●な 行
ニクソン，リチャード……205, 212,
　　　　　　　　　　237, 238
ニュートン，ヒューイ…………198
野村吉三郎………………………174

●は 行
パークス，ローザ…………194, 223
ハーディング，ウォーレン……159
ハートベントン，トマス………107

馬場辰猪………………………28
ハミルトン，アリス………150, 221
ハミルトン，アレグザンダー
　　　　　　　　　　76, 78
ハリソン，ベンジャミン…134, 140
ハル，コーディアル……………174
パーレビ国王……………………239
ビーチャー，キャサリン………88
ビーチャー，ライマン…………84
ヒューズ，ラングストン………164
ヒル，アニータ…………………228
ファルエル，ジェリー…………241
フィッツジェラルド，スコット
　　　　　　　　　　164
フーヴァー，ハーバート
　　　　　　………159, 160, 165
フォード，ジェラルド…………238
フォード，ヘンリー…156, 161, 162
福沢諭吉………………………27, 73
ブッシュ，ジョージ（父）
　　　　　　………16, 233, 243
ブライアン，ウィリアム・
　　ジェニングス………………145
ブラウント，ジェームズ…134, 140
フランクリン，ベンジャミン……28
フリーダン，ベティ………224, 225
プレスリー，エルヴィス………193
ヘイ，ジョン……………………137
ペイン，トマス……………72, 210
ベギン首相……………………239
ベーコン，ナサニエル……………51
ペリー，M・C・……………94, 107
ベル，ダニエル…………………242
ペン，ウィリアム………………40
ホイットニー，アーサー………108
ホー・チ・ミン……………73, 204
ポーク，ジェームズ………103, 104
ポール，アリス…………………220
ポカホンタス…………31, 36, 37, 44

ポドホレッツ, ノーマン ………242
ボナパルト, ナポレオン…………96

●ま 行
マサソイト………………………39
マッカーシー, ジョゼフ ………191
マッキンレー, ウィリアム
　　　　　………………136,137,146
マツナガ, スパーク ……………184
マディソン, ジェームズ…………97
マハン, アルフレッド・セイヤー
　　　　　………………………135,136
マルコム・X …………………197,200
ミッチェル, マーガレット ……122
メイラー, ノーマン ……………192
メルヴィル, ハーマン …………106
メレディス, ジェームズ ………194
モット, リクルーシャ……………92
モリス, ロバート…………………75
モンロー, ジェームズ ………96,98

●や・ら・わ行
山本五十六………………………174
ライオン, メアリー………………88
ラザラス, エマ …………………251

ラズロップ, ジュリア …………150
ラッシェンブッシュ, ウォルター
　　　　　…………………………149
ラファイエット公爵………………73
ラフォーレット, ロバート・M
　　　　　…………………………148
ラフォレット, ロバート ………160
リー, ロバート・E ……………116
リリウオカラーニ…………131,132,
　　　　　　　　　　　　133,136
リン, マヤ ………………………215
リンカン, アブラハム………78,113
レーガン, ロナルド …240,241,242
ローズヴェルト, エレノア ……224
ローズヴェルト, セオドア
　　　　　……………………148,157
ローズヴェルト, フランクリン
　　　　　……169,170,174,182,185
ローランソン, メアリー…………45
ロック, ジョン……………………71
ロックフェラー, ジョン・D
　　　　　……………………143,147
ロルフ, ジョン ………………36,44
ロング, ヒューイ ………………169
ワシントン, ジョージ……44,73,76

写真（図像）許諾・提供・協力

＊社名はアルファベット順。数字はそれぞれページ数を示す。

●株式会社　アフロ（Aflo）
14, 16, 72, 73, 77, 119, 126, 132, 157, 161, 163, 166, 168, 174, 224, 228, 232, 237, 239, 243

●明石書店
223（「アメリカの女性の歴史」1997, p.148）

●コービスジャパン（corbis）
109, 177, 209, 229

●Japanese American National Museum
183

●Northwestern University War II Poster Collection
180

●Peabody Museum of Salem
107

●PPS 通信社
37（右）, 102

◎*New York Telegram*, 1918
153

分担執筆者紹介

(執筆の章順。氏名右下の数字は担当章を示す)

1947年	埼玉県に生まれる
1970年	日本女子大学文学部英文学科卒業
1973年	立教大学文学研究科西洋史専攻修士課程終了
1985年	米国ペンシルヴェニア大学大学院博士課程修了（Ph. D.）
現在	日本女子大学名誉教授
専攻	アメリカ史
主な著書	『ベトナム戦争のアメリカ―もう一つのアメリカ史』刀水書房
	『ある反戦ベトナム帰還兵の回想』（訳）刀水書房
	『インディアンにとらわれた白人女性の物語』（訳）刀水書房
	『パウ・ハナーハワイ移民の社会史』（共訳）刀水書房
	『アメリカ社会史の世界』（分担執筆）三省堂

●白井　洋子（しらい・ようこ）　2・13

1955年	東京都に生まれる
1980年	一橋大学社会学部卒業
1989年	米国デューク大学大学院歴史学部博士課程修了（Ph. D.）
現在	桜美林大学リベラルアーツ学群教授
専攻	アメリカ合衆国史，アフリカ系アメリカ人研究
主な著書	『歴史のなかの人種―アメリカが創り出す差異と多様性』北樹出版
	『キング牧師―人種の平等と人間愛を求めて』（共著）岩波書店
	『アメリカの文明と自画像』（共著）ミネルヴァ書房
	『歴史叙述としての映画―描かれた奴隷たち』（訳）岩波書店
	『歴史のなかの「アメリカ」―国民化をめぐる語りと創造』（共編著）彩流社

●中條　献（ちゅうじょう・けん）　3・7・12

分担執筆者紹介

小檜山 ルイ（こひやま・るい）　5・9・14

1957年　神奈川県に生まれる
1980年　国際基督教大学教養学部卒業
1982年　米国ミネソタ大学大学院アメリカ研究修士課程終了（M. A.）
1991年　国際基督教大学大学院比較文化研究科博士後期課程修了（学術博士）
現在　　東京女子大学現代教養学部教授
専攻　　アメリカ社会史，女性史，比較文化研究
主な著書　『アメリカ婦人宣教師――来日の背景とその影響』東京大学出版会
　　　　『アメリカ・ジェンダー史研究入門』（共編著）青木書店
　　　　『帝国の福音』東京大学出版会

矢口 祐人（やぐち・ゆうじん）　8・11

1966年　北海道に生まれる
1999年　ウィリアム・アンド・メアリ大学大学院博士課程修了（Ph. D.）
現在　　東京大学大学院総合文化研究科地域文化研究専攻教授
専攻　　地域文化研究
主な著書　『ハワイの歴史と文化』中公新書
　　　　『現代アメリカのキーワード』（共編著）中公新書
　　　　『ハワイとフラの歴史物語』イカロス出版
　　　　『ハワイ・真珠湾の記憶』（共著）明石書店
　　　　『憧れのハワイ』中央公論社
　　　　『奇妙なアメリカ』新潮選書
　　　　『現代アメリカ講義』東京大学出版会

編著者紹介

	1955年	東京都に生まれる
	1979年	東京大学教養学部教養学科卒業
	1987年	東京大学大学院人文社会研究科博士課程中退
	現在	東京大学名誉教授，関西国際大学教授
	専攻	アメリカ合衆国史，北アメリカ地域研究
	主な著書	『多文化主義のアメリカ』（共編著）東京大学出版会
		『クレオールのかたち』（共編著）東京大学出版会
		『浸透するアメリカ，拒まれるアメリカ』（共編著）東京大学出版会
		『太平洋世界の中のアメリカ』（共編著）彩流社
		『史料で読むアメリカ文化史Ⅰ　植民地時代』（編著）東京大学出版会
		『新版　アメリカ学入門』（共編著）南雲堂
		『近代アメリカの公共圏と市民』（編著）東京大学出版会
		『はじめて学ぶアメリカの歴史と文化』（共編著）ミネルヴァ書房

●遠藤　泰生●
（えんどう・やすお）
1・4・6・10・15

放送大学教材　1551302-1-0811（テレビ）	
アメリカの歴史と文化	

発行────2008年3月20日　第1刷 　　　　2023年3月20日　第7刷	発行所────一般財団法人 　　　　　　放送大学教育振興会 　　　　　　〒105-0001 　　　　　　東京都港区虎ノ門1-14-1 　　　　　　郵政福祉琴平ビル 　　　　　　電話・東京　(03)3502－2750
編著者────遠藤泰生	

市販用は放送大学教材と同じ内容です。定価はカバーに表示してあります。　　ISBN978-4-595-30820-8　C1322
落丁本・乱丁本はお取り替えいたします。Printed in Japan